MANAGEMENT BY PROBLEM

问题管理

高水准的问题分析与解决

孙继伟◎著

图书在版编目（CIP）数据

问题管理：高水准的问题分析与解决 / 孙继伟著 . -- 2 版 . -- 北京：企业管理出版社，2024.8

ISBN 978-7-5164-3072-9

Ⅰ . ①问… Ⅱ . ①孙… Ⅲ . ①管理学 Ⅳ . ① C93

中国国家版本馆 CIP 数据核字（2024）第 104217 号

书　　名：问题管理——高水准的问题分析与解决（第2版）
书　　号：ISBN 978-7-5164-3072-9
作　　者：孙继伟
责任编辑：陈　戈　田　天
出版发行：企业管理出版社
经　　销：新华书店
地　　址：北京市海淀区紫竹院南路17号　　邮　　编：100048
网　　址：http://www. emph. cn　　电子信箱：emph001 @163.com
电　　话：编辑部（010）68701638　发行部（010）68414644
印　　刷：河北宝昌佳彩印刷有限公司
版　　次：2024年8月第2版
印　　次：2024年8月第1次印刷
开　　本：710mm × 1000mm　1/16
印　　张：15.75
字　　数：233千字
定　　价：68.00元

版权所有　翻印必究 · 印装有误　负责调换

序

为之于未有，治之于未乱

全球化曾经成为世界各国的共识，如今，逆全球化又此起彼伏；普遍高增长曾经是我国各行业企业共同的“红利”，如今，行业大分化让不同行业的企业所处的生存环境有天壤之别。行业形势、市场准入、技术革命、人力资源等内外部条件变革正深刻地改变着企业的生存和发展环境，企业不得不在蕴含更多不确定性和突变性的环境中打拼。突如其来的危机，往往以迅雷不及掩耳之势，打乱企业的正常秩序，甚至让企业陷入困顿或绝境。危机一旦形成，化解的难度之大、代价之高，使人不寒而栗。然而，危机的出现，并不是横空出世。危机的前导诱因和问题，其实已经积累了很长时间，只是平时浑然不觉、习而不察罢了。“千里之堤，溃于蚁穴”，潜在的各种矛盾和问题，从来就没有停止过生发和酝酿，它们不断滋长，日积月累，小患终成大疾。一朝爆发，遂致不可收拾。

从一定意义上讲，企业发展和成长的历程，就是一个不断发现和化解问题、开发问题资源的过程。为了防范问题演化为危机，实现逆势增长或高质量发展，导入“问题管理”，形成“以防为主、防消结合”的管理模式，实为明智之举。问题管理这一命题的精要在于“为之于未有，治之于未乱”。《道德经》曰：“其安易持，其未兆易谋；其脆易泮，其微易散”。意思是：局面安定的时候易于把握，事变尚未昭然的时候容易掌控；事物在脆弱的时候不难消解，事端在细微的时候容易遣散。居安思危，防微杜渐，防患于未然，作为至理箴言，不断地被成功的管理实践所证实。形成对照的是，那些自以为“大而不倒”的高风险企业，那些艰难维系的“病态企业”和“亚健康企业”，或陶醉于偶然的成功，沉湎于过去的辉煌，满足于当前的状况；或粉饰现实，讳疾忌医，掩盖问题，使潜在的危机“不见其增，日有所长”。

爱因斯坦说过：提出问题往往比解决问题更重要，因为解决问题也许仅是一个数学或实验上的技能而已。而提出新的问题，从新的角度去看旧的问题，却需要有创造力，而且标志着科学的真正进步。科学如此，管理亦然。在人类管理实践中，矛盾处处皆有，问题无时不在，但并不是每个人都能提出好问题、正确界定问题，尤其是，伪问题经常冒名顶替真问题，次要问题经常干扰主要问题，利益团体也会阻碍或扰乱解决问题的进程。“问题管理”注重识别假冒问题、界定关键问题、正确解决问题，有助于排除各种干扰，帮助迷失在繁杂事务中的人们理出头绪，画出通向解决之路和成长之路的工作图谱。

问题是时代之声，问题是理论之源。借助问题管理中的问题分解法，进行三维追问，不断发问，在触达“元问题”时，往往也就寻得解决问题（第一因）的钥匙，甚至有时“问题即答案”！不论是管理者，还是有进取心的基层工作人员，眼中、脑中、心中务必要有敏锐的问题意识，不断练习和提高问题管理能力。

“问题管理”专家孙继伟教授带领他的团队，20 多年持续研究问题管理理论，推动问题管理在企业管理、公共管理和个人发展多方面应用，成果斐然。近几年，孙教授对问题管理的应用深耕细作，把问题管理应用于创新创业，形成了问题驱动创新创业的一系列方法和工具，实践检验表明，问题驱动创新创业可以降低创新创业的难度和风险，提高创新创业的成功率。

现在的《问题管理》第 2 版集此前多部相关专著、论文和企业应用成果之大成，给读者讲解挖掘问题、表达问题和解决问题的要领，着力构建从

“救火队长”到“优秀管理者”的问题管理工具箱，在解决单位问题的同时，也能助力个人发展，实现单位与个人双赢！

本书理论扎实，文风活泼，表达流畅，融独特性、实用性、趣味性、系统性、针对性于一体，是相关领域内的典范之作，我很高兴推荐给业内同仁。

徐飞

教授、博士、博导

上海财经大学常务副校长

2024 年 1 月

前言

问题驱动创新创业，成为问题资源开发者

一、即使问题难以解决，也可转化开发

2018 年夏天的一个周末，我从上海开车去苏州，在沪宁高速公路进入江苏境内不久，遇到大堵车，4 条车道全部堵得厉害，车一点也开不动，于是我下车观察情况，看到的是从前到后，车像长龙，一眼望不到头。

多年以来，我已经形成随时随地观察问题、思考问题的习惯，看到堵车这么厉害，自然而然地想到，我能否对堵车问题进行分析，提出一些建设性的建议和对策？如果对此有真知灼见，通过我所在的大学向有关部门提交这方面的专报，得到有关部门重视后，还能获得科研绩效奖励。这正是开发问题资源、问题驱动形成科研成果的思路和方法，多年来我一直是这样做的。

但是，思来想去、苦思冥想很长时间，我还是没有想出什么真知灼见。前几年这条高速公路已经由两车道加为四车道（双向八车道），上海向江苏、浙江方向已经建设了 7 条高速公路，高铁也建设了多条，针对这条路线的堵车问题，有关部门应该想了很多对策和方案，有效的方案应该都已经实施了，短期内可能没有更好的方法了。

时间过了 20 多分钟，一眼望不到头的堵车长龙还是没有开动起来，于是，我换了个角度继续思考。我讲课时经常强调，问题管理比问题分析与解

决的好处在于，即使问题难以解决，也可转化开发为对自己或单位有价值的成果。按照这一思路，堵车问题能否转化开发为对自己或单位有价值的成果呢？

想着想着，思路就打开了。经常堵车说明这条高速公路车流量非常大，相应地，经营这条高速公路的公司应该收入高、效益好。与此形成鲜明对比的是，有些中西部的高速公路车流量很少，也很少堵车，以前看到过报道中西部高速公路大部分亏损，一是因为车流量少，二是因为建设成本高。

沪宁高速公路江苏段的经营主体宁沪高速（600377）还是一家上市公司，查看经营业绩非常方便。于是，我用手机查看了宁沪高速的业绩（经营着多条高速公路），果然与观察推测的一致，效益非常好。宁沪高速 2017 年净利润 36 亿元，净资产收益率 16%、股息率 5%。考虑到宁沪高速每年有稳定的分红、股息率高于银行理财产品的回报率，而且预期利润稳定增长，这次出行返回后我买入了宁沪高速的股票，也推荐问题管理的爱好者买入。当时股价在每股 8.8 元左右，随后股价徘徊向上，到 2019 年 12 月股价涨到 10 元以上，验证了上述分析推理是有效的。

2020 年 1 月，不幸的事发生了，新冠疫情突袭而至，高速公路的车流量急剧下降。好在这一问题比较容易研判，全国大管控开始后，我让问题管理的爱好者把持有的宁沪高速股票卖掉。截至 2022 年年底，3 年疫情过去，2023 年 1 月起高速公路上又恢复了往日的繁忙，车流量和堵车情况都恢复到疫情前类似的景象。于是，我又建议问题管理的爱好者重新买入宁沪高速股票。问题管理理论倡导可复盘、可检验、可推广（可复制），为了扩大检验范围，我把上述分析研断方法推广到皖通高速（600012）、山东高速（600350）等，并且在问题管理公众号公开发布的《国企上市公司股票 5 折大促销》一文中进行了扩展应用。

问题管理理论在企业中应用最多，我举高速公路堵车和股票投资的案例，是因为这样的实例更容易检验和证明问题管理理论的有效性。

二、分辨负知识、清除负经验、识别假问题

问题管理在日常工作和生活中经常体现为识别假问题和真问题、评估大问题和小问题，然后采取相应的措施，包括解决问题、转化开发问题资源、暂不处理等。负知识、负经验在日常工作和生活中很活跃，对识别假问题和真问题造成很大干扰，所以，分辨负知识、清除负经验，是用好问题管理的基础工作。

第一类负知识是指适用条件不匹配的知识。所有的理论、原理、定律和规律（为陈述方便，统称为知识）都是在特定条件下有效，如果条件搞错或适用条件没有界定清楚，本来有效的知识就会变得无效，甚至起负作用（与正作用相对）。即使是零作用，考虑到应用知识过程的投入，也可认定为效果是负的。例如，企业管理类书上都讲，企业管理需要系统化、专业化、规范化（简称“三化”），但是，现在行业形势压力大、内卷严重，企业都在降本增效，企业外包或委托给创业企业（作为供应商）的业务或项目预算一降再降，创业企业承接这样的项目，如果招聘资深专职员工实施，项目毛利难以覆盖资深专职员工的工资和社保。创业企业在这样的阶段如果要全面推行“三化”，会导致企业亏损扩大、生存堪忧，“三化”成了负知识。如果采取共享用工、合伙人机制或内部创业模式实施这类新增项目，通常有一定的盈利，这样有利于创业企业积蓄力量，择机推行“三化”。

第二类负知识是，现在处于知识和信息爆炸、知识付费和免费分享泛滥的时代，如果你花费大量时间（甚至缴学费）去看、去听各类信息、新闻、热搜、课程及其他知识分享，但无助于你的目标实现，那么你学到的这些知识也是负知识。

第三类负知识是指负经验对应的知识。人们积累的经验表达为语言或文字后也属于知识。像第一类负知识一样，经验也都有适用条件，如果条件搞错或适用条件没有界定清楚，经验相应地也成了负经验。下面举几个负经验的例子。

1. 企业购买工业用地的负经验

一批较早购买城区工业用地的企业，后来因城区“腾笼换鸟”、工业用地拆迁，企业拿到巨额补偿款，甚至比很多中小企业产品经营的收益更丰厚，有些企业产品经营不赚钱，反而是工业用地拆迁赚了大钱。于是，后来地方园区招商中，经常以工业用地潜在升值为依据动员企业购买面积远远超出经营需要的工业用地。但是，特定时期的工业用地拆迁经验后来成了负经验，就这样，一批中小企业超需求买地、建厂房，不仅占用了经营资金，而且负债率升高，导致企业负担沉重，甚至资金链断裂，银行或其他债主起诉，收回企业抵押的工业用地。

2. 房地产行业的负经验

2018 年之前，是住房供不应求的时期，借助“期房预售”大规模加杠杆（财务报表体现为合同负债），能够促进住房的开发和供应，满足人民群众日益增长的购房需求；但是，2018 年之后，住房先后进入供需平衡、供过于求阶段（不同城市有差异），以前的“期房预售”成为负经验。如果监管部门及时清除负经验，在 2018—2020 年期间取消“期房预售”政策，改为“现房销售”，或者房地产商主动改为“现房销售”，那么知名房地产企业大批暴雷的惨状就可以避免，“保交楼”问题也就不复存在。

3. 基金经理和投资机构的负经验

在经济高增长时期，创业板、中小板（现已并入深交所主板）上市公司中的一批行业翘楚增长率 50% 以上的比较多，很多基金经理认为可以按 50 倍以上的市盈率对这些高增长上市公司进行估值。按照 PEG（Price-earnings to Growth Ratio，市盈增长比）估值法，这在当时属于合理，于是，创业板上市公司的平均市盈率当时达到 50 倍以上，一些大牌基金经理用后续募集的资金继续买先前已持有的高增长上市公司的股票，不断推高持股公司的市值和估值，使基金净值连续几年上涨。但是，2020 年以来，创业板上市公司的大多数企业增长率下降到 30% 以下，按照 PEG 估值法，平均市盈率也应下降到 30 倍以下，基金经理们在高增长时期积累的估值经验成为负经验。由于他们未能及时清除负经验，导致很多知名基金大幅度亏损，为数以亿计的基民造成严重损失。

一首流行歌曲的歌词写道“昨天纵然有烈日骄阳，也晒不干今天的衣裳”，众多企业家和大牌投资机构对行业形势巨变导致的负经验认识不足，屡屡判断和决策失误。以上三方面的负经验实例为我们提供了深刻的警示：如果行业处于继续上行时期，在前一阶段积累的经验一般可以用于后一阶段，但是，如果行业上行时期转向平稳时期（零增长时期）或转向下行时期，上行时期积累的经验大多数成了负经验，当前和今后一段时间，这样的行业比较多。在这样的时代背景下，更要借助问题管理的理论和方法，分辨负知识、清除负经验、识别假问题。

古人说“沉舟侧畔千帆过，病树前头万木春”，考虑到当今时代虽然增长的行业有很多，但下降的行业数量明显多于以前，2022 年起，我改用“沉舟侧畔百帆过，病林前头千木春”描述当前的行业形势。虽然行业形势的压力很大，很多企业在勉强维持或走向下坡路，但是，善于开发问题资源、成为问题资源开发商的企业，仍然可以扬帆前进、乘风破浪，可以进入“沉舟侧畔百帆过，病林前头千木春”中的“百帆”和“千木”行列。

三、问题驱动创新创业，争当问题资源开发者（商）

当今时代，各行业普遍高增长时代已经过去，行业大分化、产业大转移，企业面临降本增效和转型升级的双重问题。创新成为破解这些问题的枢纽，创新型创业、科创型创业被寄予厚望，大企业为了应对大企业病，也在积极推进内部创业，但是，创新不易、创业艰难！尤其是企业实施产品创新、技术创新的投入很大，如果创新失败，往往会让企业背上沉重的负担，商业模式创新、管理模式或体系创新虽然直接成本可控，但是，在创新过程中可能会面临旧体系失效、新体系运行不畅的尴尬状态，间接成本也是很高的。不管是哪一种创新，都是难度大、风险高、成功率低，所以，企业界有个调侃的说法“创新找死，不创新等死”。

问题管理不仅包括问题分析与解决的常规内容，而且倡导把问题作为资源，即使有些问题在现有条件下难以解决，也可以对问题资源进行转化开发，把问题转化开发为对单位和个人有价值的成果。这就相当于问题管理的爱好者同时也是问题资源开发者或问题资源开发商。

改革开放已经 40 多年，人口红利、土地红利、自然资源红利、外向型经济（出口）红利、新增网民红利都在衰减。企业的旧问题积累增多，新问题层出不穷，在这内忧外患的背景下，作为问题资源开发者（商）的价值，越来越高于地产资源开发商和矿产资源开发商的价值。

开发矿产资源要核算投入产出，要经历勘探、开采、选矿、冶炼、加工等多个环节，开发问题资源也要核算投入产出，也要进行勘探、开采、选矿、冶炼、加工等多个环节，也就是说，当前面临的问题既不是都能解决，也不是都需要解决，如果解决成本太高，或者条件不成熟，可以在控制问题的前提下，等待合适的时机再解决。

创新创业很难，微创新、微创业不难。问题驱动创新创业的好处是，从工作中的小问题入手，注重开发身边的问题资源，在解决问题过程中实现微创新和微创业，以创业的精神开展所有工作，这样持续积累，微创新可以积累成大创新。我亲自操作过多项这样的实际创新创业项目，反复验证了问题驱动创新创业可以降低创新创业的难度和风险，提高创新创业的成功率。

作为企业工作人员，即使不进行独立创业，用问题驱动创新创业的思路，以创业的精神打工，也能让升职加薪和个人发展更顺畅、更高效，实现单位与个人双赢。

我经过20多年的实践和研究，按照由内而外、从小到大的逻辑，总结了开发问题资源的以下4条途径，与读者共勉：

（1）挖掘自己的问题，开发为个人发展的资源；

（2）挖掘本企业内部的问题，开发为管理提升的资源；

（3）挖掘竞争对手和标杆企业的问题，开发为赶超发展的资源；

（4）挖掘行业的问题，开发为创新创业的资源。

目录
CONTENTS

第一章
问题管理：高水准分析和解决问题

“问题管理”的优越性在于它使深奥的管理变得直白，复杂的管理变得简单，模糊的管理变得清晰。耒阳发电厂以“问题管理”为导向的创新与在实际应用中取得的成效，有力地证明了这一点。

——摘自《耒阳发电厂实施“问题管理”总结报告》

一、两个基本原理

（一）问题是资源

一位准备参加中考或高考的考生，在模拟考试中，有的课程能考 90 分左右，有的课程能考 60 分左右。能考 90 分左右的课程一般称为这位考生的强项或优势课程，能考 60 分左右的课程，一般称为这位考生的弱项或问题课程。

【提问】

哪门课程更容易挖掘潜力？优势课程，还是问题课程？

【回答】

问题课程更容易挖掘潜力，问题课程通过用功努力、补课等方式，提高 10 分左右的可能性很大；而优势课程提高 10 分几乎是不可能的，要提高 5 分也很困难。这意味着，问题中蕴藏着资源，挖掘问题资源的投入产出效率高于挖掘优势资源。

木桶原理反映了与此类似的规律。

一个由长短不同的木板制作的木桶能装多少水，不是由木板的平均长度决定，更不是由最长的木板决定，而是由最短的木板决定。这也称为木桶原理，如图 1-1 所示。

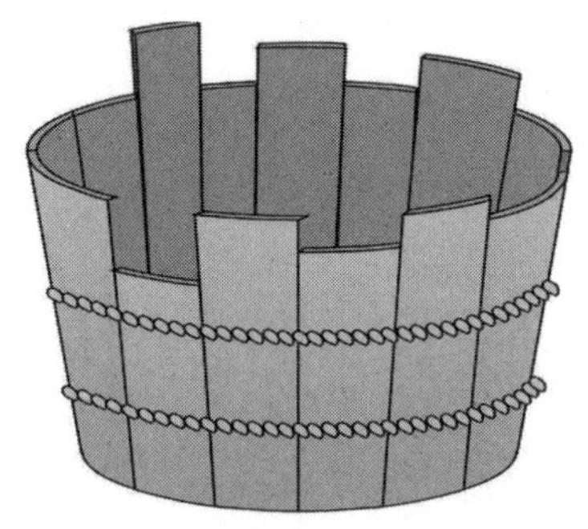

图 1-1　问题是资源：木桶的例证

单位或个人的问题（劣势或缺点）可比喻为木桶的短板，优势或优点可比喻为长板（或链条的强环），根据木桶原理可推导出，补短板的投入产出效率高于加长板，问题中蕴藏着丰富的资源、巨大的潜力，挖掘问题资源比挖掘优势资源的投入产出更高，更容易体现出效果和成果。成为问题资源开发者（商），概括为简短的语言，就是以下两句。

问题是资源，挖掘问题既是挖掘隐患，也是挖掘潜力！

成为问题资源开发者（商），让问题正演化，实现单位与个人双赢！

【思考题】

有人问：人们常说“扬长避短”，那么“不管短板，只加长长板”这样难道不行吗？

【回答】

____

____

用链条来作分析也会得出与木桶原理同样的结论，一个由多环节组成的链条能够承受多少拉力，不是由各环节的平均强度决定，更不是由最强的环节决定，而是由最薄弱的环节决定，如图 1-2 所示。

图 1-2 问题是资源：链条的例证

人们一般认为，落后国家（或地区）与发达国家相比，观念落后、技术落后、人才落后、制度落后，问题成堆，而且非常严峻。但是，经济学中有个“后发优势”的概念，意思是说，落后国家（或地区）具有发达国家所没有的优势，例如，引进、模仿、学习技术和制度的效率高于首次创新，可以少走发达国家的弯路，避免发达国家曾经留下的教训，人力资源成本低，商务成本低，生活费用低，等等。

这与管理学中的“问题是资源”异曲同工，说的是相同的道理。

改革开放初期，邓小平指出“在目前的历史转变时期，问题堆积成山，工作百端待举……”①

事实上，当时全国人民也亲身体会到了问题堆积成山，但是在当时的背景下，深刻认识到“问题是资源”的人并不多，而邓小平不仅认识到了“问题是资源”，而且全力推进改革开放，设计了“三步走”战略。当时，坚信“三步走”战略能实现的人并不多。现在回头看，“三步走”战略都实现了，这在很大程度上归功于中国利用了“后发优势”，挖掘并开发了“问题资源”。

时代在变迁，但问题管理原理依然有效。

【提问】

中国改革开放已经40多年，人口红利、土地红利、自然资源红利、外向型经济（出口）红利、新增网民红利都在衰减！接下来企业发展依靠什么？个人发展靠什么？

最常见的回答是靠创新，企业和个人发展靠创新红利，但是，企业界人士都知道创新难、创新投入大、失败风险大，甚至有人说“创新找死，不创

① 来源：求是网《邓小平文选第二卷》。

新等死”。如何破解创新难的问题呢？新时代企业发展靠什么红利呢？

【回答】

当今时代，各行业普遍高增长时代已经过去，行业大分化、产业大转移，企业面临降本增效和转型升级的双重问题，企业竞争、个人竞争都日趋白热化，所需付出很多，但边际收益很少，企业发展和个人发展中的“内卷”成为新常态，即使是有进取精神的企业和个人，也觉得“卷又卷不赢，躺又躺不平”。

即使面对同样的问题，有的人被问题吓倒，在问题中沉沦；有的人化问题为机遇，在问题中崛起。我们把前者称为负演化，把后者称为正演化。让问题正演化就是从问题获取动力，把问题当作资源，把绊脚石转化为垫脚石和铺路石。

在问题堆积成山的新时代，问题管理仍然是化解“卷不赢、躺不平”问题的法宝，仍然是破解“创新找死，不创新等死”问题的钥匙。

当今时代，企业发展不能再依靠人口红利、土地红利、自然资源红利、外向型经济（出口）红利、新增网民红利，这些问题资源正在枯竭或衰减，而问题资源不减反增，更不会枯竭，所以，企业发展和个人发展可以依靠问题资源，依靠问题红利！

【提问】

假设你在众多招聘企业中精心挑选，去了其中的一家企业，在这家企业工作一段时间后发现，你所在的部门、你所了解的工作流程中有十几个问题，请问：相比管理非常完善、只有一两个问题或者没有问题的那些企业，你去的这家企业问题很多，这对你是好事，还是坏事？

【回答】

问题多对自己更有利，作为职场的年轻人，资历不深，解决重大问题、难点问题的能力不足。如果自己的部门或相关流程中只有一两个问题，通常是难点问题，资深员工和上司也无能为力，年轻人更是难以解决。如果自己的部门或相关流程中有十几个问题，肯定是既有难的，也有容易的；既有自己熟悉的，也有自己不熟悉的，这样的情况下，挑选一两个与自己的知识和能力匹配的问题，进一步调研，提出合理化建议或解决问题的对策方案，提交给上司或相关领导。

这样，自己的聪明才智很容易得到上司或相关领导的赏识，有利于自己的升职、加薪和个人发展，所以，问题多对自己反而更有利。

（二）突发事件不是突发的

【故事】救火庆功会上被遗忘的人

古代有位客人到朋友家里做客，看见主人家的灶上烟囱是直的，旁边又有很多柴。

客人告诉主人说，烟囱要改为弯的，柴应该移开，否则可能会引起火灾，主人听了没有当一回事。

不久，主人家里果然失火，四周的邻居赶紧跑来救火，最后火被扑灭了。于是，主人烹羊宰牛，宴请四邻，以酬谢他们救火的功劳，但是并没有请当初建议他将柴移走、烟囱改弯的人。

有人对主人说："如果你当初听了那位先生的话，今天也不用准备筵席，而且没有火灾的损失了，现在论功行赏，原先给你建议的人没有被感恩，而救火的人却是座上客，真是很奇怪的事啊！"

主人顿时省悟，赶紧去邀请当初给予建议的那个客人。

【点评】

这是古代"曲突徙薪"的故事，现代社会中这样的故事仍然经常上演，故事给我们的启发是：危难时刻显身手的英雄固然应该赞扬、奖励，为防范小问题积累成大问题、防范问题演变为危机做出贡献的人也不应该忘记。管理者要把工作重点放在防范上。

在公共管理和社会管理中，突发事件这一概念使用非常广泛，有许多事件被界定为突发事件，还出台了《中华人民共和国突发事件应对法》。企业中使用这一概念较少，但企业管理中所说的危机与公共管理中所说的突发事件含义接近。

百度百科中说：狭义上，突发事件就是意外地突然发生的重大或敏感事件，简言之，就是天灾人祸。前者即自然灾害，后者如恐怖事件、社会冲突、丑闻、大量谣言等，专家也称其为“危机”。

但是，问题管理认为：业务流程或工作流程上游的问题很容易进入流程的下一环节，小问题很容易积累成大问题，而且往往是小问题时容易解决，积累成大问题后就难以解决了，可能以危机的形式爆发出来，即使还算不上危机，也要投入比原来多得多的人力、物力和财力才能解决。

这一原理古人早就有认识，《道德经》曰：

“其安易持，其未兆易谋；其脆易泮，其微易散。为之于其未有，治之于其未乱！”

意思是：局面安定的时候易于把握，事变尚未昭然的时候容易掌控；事物在脆弱的时候不难消解，事端在细微的时候容易遣散。所以，要在事端尚未形成、局面尚未混乱时就应该采取措施，进行治理。

俗语所说的“千里之堤，溃于蚁穴；小洞不补，大洞吃苦”也是相同的道理。

因此，问题管理中强调，大问题是由小问题积累而成的，突发事件和危机是逐步演变形成的，也就是说：

突发事件不是突发的，危机也不是突发的！

各类企业危机频发，不少管理者像救火队长一样，为处理已爆发的危机和即将爆发的危机疲于应付。但是，许多危机是经营管理中问题日积月累而成的，有些已经到了病入膏肓的程度，危机一旦爆发，再怎么能干的救火队长也解决不了危机背后积累已久的问题。在危机中衰落或倒掉的企业越来越多，一个又一个血的教训验证着“突发事件不是突发的”这一道理。

突发事件和危机的应对和管理要从事前、事中、事后分阶段、针对性地采取措施，首先要做到居安思危，防微杜渐，防患于未然。

正像前面“曲突徙薪”的故事一样，积极救火（事中管理）固然可嘉，但不能忽视事前的防范，也不能忽视事后整改以及借助这次事件所吸取的经验教训，改进应对类似事件的措施。

【小结】两个基本原理也称为两大公理

“问题是资源”“突发事件不是突发的”这两个基本原理是在人们长期反

复实践的基础上提炼总结得出的规律，在问题管理的后续研究或应用中，不需要再作专门的证明，即可作为前提或依据，借用数学上的术语，这类似于“公理”，所以，这两个基本原理也称为问题管理的两大公理。

二、问题管理的定义、精要与特征

“问题”一词在《汉语大词典》中有4种含义：①要求回答或解释的题目；②需要研究讨论并解决的疑难或矛盾；③关键或重要之点；④事故或意外。

问题管理是指借助问题优化管理、问题驱动改进管理，防范小问题积累成大问题，防范问题演变为危机。

问题管理对应的英文术语应为Management by Problem，简称MBP。虽然也有人用Problem Management或Issue Management表示问题管理，这也不能算错，但用Management by Problem更为准确和到位。

【提问】

“问题管理”与“问题分析与解决”是什么关系呢？

【回答】

两者的关系就像“数学”与“算术”的关系，“算术”是“数学”的初级形式，“数学”包括了“算术”，是“算术”的升级和扩展。类似地，“问题分析与解决”是“问题管理”的初级形式，“问题管理”包括了“问题分析与解决”，是“问题分析与解决”的升级和扩展，是高水准的“问题分析与解决”。“高水准”主要体现在以下几方面。

（1）问题管理可以作为管理模式在企业、党政部门等单位中应用或实施，已经有多家企业和党政部门应用或实施了问题管理。

（2）问题管理着力于借助问题优化管理、问题驱动改进管理，即使有些问题短期内解决不了，也能起到改进管理的作用，比“问题分析与解决”意义更大。

（3）通过应用问题管理，不仅能改进企业或其他单位的管理，而且让员工分析和解决问题能力得到提升。即使单位没有正式应用问题管理，只要个人注重学习和应用问题管理，也会使自己的能力迅速提升，获得与众不同的个人发展机会。

问题管理注重识别假冒问题、界定关键问题，正确解决问题，并且要深入挖掘问题、适当表达问题、高效解决问题，以此来防范问题演变为危机。

挖掘问题、表达问题、解决问题是管理者问题管理的三项能力，挖掘问题包括发现问题、分解问题和界定问题三要素，见图 1-3。

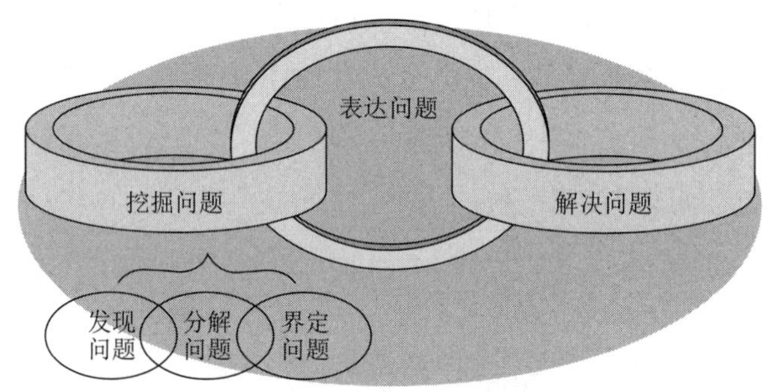

图 1-3　问题管理的三项能力和挖掘问题三要素

问题管理由理念、方法、流程三个方面组成。

除了上述问题管理定义中包含的理念，问题管理的主要理念还有以下几个。

（1）问题是资源，挖掘问题既是挖掘隐患，也是挖掘潜力！

（2）突发事件（危机）不是突发的，是由小问题积累而成的！

（3）成为问题资源开发者（商），让问题正演化，实现单位与个人双赢。

（4）问题驱动创新创业，降低创新创业的难度和风险，提高创新创业的成功率。

（5）与其对难以解决的大问题空发牢骚，不如对力所能及的小问题有所作为。

（6）遇到问题不退缩，办法总比问题多。

（7）有问题不可怕，可怕的是本来有问题，却自以为没有问题。

问题管理的方法和流程将在后续章节中展开讲解。

在实际工作中如果能对问题管理的方法应用自如，不仅有助于解决单位的问题，而且能获得领导的赏识、赢得同事和下属的敬重，从而使自己的职业发展更为顺利。

问题管理具有“顶天立地”的特征。“顶天”是指具有理论高度，在管理思想史上具有重要地位，是四大管理模式（科学管理、人本管理；目标管理、问题管理）之一；“立地”是指问题管理是一种来自实践、在实践驱动下发展起来的理论，属于实践派管理理论。

问题管理也是在实务界与学术界双向驱动、互动互补下发展起来的管理理论，实务界（企业、党政部门、学校）对问题管理的自发应用带动了学术界的研究，学术界的研究成果又促进了问题管理在实务界的应用。

三、问题管理的主要对象

问题管理的对象主要有以下三种。

（一）易于演变为危机的因素

如“突发事件不是突发的”一节所说，小问题会积累成大问题，大问题会演变成危机或突发事件。

在演变为危机的过程中，不同因素的演变路径、演变速度、所起的作用有所不同。因此，问题管理的重点对象首先应该是：

（1）在问题演变为危机过程中，发挥作用大的因素（问题）；

（2）在问题演变为危机过程中，演变速度快的因素（问题）。

（二）影响组织整体功能发挥的因素

如“问题是资源”一节所说，补短板的投入产出效率高于加长板，挖掘并开发问题资源也比挖掘优势资源更容易体现出成果或效果。

组织的不同功能最直观地反映到各个部门、各工作流程上，许多单位不同部门强弱差异大，或者是工作流程的有些环节好，有些环节差。这些问题都会影响组织正常功能或整体功能的发挥，从影响组织整体功能发挥的短板因素着手，对于提升组织的整体功能可起到事半功倍的作用。

（三）制约组织发展的因素

许多企业存在类似这样的问题。

（1）上司觉得下属忠诚度不高，下属觉得上司凝聚力不足！

（2）不同部门间相互抱怨、相互指责！

（3）该来的来不了，该走的走不了！

（4）干多干少一个样，干好干坏一个样！

（5）没有核心竞争力！

（6）自主创新能力不足！

（7）品牌形象不突出，知名度和美誉度不高！

（8）盈利能力差或盈利能力下降！

（9）经营性现金流入小于现金流出！

存在这些问题的企业也许能够维持运行，组织功能短期内也基本能够发挥，但从发展和提高效率角度来说，也是明显的障碍，也是问题管理的重点对象。

四、问题管理与危机管理、风险管理的关系

问题管理与危机管理、风险管理是交叉的，内容有重叠，侧重点不同。

（一）问题管理与危机管理的关系

企业危机是指对企业生存构成威胁或者使公众对企业产生负面评价的焦点性、牵连性事件。个人危机是指对个人生活质量构成威胁或者使公众对个人产生负面评价的焦点性、牵连性事件。危机管理就是对危机事件的管理。

问题与危机的关系就像“燃烧”和“火灾”的关系。

（1）在可燃物较多的地方或本来就在燃烧的地方如不注意控制就会形成火灾，本来不应该燃烧的东西由于意外事件也可能引发火灾；问题丛生的企业如不注意控制会形成危机，本来健康或优秀的企业由于意外事件也可能陷入危机。

（2）火灾是燃烧的剧烈或极端表现，火灾往往包含着或伴随着爆炸；危机是问题的剧烈或极端表现，危机往往包含着或伴随着突发事件。

（3）火灾总有导火索，爆炸总有引爆点，但导火索和引爆点往往并不是火灾的真正原因，真正原因是燃烧的蔓延或可燃物堆积太多；危机也有导火索，突发事件也有引爆点，但导火索和引爆点往往并不是危机的真正原因，真正的原因是问题的扩大和风险的积累。

这一关系明确后，问题管理与危机管理的关系也就清晰了。

① 危机管理的重点在于"灭火"，问题管理的重点在于"防火"！

② 危机管理面对的是紧急事件，问题管理面对的是日常工作！

③ 危机管理要防范连环"爆炸"，问题管理要防范"燃烧"升级！

④ 危机管理非常关注灾后重建，问题管理非常关注消除隐患！

我倡导从危机管理到问题管理，并不是要用问题管理取代危机管理，而是要由危机管理为主，转向问题管理为主，形成"以防为主，防消结合"的管理模式。

（二）问题管理与风险管理的关系

风险是指在一定时期内某一事件的实际结果与预期结果发生差异的程度大小。风险的大小取决于发生收益（或损失）的概率、预期值、收益的方差或标准差。风险管理就是对风险的管理。

《中央企业全面风险管理指引》中将风险划分为纯粹风险（只有带来损失一种可能性）、机会风险（带来损失和盈利的可能性并存）两大类，并强调把机会风险视为企业的特殊资源，这与问题管理理论中的开发问题资源思路一致。

风险应对有 4 种方法：规避（回避）风险、转移风险、降低（减轻）风险、接受风险。

《中央企业全面风险管理指引》中提出，风险管理中要确保企业建立针对各项重大风险发生后的危机处理计划，保护企业不因灾害性风险或人为失误而遭受重大损失。这意味着重大风险基本上等同于危机，重大风险管理基本上等同于危机管理。因此，问题管理与危机管理的关系也就基本上等同于问题管理与重大风险管理的关系。

就风险管理和问题管理的总特征来讲，风险管理的重点是对风险进行两维（风险发生的可能性、风险发生后对目标的影响程度）评估，并对风险进行控制；问题管理的重点是识别真假问题、界定关键问题，开发问题资源。

以易燃易爆危险品储存容器泄漏引发爆炸事件为例。风险管理和问题管理中共同的做法包括分析容器泄漏的成因，成因通常有：使用时间过长、日常维护不够、人为破坏、气候变化等因素。其中，容器使用时间过长是关键成因。如容器使用最高期限为50年，当使用时间超过40年后，则易发生泄漏。该“40年”即为关键风险指标（重点潜在问题）。为此，使用时间接近“40年”时，应发出预警信息，采取相应措施；使用时间超过“40年”后需采取风险控制措施。

下面这个新思路公司四大名模的故事可以形象地说明问题管理的特征，以及与其他经典管理模式的区别。

【链接】新思路公司四大名模的故事

1. 眼前繁花似锦，未来蓝海何在

新思路公司是国内著名的模特经纪公司，经过多年的苦心经营和一年一度的新思路模特大赛，聚集了一批素质超群的著名模特。

由于新思路公司的名声大振，新思路公司的总裁吴远鸣不仅赢得了美女和鲜花，也赢得了名望和权威。曾经被评为年度经济人物，媒体称他为美女经济学的权威专家。华夏大学经济学院聘请吴远鸣为兼职博士生导师，指导美女经济学方面的研究生，各类模特大赛都聘请吴远鸣担任评委或特邀专家。

创业之初吴远鸣做梦也没想到能有今天的成就，当时他在一家即将倒闭的纺织厂担任厂长，厂里新招聘的一批纺织女工上班三个月还没领到工资，整天缠着他要工资，不得已才把她们组织起来，为一些企业新产品促销去走台。没想到模特经纪业务的路越走越宽，生意越来越好。

因为模特经纪行业生意红火，许多其他行业的企业也转行做起了模特经纪。在一次模特经纪公司总裁论坛上，吴远鸣竟然遇到了十年前与他同时获得优秀厂长、经理的五位老相识，而这五位现在的模特经纪公司总裁以前分别是水泥厂厂长、化肥厂厂长、煤矿矿长、贸易公司经理、食品公司经理。在晚上的叙旧酒宴上，这五位老相识对吴远鸣说："你是模特界的先锋啊！你一定要看在我们当年共同战斗的面子上，拉我们一把。"这些老"战友"有的邀请吴远鸣担任独立董事，有的邀请吴远鸣担任战略顾问，有的邀请吴远鸣担任模特鉴定委员会评委。然后，每人向吴远鸣敬酒三杯，吴远鸣又向每人回敬三杯，并说："各位弟兄不必客气，这说明各位弟兄看得起我，我会尽全力帮助各位。"

吴远鸣回到家中，还没有从醉意中完全清醒过来，得意洋洋地向夫人讲了这次论坛上自己的风光表现，以及老"战友"让自己帮忙的事。没想到夫人说："你真是个大傻瓜！你以为这是好事吗？他们今天是你的朋友，求你帮忙，明天就是你的竞争对手，不仅会挖你骨干模特，还会挖走你的客户！即使他们不直接挖你的墙脚，难道他们不挖走你的市场份额吗？我看你的好日子不长了！"

吴远鸣听了夫人的话，如梦初醒。是啊，虽然现在公司繁花似锦，各种名誉接踵而至，自己也成了明星中的明星，但是，模特公司越来越多，公司的营业额虽然还没有下降，但增长率和利润率最近两年都在下降，各项费用越来越高。更为严重的是，别的公司也举办了许多全国性模特大赛，新思路能做到的，别的公司也都能做得到，新思路公司不再是一枝独秀了。

第二天，吴远鸣吃饭时还在想：模特经纪市场的竞争越来越激烈，各公司都在拼价格，已经成为一片血腥的"红海"，新思路公司的"蓝海"究竟在哪里呢？如果像现在这样低层次竞争下去，不仅新思路公司的路会越走越窄，而且自己也会像昙花一现的明星一样消失在人们的记忆中。到那时，不仅不会像现在这样风光，而且连再去当纺织厂厂长的机会也没有了！

这时，夫人又说他了："你吃饭怎么这么慢！"吴远鸣生气地说："你不要老是批评我这，批评我那，如果你提不出建设性的意见，批评有什么用呢？"

夫人说："吃饭还讲什么建设性？"

吴远鸣："不是说吃饭啊，是说公司的事。"

夫人说："公司的事复杂着呢，常言道'有问题，找专家；有困难，找领导！'你为什么不聘请专家给你出谋划策呢？对了，千万别请那些让你帮忙的模特公司总裁们，他们巴不得让你误入歧途呢。"

吴远鸣听后说："这是好主意啊！这真是'愚者千虑，必有一得'啊！没想到你平时说那么多废话，今天倒说了两句有用的话。"

于是，吴远鸣开始紧锣密鼓地张罗成立新思路公司战略咨询委员会和召开"新思路首届蓝海战略研讨会"。

2. **一流企业卖什么，一流模特做什么**

新思路公司邀请国内外知名专家和企业家召开了"新思路首届蓝海战略研讨会"，公司的特聘高级管理顾问鲁克教授隆重出席，鲁克教授是国际顶级管理大师，发言一个小时要付顾问费 5 万美元，鲁克教授果然语出惊人，他说：

"当今时代是理念制胜的年代，二流的企业卖产品，一流的企业卖品牌，超一流的企业卖理念。Do you think so？"

吴远鸣说："的确如此，但与我们公司有什么关系呢？"

鲁克教授接着说："新思路公司的模特大多数还停留在给产品做代言人的水平，少数优秀模特也只是为品牌代言，还没有为管理理念代言的理念模特，这显然不符合一流客户的潜在需求。新思路公司如果不能把握一流客户的潜在需求，在未来的市场竞争中将没有生存的余地。所以，我建议，公司要培养和开发能够作为著名企业管理理念代言人的名模，从而争夺高端客户，开创公司的蓝海。"

总裁吴远鸣先生马上说："尊敬的鲁克先生，你说的似乎有些道理，我也看到媒体报道说目前最著名的企业家是 80% 的时间宣讲公司的理念，20% 的时间管理具体事务，但是，怎样的模特可以作为著名企业的管理理念代言人呢？"

鲁克教授听了有点不高兴地说："不是'似乎有些道理'，而是绝对如此！可以作为管理理念代言人的模特需要有扎实的理论功底，并且言行也要与代言的理念相吻合，最好艺名也能体现其理念。”

吴远鸣想到的最近慕名而来的四大美女，准备借助新思路公司实现由职业美女向职业模特的战略性转型，但还没有开始挖掘其商业价值，正好可以结合这一计划，好好包装策划一番，全新推出理念模特，于是说：“尊敬的鲁克先生，我们就按你说的办，事成之后，顾问费给你加一倍。”

3. 一流的美女可以包装成一流的模特吗

有一天，吴远鸣请私人好友劳伦斯•彼德吃饭，并说起决定把四大美女包装成四大理念名模这件事。彼德说：“你推出理念模特的决策是完全正确的，但是，不能由四大美女担任，你如果让四大美女担任理念模特也只能把一流的美女晋升为三流的模特。”这就是“彼德原理”。

组织中有工作成绩的人将被提升到高一级的职位；如果他们继续胜任，将进一步提升，直至到达他们所不能胜任的位置。组织中的员工总趋向晋升到他所不能胜任的职位；组织的工作任务，多半是由尚未达到不胜任职位的人们所完成的。

吴远鸣说：“那你说怎么办？”

彼德说：“你们公司很擅长举办模特大赛，为什么不搞一个理念模特大赛呢？通过公开竞争选出来的模特和理念才是令人信服的。”

于是，新思路公司举办了首届理念模特大赛。理念模特大赛的核心并不是模特的比拼，理念模特大赛的实质是管理理念（理论、模式）比拼，形式上是模特比拼，并且要求实质与形式高度统一，也就是模特知识结构与行为风格与她代言的管理理念相吻合。

4. 四大名模脱颖而出

通过首届理念模特大赛，由四家名牌商学院选送的四大名模技压群芳、脱颖而出，她们分别是：

柯小姐，代言的理念是“科学管理”。柯小姐的行为风格和代言要求都体现了科学管理的理念，例如，企业差错率要在0.00034%以下；演出会场空气有害物含量应在0.01%以下；T台尺寸要符合黄金分割……

任小姐，代言的理念是“人本管理”。任小姐的行为风格和代言要求都体现了人本管理的理念，例如，员工积极性不高的企业，不代言！观众感觉不舒服的活动，不出席！对粉丝和记者态度不好的主办单位，不合作……

问小姐，代言的理念是“问题管理”。问小姐的行为风格和代言要求都体现了问题管理的理念，例如，有可能爆发危机的企业我不代言！自我感觉太好的企业我不代言！会场没有预警方案的活动我不出席……

穆小姐，代言的理念是“目标管理”。穆小姐的行为风格和代言要求都体现了目标管理的理念，例如，代言一次能赚多少钱？预期出席观众数有多少？多少家媒体会进行报道……

五、四大管理模式：管理时尚演变的两条主线

管理类的畅销书和热门概念不断推陈出新、层出不穷，每隔几年就会有号称重大创新或革命性的理论、方法或模式成为热点，学术概念称为“管理时尚”，这类似于“服装时尚”，过一段时间，原来的风格或款式卷土重来，但实际上只是新瓶装老酒。我用一首小诗来表达对管理时尚的看法：

管理概念新旧翻，
乱花渐欲迷人眼；
若要丛林不迷路，
回归基础学经典！

管理时尚的演变看似纷乱无序，实则有章可循。我对百年来经典管理理论和管理时尚进行梳理后发现，管理时尚演变主要是围绕着两条主线，如图 1-4 所示：纵向是“科学管理 ↔ 人本管理”主线，横向是“目标管理 ↔ 问题管理”主线。

从图中可以看出，纵向、横向两条主线（即四大管理模式）构成一个完美的结构，这一结构完美性体现在以下几个方面。

（1）四大管理模式代表了管理思想史上是最重要、最经典的四类管理理念（也可称为管理思想、管理思维或管理理论），正因为四大管理模式在管理

思想史上是最重要、最经典的，所以经常以不同的名称或形式反复进入人们的视线，成为不同时期的热点和焦点。参见后面的表 1-1 和表 1-2。

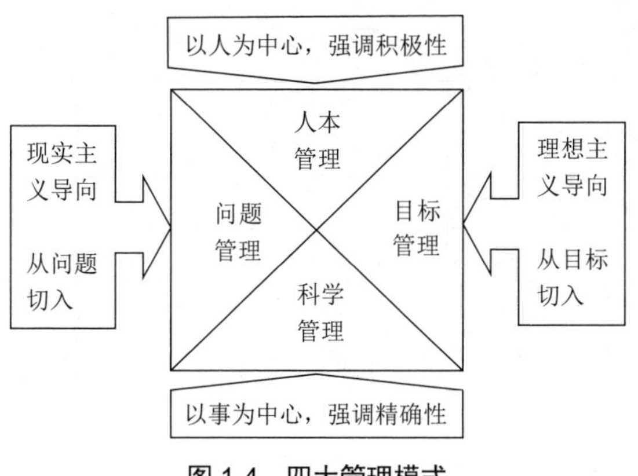

图 1-4　四大管理模式

（2）纵向结构上的科学管理与人本管理具有鲜明的对应性。科学管理是基础，人本管理是升华。科学管理以事为中心，强调精确性；人本管理以人为中心，强调积极性。

（3）横向结构上的问题管理与目标管理也具有鲜明的对应性。问题管理是现实主义导向，从现在的问题切入，以克服发展障碍、防范危机为核心；目标管理是理想主义导向，从未来的目标切入，以寻求达到目标的捷径为核心。

（4）四大管理模式的上述两组又构成一个互补性的整体。科学管理与人本管理在不同历史时期以不同的形式出现，呈现出此消彼长的热点变化格局，并在互动中共同发展；问题管理与目标管理在不同历史时期也以不同的形式出现，呈现出此消彼长的热点变化格局，并在互动中共同发展。四大管理模式的发展总体上符合螺旋式上升和波浪式前进的哲学规律。

从表 1-1 不同时期盛行的管理理论可以看出，科学管理与人本管理在不同时期受重视程度不同，但科学管理与人本管理这两条主线在总体上是以此消彼长的方式螺旋式上升、波浪式前进的。

表 1-1 科学管理与人本管理互动发展

盛行的管理理论以及所处的时期	……	……		压力管理、最佳雇主
	二十一世纪初	六西格玛	↗	
	二十世纪九十年代		↖	管理伦理，学习型组织
	二十世纪七八十年代	JIT（准时制生产方式）、精益生产流程再造	↗	
	二十世纪五六十年代		↖	企业文化
	二十世纪四十年代	系统论、运筹学	↗	
	二十世纪二三十年代		↖	人际关系学，行为科学
	二十世纪初	泰罗制（科学管理）	↗	
特点		以工作为中心、精确性、数学的应用		以人为中心、积极性、心理学的应用
所属模式		科学管理		人本管理

同样地，问题管理和目标管理在不同时期受重视程度也不同，总体上这两条主线也是以此消彼长的方式螺旋式上升、波浪式前进的，如表 1-2 所示。

表 1-2 问题管理与目标管理的互动发展

盛行的管理理论以及所处的时期	……	……		蓝海战略、长尾理论
	二十一世纪初	风险管理、内控体系	↗	
	二十世纪九十年代		↖	平衡计分卡
	二十世纪九十年代	危机管理，约束理论	↗	
	二十世纪八十年代		↖	战略管理各流派
	二十世纪七十年代	权变理论，TQC	↗	
	二十世纪五六十年代		↖	目标管理（德鲁克）
	二十世纪二三十年代	事业部制，品牌经理制	↗	
特点		从当前的问题切入，以克服发展障碍为核心		从未来的目标切入，以寻找发展捷径为核心
所属模式		问题管理		目标管理

总之，从科学管理、人本管理、问题管理和目标管理的性质、特征、相互关系和历史演变来看，是名副其实的四大著名管理模式，也可简称为“四

大名模”。四大管理模式两两互动发展，总体上符合螺旋式上升和波浪式前进的哲学规律。

六、优秀管理者的“十八般武艺”

也许有人会问，最重要、最经典的管理理论难道只有四大管理模式吗？其他的经典管理理论都去哪儿了呢？

60 多年前，管理学界已经是派系林立，理论层出不穷，1961 年，美国管理学家哈罗德·孔茨（Harold Koontz）把这种现象称为“管理理论的丛林”，孔茨先后两次撰文专门论述“管理理论的丛林”，但是，人们还是经常在“管理理论的丛林”里迷路，孔茨自己也没有走出“管理理论的丛林”。

事实上，我们每天被各种管理理论所包围，也不可能走出“管理理论的丛林”，但是，我们可以把“管理理论的丛林”分类整理一番，让人们对各种管理理论有一个总体上的清晰认识。

迄今为止，对管理理论的分类法中最清晰、最具概括性的是三维分类法，也就是把各种管理理论按照“通用技能维度、模式维度、专业维度”这 3 个维度来划分为三大类，每一类再精选出最具代表性的若干小类，如图 1-5 所示。

从通用管理技能来看，亨利·法约尔（Henry Fayol）在 100 多年前就提出了计划、组织、指挥、协调、控制 5 种通用管理技能（法约尔称为“职能”）。随着时代的变迁，现在更强调“领导”而不是“指挥”，同时也用“沟通”替代了“协调”，但是“领导”与“指挥”具有共同的内核，“沟通”与“协调”也具有共同的内核，可见，100 多年前提出的 5 种通用管理技能现在仍然是有效的。后来，管理学界唯一的诺贝尔经济学奖得主[①]西蒙提出了决策理论。这样，通用管理技能维度就形成了 5+1 经典理论的格局。

---

① 以前经济学与管理学是不分的，现在已经非常明确地分为两个学科了，参见“孙继伟. 经济学与管理学的区别 [J]. 经济学家，1998（3）：22-25.”。

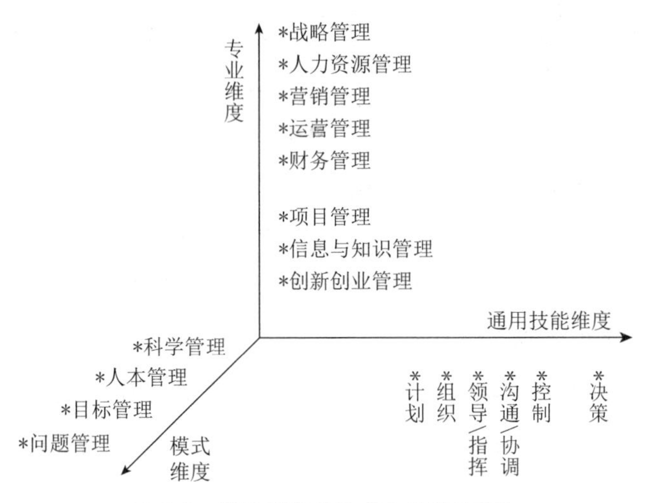

图 1-5 优秀管理者的“十八般武艺”

从专业维度来看，战略管理、人力资源管理（行政管理归入此类）、营销管理、运营管理（生产和技术管理归入此类）、财务管理（投资管理归入此类）是企业管理（也称为工商管理）的五大核心课程，也是专业维度的五大经典理论。随着跨领域项目越来越多、信息技术的普遍应用，以及企业内外环境的不断变化，项目管理、信息与知识管理、创新创业管理 3 个新专业显得越来越重要，相应的理论和成果已经成为新的经典理论。这样，专业维度形成了 5+3 经典理论的格局。

事实上，大学的专业设置、企业中的部门设置也大体上与专业维度的经典理论相对应，这也正是称为专业维度的原因。

模式维度的四大经典理论已经在上一节做了说明。

总之，通用管理技能维度的经典理论有 6 种，专业维度的经典理论有 8 种，模式维度的经典理论有 4 种，全部加起来正好是 18 种，而且这 18 种经典管理理论对于一般的管理者并不要求全部掌握，但作为高层次的优秀管理者，应该能应用（包括借助别人应用）自如，因此，也称为高层次优秀管理者的“十八般武艺”。

“十八般武艺”作为经典，永不过时，对管理者终身有用！各类新兴的、时髦的理论只不过是这“十八般武艺”的变形而已。

第二章
深入挖掘问题

《孙子兵法》中说："见日月不为明目，闻雷霆不为聪耳。"意思是说，看到太阳和月亮并不说明你眼睛特别明亮，听到雷声并不说明你耳朵灵敏，因为这是人们都能看到和听到的。

挖掘问题不能停留于"地球人都知道"的问题，而要探究问题背后的问题，分析、界定是否属于潜在问题、关键问题或假问题，并认清问题运行的内在规律以及问题之间的相互关系。

为什么用"挖掘问题"这样一个奇怪的词语呢？为什么不用大家熟知的"发现问题"或"分析问题"呢？

问题管理中使用"挖掘问题"这一术语有两方面的原因。

一是因为发现问题、分析问题和界定问题虽然侧重点不同，但经常相互交叉，甚至融为一体，不宜分开来阐述，所以用"挖掘问题"来概括。简言之：

挖掘问题＝发现问题＋分解问题＋界定问题

二是由于习惯障碍和其他干扰，许多人对问题熟视无睹、视而不见，甚至经常把错的当作对的，把问题当作正常。正因为这样，问题管理中强调：

用平常心发现问题是不够的，要用"挖掘问题"的态度和方法，才能克服习惯障碍和其他干扰，准确、到位地界定问题，为制定有效的解决方案提供正确的依据。

一、有效提问法

提问是发现问题和分析问题的最常用也最简单的方法，提问技巧在很大程度上影响着是否能够得到真实的信息，影响着是否能够挖掘出真正的问题或关键的问题，从而对解决问题的措施带来影响。

（一）这些提问是否有效

【提问】

下面这些提问是否有效？为什么？

（1）在一个咨询项目调研中，咨询师对客户方的业务人员进行访谈，访谈时咨询师问业务人员："贵公司有没有建立完善的管理创新体系？"

（2）经理给下属口头布置了一项问卷调查的工作，布置完工作之后，经理有点不放心下属是否完全明白了自己的意思，于是就问："听清楚了没有？"

（3）领导在开会时即兴发言，发言结束后问身边的下属："我讲得没错吧？"

【回答】

上述几个提问都是无效的或低效的。

"有没有建立完善的管理创新体系？"是咨询机构需要研究和评价的课题，客户方的普通业务人员没有责任回答这样的问题，通常也回答不好，而且不同的人对管理创新体系的理解也不一样，所以这样的提问是错误的，咨询师应该向业务人员提一些与他日常工作有关的具体问题，通过这些具体问题的回答和其他调研来对管理创新体系进行综合评估。

对于"听清楚了没有？"这样的问话，如果下属回答"没听清楚"，可能让上司感到下属没有仔细听他讲话，也可能让上司感到下属的领悟能力比较差，所以，得到的回答多数是"听清楚了"，但是实际上多数情况是没有听清楚，或者下属理解的听清楚与上司理解的听清楚并不一样，等到下属把调查结果提交给上司时，通常上司会觉得与自己的预期差距很大。所以上司不放心下属是否完全明白了自己的意思时，有效的提问是"你在做这项工作中要把握的要点是哪几个”或“我给你布置的工作，你准备如何做”。

“我讲得没错吧？”这样的问话，让下属感觉是上司要求得到肯定和赞扬，所以下属最可能的回答是“你讲得太好了”或“你讲得很精辟”。如果这位领导真的想得到建设性意见，应该在会议结束后问：“我讲的这个观点正面的依据和反面的依据分别有哪些？”

（二）提问的类型

1. 开放式提问

开放式提问是针对某一主题让对方自由回答，对方回答的信息、观点、立场都不受限制，发挥余地较大。例如以下几点。

（1）为什么会出现这一问题？

（2）这是怎么回事？

（3）你们公司发生过哪些事故？

（4）你对最近发生的这次危机看法如何？

（5）你认为这次危机的直接原因和深层原因各是什么？

2. 封闭式提问

封闭式提问要求对方只能在限定的几种情况中选择答案或结果。通常来说，问卷调查中的 A、B、C、D 等选项相当于封闭式提问，是否判断题也是封闭式提问。

问卷调查中，主要使用封闭式提问，问卷后面也可设置几个开放式提问的题目。访谈调查和访谈提纲通常使用开放式提问。

需要获得比较多的信息时，应使用开放式提问；需要确认信息的准确性或对初步信息进行追踪时，应使用封闭式提问。表 2-1 是开放式提问与封闭式提问的一些对比性示例。

表 2-1　开放式提问与封闭式提问示例

开放式提问	封闭式提问
你的年收入是多少	你的年收入有没有达到 10 万元
为什么这件事没人管	这件事没人管是因为职责不清吗
你有什么建议	你的建议是做还是不做
哪些人对这个制度不满意	是老员工对这个制度不满意吗
哪些地区的效率低	效率低的是郊区吗

3. **诱导式提问**

一名传教士问上司："我在祈祷的时候可以抽烟吗？"

另一名传教士问上司："我在抽烟的时候可以祈祷吗？"

结果，前者得到的回答是"你这样不专注，不行的！"后者得到的回答是"你时刻想着上帝，很好！可以的！"但实际上两种情况都是一边抽烟，一边祈祷！

从这一提问可以看出，提问的句式不一样，诱导的方向也不一样。诱导式提问通常不是为了从对方那里获得答案，而是为了诱导对方接受自己的观点和意见。

销售员与潜在客户在电话中谈到约个时间面谈一下时，销售员如果问："你什么时间有空？"这属于开放式提问，这样问的效果并不好。如果销售员问："明天你有空吗？"这属于封闭式提问，这样提问效果也不好。比较有效的提问方式是："你这个星期有空？还是下个星期有空？"这就属于诱导式问题。

4. **澄清式提问**

澄清式提问是针对对方的答复或已经提供的信息重新措辞进行提问，以便确认提问者的理解与回答者的本意是否一致。例如：

"你说的相关部门、有些部门究竟是指哪些部门？"

"你刚才说存在安全隐患，是指生产的安全隐患，还是被盗窃的安全隐患？"

"你提到子公司目前财务管理混乱，是否意味着以前制定的财务制度并没有严格执行？"

（三）优化提问方式，减少回答中的掩饰或失真

1. 价格问题上倾向于选择更低或最低

不管是封闭式提问，还是开放式提问，由于种种原因，回答的人可能会掩饰真实想法，甚至是说明显的假话。因此，提问时必须讲究策略，尤其要掌握被访者的心理，采取一定的技术处理，过滤假信息，获取真信息。

一家企业需要研究在潜在顾客心目中简装产品价格与同等精装产品价格的比例关系，他们要做问卷调查，问卷调查题目中设计了这样一个提问："对于我们公司同样内容的产品，你认为简装产品应该是精装产品价格的多少比例？"选项分别是：A. 80%；B. 60%；C. 50%；D. 40%。

受访者中有很多人已经是简装产品顾客，或者是简装产品潜在顾客，在这样的提问中，受访者一般会选择几个选项中最低的一项。这样收集回来的调查结果是失真的，或者说是假信息。怎么才能过滤假信息，获取真信息呢？

为了避免多数受访者希望尽量低价的心理，在问卷设计时应该做一些技术处理，提问方式应该改为："你认为精装产品价格是同等简装产品价格的多少倍比较合理？"

选项可以设计为：A. 1.2 倍；B. 1.4 倍；C. 1.6 倍；D. 1.8 倍。

这样的提问方式得到的回答更能反映受访者的实际意愿。

> 问卷调查的结果不一定是客观的，而是可诱导或引导的。
>
> 不同立场或意图，可以用不同的提问方式，导向对自己有利的回答。

类似地，一所大学的网络学院想了解潜在生源对网络教育收费标准的看法，于是在问卷中出了这样的一个题目：

你认为网络教育一年的收费标准确定为下列哪个比较合理？

A. 8000元以上　　B. 6000～8000元

C. 4000～6000元　　D. 4000元以下

受访者在价格问题上倾向于选择更低或最低，所以，回答这一问题时，也有很多人会选择收费最低的选项。

这一问题如果修改为以下提问方式，就能防范习惯性选低价的倾向：

同样内容的课程，你认为老师当面授课的传统教育方式与网络教育相比，当面授课方式的收费应该是网络教育的多少倍比较合理？

A. 2倍或以上　　B. 1.8～2倍

C. 1.5～1.8倍　　D. 1.5倍以下

2. 对称化亲历细节描述法

员工准备辞职时，人力资源部或上司可能会问："你为什么要辞职呢？"在招聘面试时，面试官可能也会问："你为什么要离开原来的单位呢？"

面试时，有些面试官还会问：

"你的吃苦耐劳精神如何？"

"你能否接受我们公司的文化？"

"你的创新精神和创新行动力如何？"

某位主管到基层（或子公司）调研时对一线员工提问：

"你们部门领导是否很重视'合理化建议'（或其他）工作？"

"你们部门的领导风格是什么样的？"

这些提问得到的回答都可能包含着假信息（掩饰或失真的信息）。即使有些人如实回答，由于总会有人在回答中掩饰，提问的人也难以分辨哪些人讲的是真话！

在面临敏感问题时，或者回答者掩饰的可能性较大时，不能使用直接提问法。使用旁敲侧击的方式，从具体细节中自己推断，才能获得真实的信息、正确的判断。

使用对称化亲历细节描述法有助于在提问中过滤假信息、获取真信息。对称化亲历细节描述法是一种旁敲式提问法，要求回答者从正面、反面分别描述自己亲自经历过的事项细节。例如，面试官可以要求应聘者在自己亲历的创新项目中举成功的、失败的各一例，描述其过程，从细节事例中推断他的创新精神和创新行动力。

这种提问方式一个细节套着另一个细节，回答者如果讲假话，很容易露馅。如果回答问题的人讲述得不够具体，可以从 STAR 4 个方面让回答者进一步补充细节信息，STAR 是指以下 4 点。

情境（Situation）：当时的情境和背景是怎样的？

任务（Task）：当时要完成什么任务？面临着什么问题要解决？

行为（Action）：采取了什么措施、行动？

结果（Result）：结果如何？

二、提问型领导

（一）从“元芳，你怎么看？”说起

“元芳，你怎么看？”这一流行语来源于《神探狄仁杰》系列电视剧，四部剧中狄仁杰对李元芳的提问方式一脉相承，简直成了口头禅。从狄仁杰（领导者）与李元芳（下属）的互动关系来看，狄仁杰是敢于提问、勤于提问、善于提问的，并且经常能从提问中挖掘到关键问题，形成或完善了解决问题方案，这样的领导方式用现代的专业术语讲，就是提问型领导。

本书的有效提问法一节讲解了提问的通用策略和一般技巧。提问不仅对普通人意义非凡，对领导者和领导工作具有更重要的意义，迈克尔・马奎特专门写了一本名为《提问型领导》的书（英文原名 *Leading with Questions*）。书中讲到，美国创造性领导力培训中心对 191 位高层管理人士的成功经历研究后发现，他们成功的关键是善于创造提问机会并适时提出问题。约翰・科特认为，领导者与管理者的主要区别就在于，领导者的主要职责是发现问题，管理者的主要职责是解决问题。

曾让 Circuit City 公司起死回生的艾伦・沃策尔在上任后，有人问他公司下一步的对策时，他说：“我不知道！”他通过向下属提问来形成自己的决

策，在公交车上遇到员工时也不放弃提问的机会。嘉吉集团的道格拉斯·伊登回忆自己从别的部门调任麦芽酿造公司CEO时说："麦芽酿造对我来说是个陌生的行业，不少人期待我尽快拿出解决各种问题的方案，但我当时真的不知道从什么地方入手，也无法提出方案，是通过向员工多次提问，才形成了方案。"

这些领导者虽然身在高位，但敢于说"不知道"，愿意放下架子，不耻下问，借助提问，既正确挖掘和界定了问题，也调动了下属的积极性，培养了下属解决问题的能力。

（二）提问型领导的两个关键方面

1. 领导者自己提问

古代的领导者与部下之间具有人身依附关系，领导者一般要体现出威武性，加之古代的知识和信息量比现在少得多，所以大多数领导者在各方面都表现出比部下们博学多才。尽管如此，古代仍然有不少领导者积极向部下问计，以此来提高决策的正确性，如刘邦、刘备、李世民等。

现代社会中，员工的自主性、独立性达到前所未有的高度，民主管理、自我管理的呼声越来越高，加之，知识和信息量急剧增长、专业分工越来越细，所以，领导者不必以威武的形象出现，也不必在下属面前表现得样样精通。领导者即使在某些方面很精通，也要学会装不懂，积极向下属提问，这样一方面可以避免下属对领导者的依赖，锻炼下属主动分析和解决问题的习惯，增强下属办事的责任心，另一方面也可以起到兼听则明的作用，有助于挖掘被自己忽视的决策信息。

"踢皮球"经常作为贬义来批评管理部门的官僚主义作风，但是，在下属针对某一问题向你提问"怎么办"时，如果事情不紧急，建议你把这个"皮球"踢给下属，你可以反过来问："你对这个问题怎么看？你觉得应该怎么办？"

提问型领导要有不耻下问的意识，敢于提问、勤于提问、善于提问。领导者在向下属提问时应以获取信息和征询意见为主，要多提增强下属自信、激发下属潜力的问题，尽量避免提打击下属积极心或让下属觉得怀疑自己的问题。

2. 鼓励下属提问

有些领导者片面强调执行和服从，喜欢听话的员工，不喜欢经常提问题的员工。

员工都很听话、很有服从意识，并不意味着企业没有问题，反而意味着问题更大。

喜欢提问题的员工虽然看起来像“刺头”，但往往比听话的、服从的员工更优秀。与听话的、服从的员工相比，积极提问的员工更愿意给企业提合理化建议，更善于解决问题，能为企业创造更大价值。

一旦员工们形成了“不敢说、不愿意说，报喜不报忧”的习惯，可能会带来严重的后果。正因为如此，英国女作家霍尔说：“我可能不同意你的观点，但我誓死捍卫你说话的权利。”领导对下属的提问也应有这样的胸怀和态度，营造敢于质疑、自由提问的氛围。

当然，领导者也要培养员工的提问技巧，通过言传身教、专业培训、经验交流、员工自学等方式，让员工提高提问技巧、把握提问艺术。

（三）一些实用的情景提问

理论上讲，领导者要从提问的内容、对象、方式、时机、节奏 5 个方面改进提问质量。实践证明，从情景案例中学习提高更为有效，下面是几个对领导者非常有用的情景提问。

1. 情景 1：新官上任时

在领导者需要做出重要决策时，尤其是新官上任时，领导者要敢于说“我不知道”“你们怎么看”“你们认为应该怎么办”。

美国的草根领导者迈克尔·阿伯拉肖夫担任美国装备最先进的“本福德号”（Benfold）驱逐舰舰长 20 个月内，不仅作战指标达到有史以来最高水平，下属晋升率是海军平均水平的 2.5 倍，而且节省 140 万美元经费。他的领导秘诀就是不停地向下属提问，认真倾听回答，根据大家提供的情况采取对策。

在他新任舰长后，与舰上的 300 名官兵每人进行了 15 ～ 20 分钟的单独谈话。他向每个人提出 3 个问题：①你最喜欢这艘舰上的哪一点？②你最不喜欢它的哪一方面？③如果你是舰长，你怎么改变这一状况？

这 3 个问题也适用于企业高层或中层领导者新官上任后挖掘问题、界定问题和提出对策。“新官上任提三问”比传统的“新官上任三把火”更重要，准确地讲应该是“新官上任三把火”之前，应该进行“新官上任提三问”，“提三问”获取的有效信息应该成为制定“三把火”具体措施的依据。

2. 情景 2：下属的工作没有做好时

当下属的工作没有做好的时候，领导者要尽量抑制自己批评或责骂他们的冲动，让自己冷静下来，先暗暗问自己 3 个问题。

（1）是不是事先没把事情交代清楚？目标是否合理？

（2）提供的资源和时间是否充足？

（3）在工作过程中有没有给予下属必要的支持、指导或培训？

3. 情景 3：发生事故、故障或严重差错时

这种情况下，有些领导喜欢开口就问“这是怎么回事？”“怎么搞的？”这样的提问容易带来下属抵触情绪或汇报不全面。应该加上引导语：“我们要对每起事故（或差错）进行认真分析，找出哪些因素造成了事故，哪里有隐患，以便我们亡羊补牢。请你来讲讲这件事是怎么发生的？”

4. 情景 4：在意见中深入挖掘问题时

在下属提出意见或建议，领导者想深入挖掘问题或想挖掘关联问题时，领导者可能会问：“你有证据吗？是否还有遗漏或补充？”这样的提问不如转换为邀请更好，例如，“你的意见很重要，如果你能给我讲一讲……会对改进管理更有价值。”

三、全面提问法：5W2H

5W2H 是指 Why、When、Where、Who、What、How、How Much 几个英语单词首字母组合，也就是说，从为什么（Why）、什么时间（When）、在

哪里（Where）、谁（Who）、什么（What）、怎么样（How）、多少（How Much）7 个方面来分析研究。这也称为全面提问法。

5W2H 分析法可用于分析很多问题，对于不同的问题，分析的侧重点可能有所不同。下面举两种情景化应用的实例。

（一）5W2H 在突发事件分析中的应用

对于企业中发生的一起突发事件、事故或其他特殊情况，5W2H 分析法可以这样展开分析。

Why：为什么会发生这样的事？事故或危机的直接原因和深层原因是什么？

What：发生了什么事？是属于常见事故、偶然事故，还是危机？或者仅仅是误会？

When：事件是什么时间开始的？什么时间发现的？什么时间结束的？

Where：在哪个地点发生的？向哪里蔓延？涉及地方多大？

Who：是谁发现的？当事人有哪些？是否有伤亡？责任人是否已明确？

How：预计事件怎样演化？怎么处理？怎么组织资源？

How Much：直接损失多少？间接损失多少？影响程度多大？

（二）5W2H 在业务开拓分析中的应用

如果要分析业务开拓中的关键问题，5W2H 分析法可以这样来展开。

What：什么产品？产品卖点是什么？有什么优点和缺点？

Who：现有客户是哪些人？重点客户是哪些人？潜在客户是哪些人？销售团队有哪些人？

Where：这些客户在哪里？如果按区域划分，重点开发哪些区域？

When：何时开始推广？何时重点突破？何时阶段性结束？

Why：为什么这样安排？为什么进展不大？为什么不创新？

How：怎么做？计划表（甘特图）做得怎样？遇到问题怎么处理？

How Much：销售目标是多少？费用预算是多少？预期效益及奖励有多少？

四、问题分解法

问题分解法是对某一问题从纵向、横向和时间 3 个方面进行分解。问题分解法可以用来分析问题的原因、梳理问题的构成、界定问题的性质和特征。

问题分解法可以起到识假和求真的双向作用。借助问题分解法，可以识别假问题，避免被假问题干扰或蒙蔽，避免被假专家忽悠；借助问题分解法，可以认识问题的真相，发现问题的真正所在，为制定有效解决方案提供依据。

（一）纵向分解

纵向分解就是分析问题背后的问题，原因的原因，通常可以按照“现象→直接原因→原因的原因”的思路进行层层深入。

“连续追问为什么”可以作为纵向分解的切入点，例如：

车间主任看到一位工人正把铁屑洒在车间的地面上，主任与工人的如下一段对话正是反映了纵向分解问题的思路①。

问：“你为何把铁屑洒在地上？”工人答：“因为地上有点滑。”

问：“为什么会滑？”工人答：“因为地上有油渍。”

问：“为什么地上会有油渍？”工人答：“因为机器在滴油。”

问：“为什么机器会滴油？”工人答：“机器内的橡胶油封已经磨损坏了。”

问：“为什么磨损坏了？”工人答：“这批货质量不好。”

这样问题的原因找到了，解决问题的办法也找到了：更换质量好的“橡胶油封”，或改用“金属油封”。

---

① 实际工作中，工人一般不会按这样的顺序一步一步地回答，一般会跳过其中的一步或几步。但为了练习问题分解法，把每一步都列出来，这样就包括了不同工人的所有可能回答。这正是理论与实际的区别。

【思考题】

这批货质量不好的进一步原因可能有哪些呢？

【提示】

从纵向分解法、横向分析法两方面思考。

【回答】

（二）横向分解

对于单一因果关系的问题，可以按照纵向分解的思路层层深入，透过现象，发现问题的真正所在。对于一果多因的问题，或者因果链条不明显的问题，就需要综合应用纵向分解法和横向分解法。

横向分解是把问题的多个并列原因一并列出，或者是把问题分成几个组成部分、几种类型或几种情况。

在上述橡胶油封质量不好的问题中，如果进一步挖掘，就会涉及采购问题，一说到采购问题，人们就会想到回扣，事实上，导致采购货品的质量不好有多方面并列或交叉的原因：

（1）有关人员拿回扣；

（2）采购费用预算明显偏低；

（3）付款周期明显偏长；

（4）其他原因，如合格供应商名录中企业信息已变化，未及时反映。

把多种原因一并列出，就属于横向分解。再进一步分解其中某一原因的原因，则又属于纵向分解。

纵向分解和横向分解中的“纵向”“横向”是指逻辑关系，并不是形状上的纵向和横向，见图 2-1 和图 2-2。借助电路中的术语，纵向分解也称为“串联分解”，横向分解也称为“并联分解”。

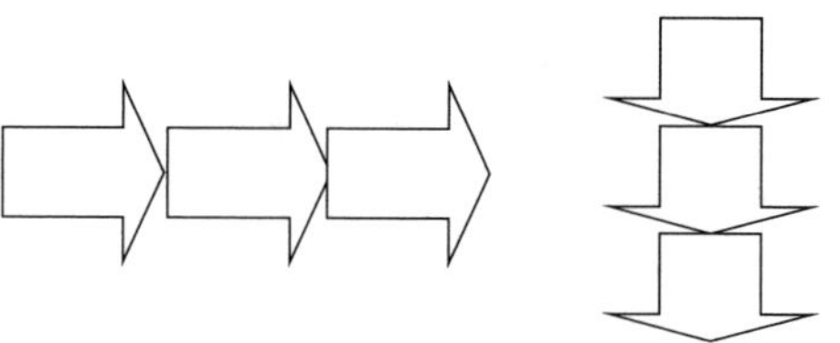

图 2-1　纵向分解（串联分解）的不同形状

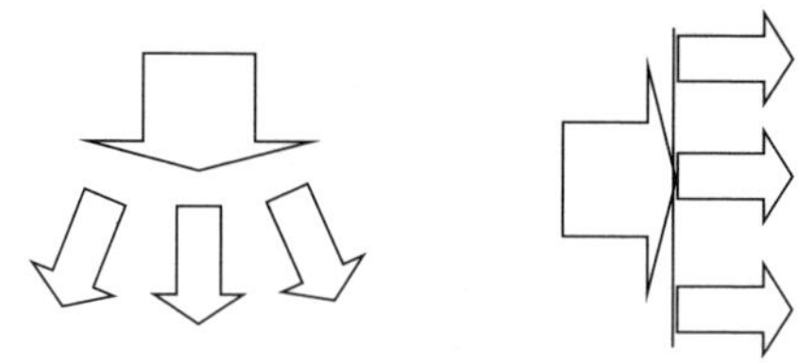

图 2-2　横向分解（并联分解）的不同形状

（三）时间分解

在陈述和分析某一问题时，我们经常会这样说，这一问题过去是怎样的，现在是怎样的，未来（或接下来）可能会怎样？这是最常用的一种时间分解法。

例如，某企业的员工流失问题，以前的流失以退休为主，主动离职很少，现在主动离职的员工很多，未来主动离职没有减少理由，反而有增加的迹象。由此得出推论，既需要新招聘员工填补空缺岗位，也需要开展企业凝聚力建设，增强企业员工队伍的稳定性。

对于同一个问题，也可以分析其短期的演变趋势、长期的演变趋势，尤其是小问题会不会演变为大问题？问题会不会演变为危机？是否属于可控状态？这是第二种常用的时间分解法。

此外，还有一些专项的时间分解法，例如，企业发展阶段可以划分为创业期、成长期、成熟期、转型期几个阶段，在不同的阶段，面临着不同特征的问题。

时间分解法不仅可用于分析管理问题，而且可用于在即兴发言或即兴演讲时，应对准备不足的问题。

例如，一家企业的部门经理应邀参加员工与家属联谊会，联谊会主办者盛情邀请这位经理发言，但这位经理没有准备。如果他直接说："我没有准备，不知道要发言，不知道讲什么好，随便讲几句吧。"这样的效果就很不好。

他可以用时间分解法这样发言："以前我听说过我们公司的员工与家属联谊会，但了解不够、关心不够；现在我很高兴在这里与大家交流、学习；以后我会多关心、多参加这一活动，为这一活动多做贡献！"

这样的发言，虽然是套话，但由于使用了"以前、现在、以后"的时间分解法，比"我没有准备、随便讲几句"这样的措词好多了。如果以此为基础，再结合现场的实际和自己的感受做一些即兴发挥，那效果会更好！

这种以时间分解法为基础的发言或演讲技巧，也可用于应邀参加业主委员会、家长会和同学聚会等场合的即兴发言。

【小结】树根分解法与分合定律

问题分解的三种方法在学习时可以分先后次序学习，但在实务应用时，经常需要融合或整合在一起应用。正像图 2-3 所示，由上追溯到下、从粗根到细根属于纵向分解；根的分岔，分为并列几支属于横向分解；树根上的年轮反映的不同时间属于时间分解。实际工作中，纵向分解、横向分解、时间分解三种分解方式像树根中的上下追溯、根枝分岔和年轮一样难以截然分开。所以，问题分解法也称为"树根分解法"。

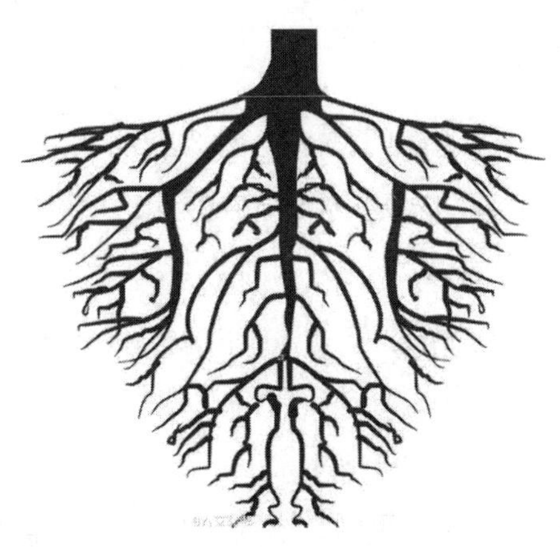

图 2-3　三种分解融为一体示意（树根图）

这正反映了问题管理十大定律中的“分合定律”及推论，即：学知识只能分开学，用知识应当整合用。管理者需要跨界分析问题、整合解决问题。

【实例】用时间分解法识别假问题

2020 年 7 月 23 日，长城汽车（601633）发布 2020 年上半年业绩快报，部分媒体看到公司营收和利润显著下降，其中净利润同比下降约 24%，表示了担忧，如图 2-4 所示。

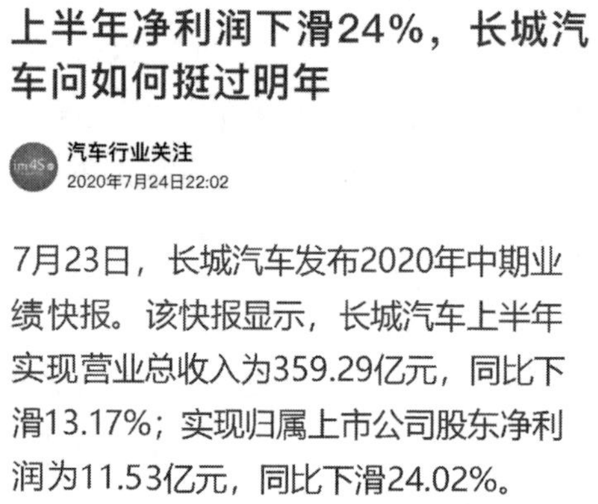

上半年净利润下滑24%，长城汽车问如何挺过明年

汽车行业关注
2020年7月24日22:02

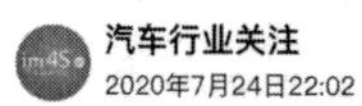

7月23日，长城汽车发布2020年中期业绩快报。该快报显示，长城汽车上半年实现营业总收入为359.29亿元，同比下滑13.17%；实现归属上市公司股东净利润为11.53亿元，同比下滑24.02%。

图 2-4　长城汽车 2020 年上半年业绩情况

假设你当时持有长城汽车的股票，会把长城汽车的这一业绩快报看作是利好，还是利空？

多数人认为这是利空，会考虑卖掉长城汽车的股票。但是，用问题分解法中的时间分解法分析后，出现了不一样的结论。

上市公司每年发布 4 次业绩报告，分别是第一季度报告、半年度报告、第三季度报告、年报。上半年可以分解为第一季度、第二季度，上半年的业绩减去第一季度的业绩可推算出第二季度的业绩，与上一年第二季度比较可以得出第二季度同比增减情况。按此计算后发现，长城汽车 2020 年第二季度业绩同比大幅度增长，如表 2-2 所示。

可以看出，长城汽车 2020 年第二季度净利润和扣非净利润同比大幅度增长，分别增长约 142%、160%。研判上市公司股票是否值得投资，重点是预测未来业绩增长，在未来难以准确预测的情况下，离决策时点最近的过去应该比较远的过去优先作为决策依据，也就是说，第二季度的业绩增减情况应该比第一季度或上半年的数据优先作为决策依据。

表 2-2 长城汽车 2020 年第二季度业绩同比增长

业绩	年度	上半年	2020 年上半年同比增长	第一季度	第二季度	2020 年第二季度同比增长
营业收入 / 亿元	2020	359.29	-13.2%	124.20	235.09	25.4%
	2019	413.80	—	226.30	187.50	—
净利润 / 亿元	2020	11.53	-24.0%	-6.50	18.03	142.3%
	2019	15.17	—	7.73	7.44	—
扣非净利润 / 亿元	2020	8.08	-34.9%	-7.49	15.57	160.4%
	2019	12.41	—	6.43	5.98	—

在这一问题驱动下，我进一步调研发现，当时长城汽车新车型销售火爆，供不应求。2020 年第一季度长城汽车和其他众多工业企业盈利大幅度下降，甚至亏损主要是受新冠疫情影响导致的，第二季度在有效防控前提下，不仅长城汽车业绩超预期恢复，而且很多工业企业生产经营超预期复苏。根据这些情况，我写了一篇题为《经济真的复苏了》的文章，2020 年 7 月 27 日在“问题管理”公众号发布，文章中用了长城汽车业绩下降问题的时间分解法分析案例。

2020 年 7 月下旬，我在“一二一搬运工投资法”微信群里建议群友们买入长城汽车股票，以此检验时间分解法的效果。检验结果表明，长城汽车的股价从 2020 年 7 月下旬的 11 元左右到 2020 年年底涨到 40 多元，我用的一个检验账户买卖长城汽车股票获得了两倍以上的盈利。

回顾这一案例，如果看到长城汽车 2020 年上半年业绩大幅度下降的快报，把这当作利空，就是被假问题蒙蔽了，用时间分解法可以帮助我们识假求真、创造价值。

五、观察法与调查法

（一）观察法

医学院的新生上实验课时，教授给每位学生发了一杯装在透明杯里的尿液，实验室里弥漫着尿的气味。教授说："同学们，这是对你们职业精神的第一次考验！你们必须按照我的示范去做，并回答我的问题。"说完，教授把自己的手指伸进尿液杯里蘸了一下，并且把手指放进嘴里舔了一下！他要求每位学生照着做！有的学生闭上眼睛、屏住呼吸照做了；有的学生尝了一口之后，都吐了；也有个别学生还没有把手指碰到舌头就拿开了。

过了一会，教授大声说："同学们，你们的职业精神可嘉，但是观察能力太差！我伸进尿里的是食指，放进嘴里的是中指！但你们伸进尿里的与放进嘴里的都是同一个指头！如果观察能力欠缺，不可能成为合格的医生，从今天起务必培养和提高自己的观察能力，今天的课到此结束，下课！"

观察法的优点和缺点如表 2-3 所示。

表 2-3　观察法的优点和缺点比较

观察法的优点	观察法的缺点
1. 能够获得第一手资料，不需其他中间环节 2. 在自然状态下的观察，能获得比较真实、生动的资料 3. 具有及时性的优点，它能捕捉到正在发生的现象 4. 能搜集到一些无法言表的材料	1. 受观察对象限制，有些隐私类、秘密类问题难以观察到 2. 受时间限制，可重复性不强，有些事件过了发生时间就难以观察 3. 受观察者能力和主观意识影响较大，所以培养观察能力和观察意识成为关键 4. 观察法不适应于大面积调查

大部分学术文献把观察法理解为一种具有目的性、计划性、系统性和可重复性的研究活动，比较普遍的定义是：观察法是有目的、有计划、有步骤地通过感官和辅助工具获取资料的研究方法，观察法的研究步骤分为以下四步。

（1）选定研究对象。

（2）拟定观察提纲。

（3）进行观察并作记录。

（4）资料分析。

这种严格定义的科学研究中的观察法当然也是需要的，但是，问题管理中的观察法并不局限于此。

问题管理中的最基本的观察法有以下两种。

一种是自然观察法，即对事物的本来状态随时随地进行的观察。古代的人才选拔大都是用自然观察法，参见本节观察法与调查法之后的专题应用“快速识人法”。

自然观察法可随时随地实施，发挥余地大，更多地取决于个人的用心程度、观察和思考意识，如果把观察思考的意识植入自己的思想意识，形成自己的行为习惯，就可以借助自然观察法，从人们习以为常的现象中发现重要问题或关键问题。所以，善于应用自然观察法的人，很容易让人刮目相看，并赢得领导赏识，从而脱颖而出！

另一种是设计观察法，即经过精心设计，有目的、有计划、有步骤地进行的观察。大家熟知的驾驶证考试中的小路考、大路考就是设计观察法。

设计观察法操作规范化程度高、实施过程复杂、受限制较多，观察点和预期结果判断的相关性比较容易把握，适用于考试考核、培训练习、人员招募等环节。设计观察法与情景模拟结合，可以更准确、更快速地识假求真，例如，在招聘文员需要考察应聘者应用写作能力时，与其听应聘者夸夸其谈地讲自己的优势，不如给他一篇故意留有多处明显缺陷的会议纪要，让他进行修改。

观察法中除了自然观察与设计观察两种基本类型外，还有一些其他的观察类型，例如：

① 体验式观察与旁观式观察；

② 个别观察与集体观察；

③ 跟踪观察和单次观察；

④ 隐蔽观察与公开观察。

不管采用哪一种观察法，都需要在观察的同时进行思考，在观察之后结合其他途径获得的资料进行综合研究，推导出结论。

（二）调查法

调查法是借助特定方法和工具，搜集研究对象的相关信息，揭示问题的本质或内幕，探索事物的规律。主要包括问卷调查法、访谈调查法和案头调查法三种方法。

1. 问卷调查法

问卷调查是由调查员用预先设计的、以选择题为主的一套书面题目，向被调查者收集信息的方法。问卷调查包括选题、抽样、设计题目、执行调查、录入结果、统计分析等许多环节，但首先是要设计一份有效的问卷，之所以要强调有效问卷，是因为很多问卷有这样那样的缺陷，常见的缺陷包括：

（1）选项有遗漏，使某些被调查者没有选项可选；

（2）单项选择题的选项有交叉，使某些被调查者不知选哪个是好；

（3）题干表达不清晰，可能产生歧义或难以理解；

（4）由于题目设计缺陷使调查所得的结果不能推断出有意义的结论；

（5）由于题目设计缺陷使调查所得的结果可以理解为两种相反的结论。

【练习】下列不同问卷中的题目分别有哪一种缺陷

（1）你认为去买换季大优惠的衣服这件事属于下列三种情况的哪一种？

A. 重要而紧急　　B. 不重要但紧急　　C. 重要但不紧急

（2）你的身份是下列三种中的哪一种？

A. 中高层管理人员　　B. 部门经理　　C. 基层员工

（3）你们公司是否准备实施 MBO？

A. 准备实施　　B. 不准备实施　　C. 不知道

（4）你认为公司的管理制度是否对员工的积极性有影响？

A. 是　　B. 否　　C. 不确定

（5）你认为你们公司所做的管理创新工作以哪一种为主？（多数员工选择了 A）

A. 解决本部门存在的问题　　　　B. 满足企业的战略需要

C. 其他

【练习答案】

这 5 个题目分别对应上面所讲的 5 种缺陷，即第一个题目的缺陷是第一种，第二个题目的缺陷是第二种，以此类推，解释如下。

第 1 个题目遗漏了既不重要也不紧急的选项，完全可能有人认为属于这种情况。

第 2 个题目中，如果是部门经理，既可以选 A，也可以选 B。

第 3 个题目中的 MBO 既有“目标管理”的含义，也有“管理层收购”的含义，属于有歧义的题目。

第 4 个题目的答案毫无疑问是 A，不做调查也是肯定的，调查这个题目没有任何意义。

第 5 个题目的结果是多数员工选择了 A，在分析问卷调查结果的含义时，项目组有人认为这说明公司的管理创新没有前瞻性，是该公司管理创新工作的不足之处；有人认为这说明公司的管理创新立足现实，是该公司管理创新的可取之处，两派意见无法达成共识。

在问卷设计时，除了要避免出现上述问题，还要注意以下几点。

（1）问卷前言要简明扼要地讲清楚调查的用意，诚恳地表达希望得到支持或配合的愿望。如果给被调查者赠送小礼物，也应在前言中说明。

（2）虽然被调查者可以匿名，但仍应在问卷上留有让被调查者留下姓名和联系方式的栏目，争取让一部分被调查者留下联系方式。

（3）问卷不宜太长，题目数量在 20 个以内为宜，答题时间在 10 分钟以内为宜。

（4）在问卷题目排列上，按照先易后难、先封闭后开放、先一般后敏感的原则，同时考虑提问事项的逻辑顺序或先后顺序。

后附的网络培训（线上培训）调查问卷实例可以让读者对问卷调查法有

直观的感受和进一步的理解。通过对这项调查中回收的312份有效问卷进行分析，我们得出了一些很有意义的结论。

理论上讲，与传统的面对面培训相比，网络培训具有培训时间灵活性、培训空间便捷性、培训对象数量不受限制、培训费用低等优点。但是，通过问卷调查发现，无论从认可度，还是性价比来说，网络培训都是几种培训方式中最不被认可的一种，而且不同身份的受访者对其他培训看法不一，对网络培训却一致性地不太认可。这一调查是多年以前进行的，2020—2022年新冠疫情防控的三年期间，线上培训前所未有地普及，企业员工对线上培训的认可度可能发生了重要变化，如果需要了解相关企业对线上培训的认可程度，需要重新进行调查。

【实例】网络培训调查问卷（针对企业工作人员或管理人员）

访问地点____________________样本编号____________（调查员填写）

我们在做一个上海市网络培训（线上培训）需求研究的项目，希望得到你的帮助，回答我们的一些问题。请从下列问题的备选答案中选择你认为最适合的答案（在相应的字母下面打√，除注明“可多选”的外，均为单项选择）。

（1）你所在的单位举办过（或购买过）网络培训（线上培训）课程吗？

A. 举办过　　B. 没有，但准备举办　　C. 没有，也不准备举办

（2）你自己参与过网络培训（线上培训）课程吗？

A. 参与过　　B. 没有，但准备参与　　C. 没有，也不准备参与

（3）你认为，网络培训（线上培训）的最大优势是：（可多选）

A. 学习时间、地点灵活　　B. 费用较低

C. 可以听到名师、名家的培训课程　　D. 课程选择灵活、自由

E. 可以较早地听到新课程　　F. 其他_________

（4）你认为网络培训（线上培训）的最大缺点是：（可多选）

A. 学习效果不好　　B. 缺乏老师现场授课的氛围

C. 难以互动（如无法向老师提问）

D. 许多企业缺乏网络培训的设施　　　　　　　　E. 其他________

（5）你认为企业进行网络培训（线上培训）时应该以哪种方式为主？

A. 员工业余时间自主上网学习

B. 在老师授课时间实时远程听课

C. 不必实时听课，但企业应集中组织学习

D. 上述几种方式并重

（6）名师、名家主讲的培训课程中，去现场听课的费用很高，但在各网络教学点远程实时听课费用比较低。你认为，“现场听课”的费用是“远程实时听课”的多少倍比较合理？

A. 1 ～ 1.5 倍　　　　　　　　B. 1.5 ～ 2 倍

C. 2 ～ 3 倍　　　　　　　　D. 4 倍及以上

（7）你所在的单位有没有专门的网络培训设施（如：远程视频会议系统）？

A. 有　　　　　　　　B. 没有

（8）你所在的单位有没有专门的培训场地（教室）？

A. 有　　　　　　　　B. 没有

（9）你所在的单位有没有专门的培训中心（或企业大学、企业学院）？

A. 有　　　　　　　　B. 没有

（10）你认为，下列几种培训中心（或企业大学、企业学院）的运作方式哪一种适合你们公司？

A. 完全自主投资和运营

B. 租用相对固定的教室和设施自主开展培训

C. 外包给培训公司

D. 外包给大学或其他教育机构

（11）你认为，企业总部举办针对外地（或外国）分支机构的培训时，用哪一种方式比较好？

A. 集中到总部培训　　　　　　　　B. 网络培训

C. 总部派人去外地分公司培训

（12）你认为，一般的企业（不是指你个人）目前最需要哪类培训？（可多选）

A. 销售和客户关系管理类　　B. 管理制度和企业文化类

C. 业务流程和操作规范类　　D. 管理技能和领导力提升类

E. 个人素质和修养类　　F. 计算机 / 办公软件使用类

G. 其他________

（13）你认为，网络培训（线上培训）最适合开设哪类课程？（可多选）

A. 销售和客户关系管理类　　B. 管理制度和企业文化类

C. 业务流程和操作规范类　　D. 管理技能和领导力提升类

E. 个人素质和修养类　　F. 计算机 / 办公软件使用类

G. 其他________

（14）按企业目前的认可程度（或培训预算额高低），给下列几类培训和学习方式打分。（5 分表示认可程度或预算额最高，1 分表示最低，在右边的相应分值上打 √）

（14-1）企业自行设计并组织实施的课程　1 分 2 分 3 分 4 分 5 分

（14-2）培训公司的传统课程（非网络课程）　1 分 2 分 3 分 4 分 5 分

（14-3）非学历教育类网络培训　1 分 2 分 3 分 4 分 5 分

（14-4）网络学院的学历课程　1 分 2 分 3 分 4 分 5 分

（14-5）继续教育类学历课程（自考、成教等）1 分 2 分 3 分 4 分 5 分

（15）综合考虑培训的效果和投入，按“性价比”来衡量，给下列几类培训和学习方式打分。（5 分表示“性价比”最高，1 分表示“性价比”最低，在右边的相应分值上打 √）

（15-1）企业自行设计并组织实施的课程　1 分 2 分 3 分 4 分 5 分

（15-2）培训公司的传统课程（非网络课程）　1 分 2 分 3 分 4 分 5 分

（15-3）非学历教育类网络培训　1 分 2 分 3 分 4 分 5 分

（15-4）网络学院的学历课程　1 分 2 分 3 分 4 分 5 分

（15-5）继续教育类学历课程（自考、成教等）1 分 2 分 3 分 4 分 5 分

（16）你的性别是：

A. 男　　B. 女

（17）你的年龄属于下列哪个区间？

A. 25 岁及以下　　B. 26 ～ 30 岁

C. 31 ～ 35 岁　　D. 35 岁以上

（18）你所在的职位是：

A. 高层管理者　　B. 中层（部门）管理者

C. 专业技术人员　　D. 普通员工

E. 其他______________

（19）您对网络培训（线上培训）还有何意见或建议？

受访人__________所在单位__________联系电话__________

2. 访谈调查法

访谈调查法就是由访问者直接向被调查者口头提问、当场记录回答内容的一种方法。访谈调查法也需要有访谈提纲，但现场发挥的内容应该比较多，尤其是应该针对被调查者的回答做进一步追问，而这些追问不一定反映在访谈提纲中，所以，访谈调查一方面应该尽量使访谈提纲详细有用，另一方面也不要受访谈提纲约束。

（1）相对于问卷调查法，访谈调查法有以下几点：

① 对问题的了解和探讨更加深入，所以也称为“深度访谈”；

② 互动性比较强，就同一问题可以反复提问和追问，或者交换双方的看法；

③ 伴随有情感交流和多种方式的沟通，可以为后续合作提供有利条件。

（2）相对于问卷调查法，访谈调查法存在的局限有以下几点：

① 约见合适的访谈对象比较困难，操作费时费力，所以通常只对少量对象进行访谈调查；

② 对访谈者素质要求高，而且不同的访谈者可能获得的信息数量和内容可能有所不同，标准化程度不高；

③ 被调查者出于自我保护，可能不愿意谈一些敏感问题或负面问题，需要访谈者精心引导或诱导，才能获得这方面的信息。

由于访谈调查法和问卷调查法各有优缺点，所以经常结合起来使用。

作为内部问题管理专员与外部问题管理顾问所采用的访谈调查法有较大的区别，内部问题管理专员所用的调查法简单而灵活，外部问题管理顾问所用调查法规范而系统，下面各举一个实例。

【实例】内部问题管理专员对项目经理访谈记录

一家宠物用品公司顺应传统企业数字化转型的趋势，设立了线上宠物服务平台，计划线下、线上两手抓，借助原有的线下生产和销售门店优势，为线上服务平台赋能，实现后来居上，成为公司"第二增长曲线"。以下是企业内部问题管理专员与项目经理的访谈记录。

问："我们公司的宠物服务平台已经设立半年多了，针对近期运营中的问题，我想向你了解一些具体情况和你的看法，请先介绍一下我们公司平台的服务内容有哪些？"

答："我们要打造一站式宠物服务平台，内容包括宠物食品用品、寄养、洗澡、美容、疫苗、体检、医疗等。有些内容已经在平台上发布了，有些还在筹划准备中。"

问："我们的平台主要是为哪些人提供服务的？"

答："我们服务两类人群，一方面是宠物店的店主，另一方面是宠物主人。"

问："是为哪些地区的这两类人群服务？"

答："目前是以上海为主，准备向全国扩展。"

问："这样说来，我们的平台内容很多、工作量很大，有没有核算过需要投入多少资金、多少人员？"

答："我们做过商业计划书，有多少钱，办多少事。2024 年先投入 200 万元，投入资金越多，越有利于我们尽早达成目标，老板让我们找风险投资机构融资，在外部资金进来之前，先由我们的公司自己投入。"

问："我们的平台 2024 年业绩目标用哪些指标？具体是多少？"

答："宠物服务平台是我们公司的一个新部门，业绩目标取决于公司的市场营销力度和公司其他部门的支持，我主要负责平台内容建设。"

问："我们的平台有什么优势？竞争对手是哪家？"

答："我们的优势是有线下的传统业务作为支撑和赋能，我们的竞争对手是美团宠物频道。"

上述访谈调查的结果说明该宠物服务平台定位不清晰，目标市场细分不够明确，企业内部的原有业务和新业务权责不够明确，线下业务为线上业务的支撑和赋能机制有待明确。

【实例】外部问题管理顾问所用的访谈调查提纲

一家内衣企业委托外部咨询顾问对同行业内的主要竞争对手进行调查，外部咨询顾问专门针对品牌商和代理商各设计了一套问卷调查表和深度访谈提纲，其中针对品牌商的深度访谈提纲包括 4 个部分，20 个问题。下面是其中的第三部分。

（1）贵公司给重要经销商的销售奖励政策有哪些？奖励基准和方式是如何设定的？（如：年销售额在________以上，返点________%）

经销模式或零售终端	奖励方式	奖励标准

（2）贵公司与主要经销商之间的货款结算方式是买断、代销，还是固定结账周期（________天）滚动？不同结算方式对应哪些经销模式或零售终端？不同结算方式对应的订货周期、发货周期、每次发货量分别是多少？

结算方式	经销模式或零售终端	订货周期	发货周期	每次发货量
买断				
代销				
______天滚动				

（3）贵公司与主要经销商之间的合作方式有哪些？（如：互相查看对方库存、信息互享、联合促销、培训销售员、派出销售员等）

经销模式或零售终端	信息共享（库存）	人员合作（培训 / 派销售）	联合促销（费用分配）	联合定价

贵公司如有特许加盟店（或特许加盟计划），请介绍加盟政策，或请提供加盟商手册。

3. 案头调查法

案头调查法也称为案头调研法或文献调查法，这是一种间接调查方法，主要用来收集组织内部和外部经他人收集、记录和整理所积累起来的二手信息。

（1）案头调查法的优点包括以下几点。

① 节省时间。可以在短时间内获得大量资料，尤其是现在可以借助ChatGPT、百度等工具，以及中国知网数据库等检索系统，使得以前需要跑许多图书馆才能完成的调查任务，只需要一会的工夫就可以完成。

② 节约费用。互联网搜索引擎都是免费的，ChatGPT、数据库需要付费，但费用不高，购买行业研究报告通常为几千元一份，费用略高一些，但相对于亲自调查收集第一手数据来说，案头调查的费用还是很低的。

③ 来源广、信息量大。不仅可以得到相关领域权威机构（政府部门、行业协会等）的资料，而且可以方便地获得不同观点、不同派系的信息。

④ 保密性强。可以由极少数人不动声色地完成调查工作，而问卷调查和访谈调查相对来说都声势浩大。

（2）案头调查法的缺点包括以下几点。

① 针对性不强。有些文献是通用性信息，有些是针对文献原定的特定目标而设计的，不管是通用文献，还是专用文献，都不是专门针对本企业或本

项目的。ChatGPT 系统中可以针对本企业的需求定制提问，但是，目前获得的回答大都是科普型的，真正所需的资料，不一定能获得。

② 二手资料大都是别人加工过的，鲜活感和原生性不足，难以反映事物的原貌。

③ 来源庞杂，不同来源的资料就同一主题的数据、事实和观点很有可能不一致，需要调查者做进一步的研究判断。

④ 受收集资料渠道或调查人员水平影响，可能获得了不重要的资料，而遗漏了重要资料，或者把不同时期的资料混为一谈。

（3）案头调研中，需要重点关注的资料包括以下几个方面。

① 企业内部。

财务报表、各类统计资料、年度工作总结、年度工作计划、专项工作总结、内部调研报告、规章制度、内部报刊、会议纪要等。

② 企业外部。

一是国家和当地政府的统计年鉴、统计公报。

二是行业性专项统计、专项报告或专项规划。

三是法律、法规、行业标准。

四是专业研究机构提供的行业研究报告、市场研究报告、专项调研报告。

> 观察法与调查法结合起来应用，既简单易行，又行之有效。平常所说“考察团”“出国考察”和“到基层考察”都是观察与调查的结合。

③ 内部数据库和检索系统。

一是中国知网数据库。

二是 Wind 数据库。

三是 Choice 数据库。

四是 WinGo 财经文本数据库。

……

④ 互联网。

一是 ChatGPT。

二是搜索引擎，如 Google、百度等。

三是行业性网站。

四是重要媒体的新闻报道。

五是竞争对手或相关企业官网。

【专题应用】快速识人法

无论是想成就一番大事业，还是经营一个中小企业，或者只是想生活中少被别人忽悠，“识人”都是很有用的技能。“识人”是一项很难的工作，白居易的下面这首诗也反映了识人之难。

《放言》其三

［唐］白居易

赠君一法决狐疑，不用钻龟与祝蓍。
试玉要烧三日满，辨材须待七年期。
周公恐惧流言日，王莽谦恭未篡时。
向使当初身便死，一生真伪复谁知？

（1）识人方法与识人对象。

我从事企业管理和创业投资、股权投资很多年，由于识人方面经验不足，遭受了一些损失，吃了不少亏。按照化问题为机遇及开发问题资源的理念，我积极学习了古今中外的识人理论，也总结了自己的教训和经验，概括起来说，既要应用成熟的理论方法，也要持续提炼自己的识人经验。

我把识人的方法分为五大类：

① 心理测试法（被测者知道，会掩饰）；

② 行为观察法（被测者一般不知道）；

③ 履历职业法；

④ 借助他人法；

⑤ 外观特征法（衣着打扮、所用车辆和办公场所、面相等）。

针对的识人对象不同，需要用不同的方法组合，识人最常见的对象有四大类：

① 企业招聘内部员工；

② 个人或中小企业外部合作伙伴；

③ 中小企业内部合伙人或高管；

④ 拟投资企业创始人或实控人。

对于第一类识人对象，即企业招聘内部员工，人力资源管理理论和实践已发展出庞大的人才测评体系，心理测试法和行为观察法是人才测评的两大流派。这里提一下，网上流传着许多简易的心理测验，这些小测验得出的结论也许有些自我安慰的作用，但对识人几乎没有什么作用。真正实用的是上述五大类方法的适当组合。具体来说，企业招聘内部员工时，可以使用人才测评软件，以及公文筐、无领导小组讨论、情景模拟、结构化面试等组合方法来识人。

对于第二、三、四类对象，即企业招聘场景之外的识人，难以使用企业招聘中的常用方法，用什么识人方法好呢？

我的经验是以第二类方法（行为观察法）为主，以履历职业法、借助他人法、外观特征法为配套，适当组合可以形成“快速识人法”。

说到“快速识人法”，有人要质疑，古人说“日久见人心”“辨材须待七年期”，怎么能“快速”呢？

对于现代企业经营和投资来说，不能指望“日久见人心”，也等待不了7年，因为那样黄花菜都凉了，事情也耽误了。再说，“日久见人心”是指“日久可以见人心”，并不是“只有日久才能见人心”，根据不同的对象，使用适当的方法组合，可以做到“日不久也可以见人心的一部分”，或者说，可以发现企业经营和投资决策所需的“人心的一部分”。

企业家是稀缺资源，假设应用“快速识人法”能提前若干年发现可以把企业（事业）做强做大的企业家，那么投资研究中的行业研究、财务分析是否相对来说都不重要了。但是，提前发现企业家太难了，所以，我们用行业研究来弥补，因为行业研究也不容易，所以我们用财务分析来弥补。对提前发现企业家、行业研究、财务分析单独进行研究都难以得出准确结论，所以我们在股权投资和创业投资研究中，用4±1评估模型对企业（含企业创始人）进行综合研究，这是与观察法和调查法快速识人相关的另一主题，这里就不展开了。

（2）行为观察法的经典智慧。

山西票号的最后一代大掌柜曾这样说：“票号以道德信义树立营业之声誉，故遴选职员，培养学徒非常慎重，人心险于山川，故用人之法非实验就无以知其究竟。”这是强调在实际情境下观察和评价，这样的识人方法（即行为观察法）对企业招聘场景之外的识人工作尤其有效。

行为观察法可以分为自然观察法、设计观察法两种。中国古代对这两种观察法都非常重视。

《逸周书·官人解》提出从六个方面、近百个要素识人、用人。

《吕氏春秋》提炼为“八观六验”。

通则观其所礼，贵则观其所进，富则观其所养，听则观其所行，止则观其所好，习则观其所言，穷则观其所不受，贱则观其所不为。

喜之以验其守，乐之以验其僻，怒之以验其节，惧之以验其特，哀之以验其人，苦之以验其志。八观六验，此贤主之所以论人也。

八观的意思是：

当一个人处境顺利时，观察他礼遇的是哪些人；

当一个人处于显贵地位时，观察他推荐的是哪些人；

当一个人富有时，观察他养的是哪些门客；

当一个人听取别人的意见后，观察他采纳的是哪些内容；

当一个人无事可做时，观察他有哪些爱好；

当一个人职业稳定时，观察他讲哪些话、出哪些主意；

当一个人贫穷时，观察他不接受什么；

当一个人地位低下时，观察他什么事不会去做。

六验的意思是：

使一个人高兴，借此考验他安分守己的能力，看他是否得意忘形；

讨好一个人，看他有什么嗜好；

使一个人发怒，考验他自我控制的能力；

使一个人恐惧，看他能否坚定立场、凛然有为；

使一个人哀伤，考验他的为人；

使一个人痛苦，考验他的志气。

三国时期曹魏大臣刘劭的著作《人物志》是最早的人力资源管理经典著作，这本书中的八观与此类似：

一曰观其夺救以明间杂；二曰观其感变以审常度；三曰观其志质以知其名；四曰观其所由以辨依似；五曰观其爱敬以知通塞；六曰观其情机以辨恕惑；七曰观其所短以知所长；八曰观其聪明以知所达。

《六韬·龙韬·选将》记载了姜太公选将用的“八征”：

一曰问之以言，以观其辞；

二曰穷之以辞，以观其变；

三曰与之间谍，以观其诚；

四曰明白显问，以观其德；

五曰使之以财，以观其廉；

六曰试之以色，以观其贞；

七曰告之以难，以观其勇；

八曰醉之以酒，以观其态。

八征皆备，则贤、不肖别矣。

诸葛亮的“知人七法”与此相似。

《庄子·列御寇》也与此相似，增加到九法：

远使之而观其忠，

近使之而观其敬，

烦使之而观其能，

卒然问焉而观其知，

急与之期而观其信，

委之以财而观其仁，

告之以危而观其节，

醉之以酒而观其则，

杂之以处而观其色。

其含义是：派一个人到远处工作，观察他是否忠诚；让一个人在身边做事，观察他是否恭敬；给一个人安排繁杂事务，观察他应对复杂问题的能力；突然提出一个问题让一个人回答，观察他是否机智；紧急约见一个人，从他协调不同事项的过程中观察他是否可信；放手让一个人去管理钱财，观察他是否易受诱惑；告诉一个人有危急情况，观察他是否有气节；让一个人喝得酩酊大醉，观察他是否坚守规则；让一个人在男女混杂处居留，观察他是否好色。

根据卫聚贤写的《山西票号史》记载，这些识人方法在晋商中得到了实际应用。在晋商最具代表性的票号内部，每个入号当学徒的小伙计，都要经过长达数年的观察和训练，这种训练从日升昌创办之初就开始了，在此后一百年时间里，它作为票号最珍贵的传统，一代又一代地传递着。晋商的考察人才办法是：

练习生成熟，再测验其做事能力与道德，如远则易欺，远使以观其志；近则易狎，近使以观其敬；烦则难理，烦使以观其能；卒则难办，卒间以观其智；急则易爽，急期以观其信；财则易贪，委财以观其仁；危则易变，告危以观其节；久则易情，班期二年而观其则；杂处易淫，派往繁华而观其色。

这些识人、用人方法全面应用，对晋商“纵横欧亚九千里，称雄商界五百年”起到了重要的支持作用！

（3）识人教训与经验。

多年以来，由于识人方面经验不足，我遭受了一些损失，吃了不少亏，按照化问题为机遇及开发问题资源的理念，我总结教训和经验，提炼了一些识人的规律，因为识人问题涉及的具体事件和案例比较敏感，不宜公开，这时仅提几条可以公开的规律。

规律1：对你大方的人，有可能非常小气，关键看大方的费用谁承担。

规律2：观点摇摆的人，不容易合作。有些缺点明显（如爱占小便宜）的人，如果一直这样，反而比观点摇摆的人更容易合作，因为对爱占小便宜的人，你可以主动让利，实现合作共赢。

规律3：爽快地答应你的要求（或签约）的人，不一定是豪爽，可能是不准备认真履行你的要求（或协议）。

规律 4：你发现某人有难以匹配某项长期任务的迹象时，要下决心及时“止损”，不宜抱期望待其下次改进。

规律 5：创业意愿很强，积极寻求机会，但不愿意承担风险的人，创业时不宜作为主创人员。

规律 6：宣称能做很多业务，宣称做过很多成功案例的人，要分辨其主要收入来源是什么。

规律 7：说（讲）得好的人不一定做得好。能说、能写、能做是三种不同的技能，同时具备两种的人不多，同时具备三种的人更加稀缺。

规律 8：有问题时，经常归因于他人或外部因素的人，难有大作为。与此对应，持续开发自己的问题资源、弥补自己短板的人，能够取得很大成功。

六、计算法

在管理实务问题分析和决策中普遍面临这样的难题：

（1）影响因素（变量）太多，难以全部研究清楚，只能估算或推算最重要的影响因素是哪几项；

（2）对于重要的影响因素，已知数据不足，经常需要估算和推算；

（3）决策变量（因变量）与影响因素（自变量）的关系并不清晰，也需要估算和推算其影响程度和影响路径。

正因为这样的情况，研究各类管理理论时开发设计的各种量化模型，在管理实务中往往呈现为估算和推算的形式。为了简化起见，把计算、估算、推算法统称为计算法。

计算法是挖掘问题和解决问题的一种普遍方法。每个管理者都需要了解计算法的应用，计算法可应用于许多管理工作。如果有数据，当然可以计算；在没有现成数据的情况下，通过总结经验设定数据、打分、评估等模拟量化的方式，也可以在计算的基础上，进行分析和判断，让管理人员心中有数，实现管理的精细化、科学化。

例如，微笑本来是感性的、因人而异、没有量化标准的，但是，沃尔玛公司规定，营业员遇到顾客时，要在快要到达 3 米之内的时候，露出 8 颗牙的微笑。2005 年 6 月 30 日，重庆市第一家沃尔玛店开业时，沃尔玛还推出一项别出心裁的督促新员工微笑的措施：在管理人员胸口贴 5 元钱、普通工作人员胸口贴 2 元钱，如员工对顾客没有笑容，或者笑容不满意，顾客可以取下对方胸口上的钱，并拿走。这些钱都是员工自己拿出来的。开业 4 天后统计发现，管理人员和普通工作人员贴在胸口的钱都没有被顾客取走。

（一）计算法在人力资源工作分工中的应用

如果你是人力资源部经理，你首先需要知道人力资源部应该有多少人员比较合适。如果人力资源部员工太多，不仅会出现人浮于事、无事生非的问题，而且老板可能会批评你不懂业务、浪费公司的人力成本；如果人力资源部员工太少，员工们则会忙得焦头烂额，对你怨声载道。那么，究竟人力资源部应该有多少人员呢？这可以根据企业人员总数与人力资源部人员数量的经验比值来计算。

根据人数比较稳定的制造型企业的经验来看，总人数在 500 到 1000 人的企业，可以按 100 : 1 的比例配备人力资源部工作人员（不含行政和后勤管理人员），其他规模的企业参照经验比值如表 2-4 所示。当然，对于新兴企业、人员流动频繁的企业、人数低于 100 人的企业，同样规模的员工总数所需的人力资源部员工也会明显多一些。

表 2-4　公司人员总数与人力资源部人员数量的经验比值

人员总数范围	适用经验比值
100 ～ 250 人	100 : 1.7
250 ～ 500 人	100 : 1.3
500 ～ 1000 人	100 : 1
1000 ～ 2500 人	100 : 0.8
2500 人以上	100 : 0.7

除此之外，人力资源部经理还应该知道人力资源管理中各项具体工作量之间的比例关系，这涉及部门内员工分工是否会出现忙闲不均的情况。现在，人们都喜欢说自己“很忙”，不管是真忙，还是假忙，每个员工都要表现得很忙的样子，这样显得自己功劳大、贡献大，但是作为主管或经理，不能被这些假象所迷惑，更不能谁叫“很忙”的声音最响，就给谁增加助手，主管或经理必须明白每项工作需要用多少时间，需要配备几位员工。

我们在帮一家集团公司进行研究后，得出了该公司人力资源部各项工作的工作量比例如图 2-5 所示。由于该公司总人数为 1500 人，人力资源部人数适用 100 : 0.8 的经验比值，所以人力资源部人员数量应该为 12 人。再根据人力资源部工作量比例，可以计算出人力资源部各项工作应该配备的人数，如表 2-5 所示，不足 1 人的工作可以由别人兼任，季节性或工作量波动比较大的工作可以由几个人合并承担，互相支援。

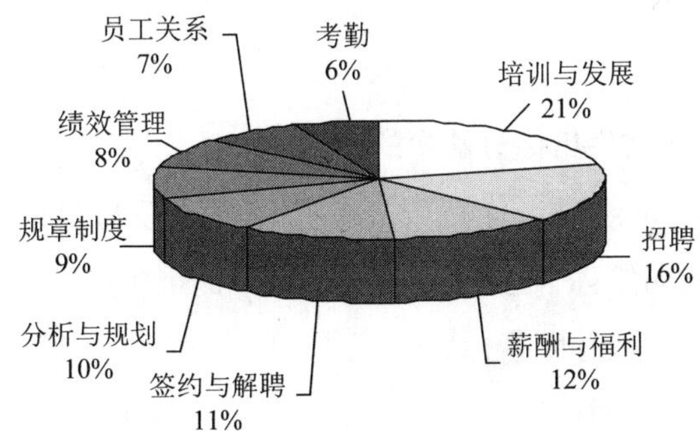

图 2-5　某集团人力资源部各项工作量的比例

表 2-5　人力资源部各项工作所需人数

各项工作	工作量比例	所需人数
培训与发展	21%	2.5
招聘	16%	1.9
薪酬与福利	12%	1.4
签约与解聘	11%	1.3

续表

各项工作	工作量比例	所需人数
分析与规划	10%	1.2
规章制度	9%	1.1
绩效管理	8%	1.0
员工关系	7%	0.8
考勤	6%	0.7
合计	100%	12

这是针对人员相对稳定、业务相对稳定的传统的人力资源管理模式总结的经验比值，对于新兴企业、业务创新比较多的大型企业，有不少企业实施了人力资源业务伙伴（HRBP）的管理模式，在这种模式下，人力资源工作人员数量比值需要重新估算。

（二）计算法在销售指标分解中的应用

如果你是销售部经理，你首先需要知道销售额与销售员人数的经验比值，另外，如果公司给你下达了全年 2000 万元的销售指标，而且给你配备 10 个销售人员，你该怎么分配指标？

有人认为很简单，10 个人 2000 万元，1 个人 200 万元不就可以了吗？但这样做并不好。2000 万元是整个部门的指标，你不能平均分配给销售人员。销售经理需要研究本企业的产品特征和客户特征，以及客户采购方式和采购习惯，在此基础上确定是采取销售员全程负责的一站式销售模式，还是各环节明确分工的销售模式，只有在一站式销售模式下，才可以直接把销售指标分解到每位销售员。

销售经理的重点工作是估算潜在客户的到达率和转化率，并在以往经验和外部经验的基础上，提高到达率和转化率。在此基础上，再进行指标分配，才能更有效地达到业绩目标。

（三）杜邦分析法

杜邦分析法是美国杜邦公司创建的，利用财务指标之间的内在联系对企业综合经营状况、财务状况及经济效益进行系统分析评价的方法。它从净资产利润率入手，层层剖析影响核心指标的各个指标，从获利能力、营运能力和资本结构三方面深究引起净资产利润率变动的根源。杜邦分析法具有良好的综合性，是一种典型的综合性财务分析和绩效管理工具，如图 2-6 所示。

杜邦分析法主要计算关系为：

$$净资产利润率=\frac{净利润}{总资产}\times\frac{总资产}{净资产}=总资产利润率\times权益乘数$$

$$总资产利润率=\frac{净利润}{销售收入}\times\frac{销售收入}{总资产}=销售净利率\times总资产周转率$$

$$权益乘数=\frac{总资产}{净资产}=\frac{总资产}{总资产-总负债}=\frac{1}{1-资产负债率}$$

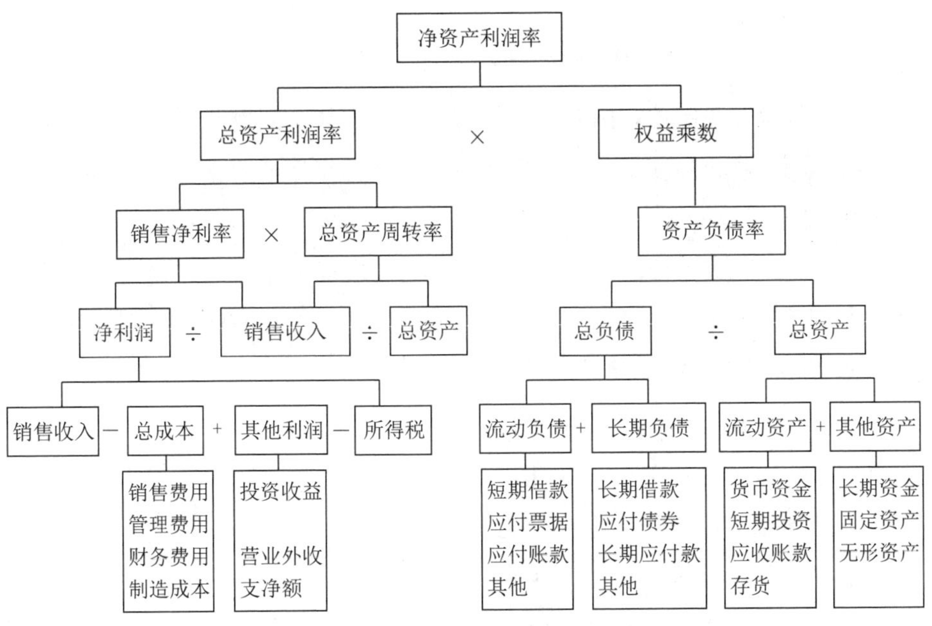

图 2-6　杜邦分析法关系图

七、比较法

> 比较法与计算法关联度很高，结合起来应用既顺理成章，又行之有效。

常言道“不比不知道，一比吓一跳”，比较法也是简单而有效的挖掘问题方法。应用比较法挖掘问题时，应先根据问题的特征选择适合的参照企业（或对象），然后对照一些指标或特征，分析研究本企业（或本部门）与参照企业有何差距，或者参照企业有何值得学习或借鉴之处。

计算中往往带有比较，比较中往往需要计算，比较法与计算法关联度很高，结合起来应用既顺理成章，又行之有效。所以，比较法与计算法尽可能结合起来应用。

（一）简易比较法

挖掘问题中非常实用的比较法有以下几种。

（1）不同时期比较。例如，今年与去年比，某个问题是缓解了，还是更加严重了？增减的幅度是多少？现在的与未来五年后的要求相比，需要做哪些准备和改进？

（2）不同地域比较。例如，本地的市场需求或人才供给与其他典型地域比较，有哪些不同？准备去开拓业务的城市与原有市场有哪些区别？几个不同产地的原料有哪些不同？

> 不同时期比较也称为纵向比较；不同地域比较、不同人员比较称为横向比较。

（3）不同人员的比较。例如，业务一部的团队与业务二部相比，有哪些优势与不足？张先生与李先生相比，谁更适合这个岗位？年轻员工与老员工的工作满意度有何不同？进取型员工与闲散型员工对企业有哪些不同的期望？

很多企业存在这样的现象："与过去相比，我们取得了惊人的进步；与优秀者相比，我们的差距还很大！"

与过去相比就是不同时期比较，也称为纵向比较；与优秀者相比，既包括不同地域比较，也包括不同人员比较，这两种统称为横向比较。

下面所讲的标杆瞄准是一种典型的与优秀对象比较的方法。

（二）标杆瞄准

标杆瞄准（Benchmarking）理论认为大多数的企业流程都有相通之处，把本企业的管理特征与同行领先企业或其他行业的优秀企业比较，可以挖掘出有价值的问题，为迎头赶上制定正确的策略。标杆瞄准的比较依据主要包括标准、流程、结果三方面。标杆类别有内部标杆、竞争标杆、职能标杆、流程标杆四种。

【案例】美孚石油借助标杆挖掘问题、改进管理

美孚石油（Mobil）1992年在一项调查中发现：20%的被调查者最计较加油站的油价，80%的被调查者想要的一是快捷的服务，二是友好的服务，三是对忠诚顾客的认可和奖励。美孚石油把这三种因素简称为速度、微笑和安抚。美孚石油的管理层认为，虽然美孚是本行业的领先企业，但从这三项指标分别来看，一定还有做得更好的企业，于是组建了速度、微笑和安抚三个小组，分别去找相应的标杆企业进行"对标"。

速度小组选定给"印地500大赛"（类似于F1赛车）提供加油服务的潘斯克（Penske）公司作为标杆，他们的员工分工细致、配合默契，并使用电子头套耳机与同事随时联系。当赛车风驰电掣般冲进加油站时，潘斯克的员工用极其短的时间就可给赛车加满油。

微笑小组选定美国最温馨的丽嘉卡尔顿酒店标杆，这家酒店对所有新员工进行了广泛的指导和培训，使用独特的方法使员工深深铭记自己的使命就是让顾客感到舒适和温馨。

安抚小组是把美国公认的回头客大王"家庭仓库"公司（一家家居连锁

店）作为标杆。“家庭仓库”公司中最重要的人是直接与客户打交道的员工，而在美孚公司，那些销售公司产品、与客户打交道的一线员工传统上被认为是公司里最无足轻重的人。安抚小组的发现使美孚公司的领导者认识到自己必须支持并重视一线员工。

美孚在经过标杆瞄准之后，顾客一到加油站，迎接他的是服务员真诚的微笑与问候，并准备了汽水和薯片，服务员都穿着整洁的制服，打着领带，配有电子头套耳机，能及时地将顾客的需求传递到便利店的柜员那里。在加油站的外线上修建了停靠点，设立了快速通道，供紧急加油使用，只需要几分钟，就可以完成洗车和收费的全部流程。这样做使加油站的平均年收入增长了10%。1997年，标杆瞄准扩展到公司的8000个加油站。

> 大多数的管理方法可以应用于不同行业的企业。“只借鉴同行业的管理经验，不借鉴外行业的管理经验”的想法是非常狭隘的！

美孚应用标杆瞄准的经验告诉我们，管理标杆不一定要找本行业的，大多数的管理方法可以应用于不同行业的企业。“只借鉴同行业的管理经验，不借鉴外行业的管理经验”的想法是非常狭隘的！

（三）比较法应用中的误区

应用比较法时，经常出现这样一些误区。

1. 比较的基准不适合

某公司员工全年差错率统计如表2-6所示。

表2-6 某公司员工全年差错率统计（一）

	有差错的人数	占总人数比例
女员工	35	70%
男员工	15	30%
合计	50	100%

公司领导看到女员工的差错率比男员工高出 40%，认定本公司的女员工责任心不强，把心思花在别的事情上了，所以要求人力资源部对女员工进行专项整顿，加强教育培训，督促她们严格遵守操作规范。

实际上，上述结论是错误的。这家公司员工总数 250 人，其中女员工 175 人，有差错女员工占女员工总数的 20%；男员工 75 人，有差错男员工占男员工总数也是 20%，男、女员工在差错率上没有区别，如表 2-7 所示。

表 2-7　某公司员工全年差错率统计（二）

	有差错的人数	全部员工	有差错员工占本类员工总数的比例
女员工	35	175	20%
男员工	15	75	20%
合计	50	250	20%

这个事例虽然简单，但反映了对比较法的常见误用，类似这样比较基准（分母）不适合的误用经常以别的形式出现。

在上表中，把 70% 与 30% 这两个数的差距说成“高出 40%”也是错误的，应该讲“高 40 个百分点”，因为比 30% 高 40% 的数是 42%，而不是 70%。这个错误人们也经常犯的。例如，上年销售额增长率为 8%，当年销售额增长率为 10%，有不少人比较后说，当年的销售增长率比上年高 2%，事实上应该是高两个百分点，而不是高 2%。

2. **把不可比的因素进行比较**

不可比的常见原因有以下几种。

（1）比较对象的分类依据不同。例如，把新进员工与外来员工进行比较，把中小企业与家族企业进行比较，都是错误的，这两组比较对象都是相互交叉的，新进员工中也有外来员工，外来员工中也可能有新进员工；中小企业中也有家族企业，家族企业中也有中小企业。

（2）比较对象属于不同的系列，无法就所提的指标进行比较。例如，工程师与会计师的工作性质不同，水平高低无法比较。

（3）比较对象各有优缺点，难以形成通用的结论，只能在特定情况下进行评价。例如，中层干部是从外部招聘好，还是内部培养好？回答应该是各有优缺点，不能一概而论。

（四）比较法的权衡使用

对于同一项比较，也要根据不同的情况权衡是否可用。例如以下两点。

（1）要不要把本企业的缺点与参照企业的优点相比呢？标杆瞄准时需要这样进行比较，但是，员工在决定要不要跳槽时，不能这样比较，而应该把本企业的优点与参照企业的优点相比，把本企业的缺点与参照企业的缺点相比。否则就会牢骚满腹，到哪家企业都失望。

（2）要不要把本企业的优点与参照企业的缺点相比呢？在对外宣传或鼓舞员工斗志时，可以这样比较，但在管理改进、管理优化中不能这样比较，否则就会忽视本企业的问题。

八、逆思法

正像古诗所说“横看成岭侧成峰，远近高低各不同”，问题也具有多面性，不同角度、不同方向观察和思考，会有不同的见解或判断。

“换个角度看问题”“换个方向看问题”“换个立场看问题”等类似的分析问题方法在问题管理理论中称为“多元思考法”。在问题管理实务中，把“多元”简化为正面、反面两方面，更为易学、易用，这其实是简化版的“多元思考法”，可称为“逆向思考法”，简称为“逆思法”。

有些人习以为常地或想当然地对待一些问题，这往往导致误判断，从其反面或对称的一面进行思考，能够比较容易地识别假问题、找到关键问题。

“逆思法”作为简化版的“多元思考法”，虽然其全面性、准确性打了折扣，但从企业管理实务来说，是一种简单而有效的方法。

数学和物理学中的对称理论、对称规律可以广泛应用于问题管理，对称法作为问题管理的一种方法，与逆思法异曲同工，可起到殊途同归的作用。

对称法是创新思维的重要源泉，可以有效促进产品和技术创新、管理创新和对策方案创新，本书在多个章节应用了对称法。

（一）正向逆思法

正向逆思法是从积极的方面、正能量的方面来思考问题。顾城的诗句“黑夜给了我黑色的眼睛，我却用它寻找光明”反映的正是正向逆思法。请看图 2-7，先盯着黑色的图案看，可能看不出头绪，或者只看清楚一个箭头，再观察和寻找白色部分的特征，就能看出有一个英文单词 FLY。

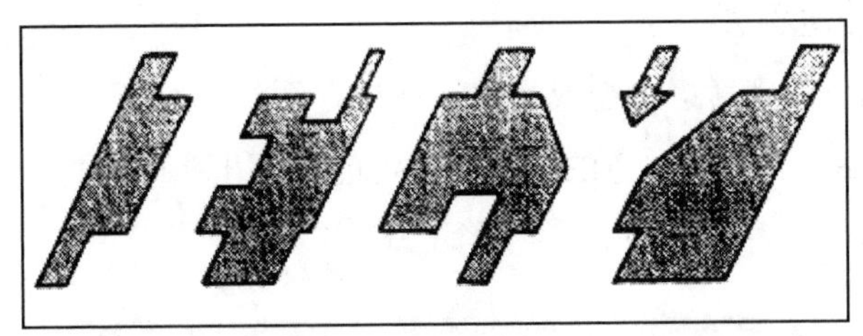

图 2-7　黑白测试（一）

当我们遇到困难和挫折时，尤其是遇到严重困难和挫折时，使用正向逆思法，可以挖掘和寻求积极的、有利的一面。

企业培训中经常引用这个故事：一家制鞋企业的两位员工去一个岛上调研鞋子的市场需求，一位员工说，岛上的人都不穿鞋子，所以，鞋子在这里没有市场。另一位员工说，岛上的人都不穿鞋子，以后每人买一双就是很大的需求。

当然，仅仅认识到存在有利的一面远远不够，正向逆思法还可以进一步帮助我们找到关键问题，引出正确的答案或方案。

阿兰·皮斯 11 岁时就挨家挨户销售海绵，他总结出这样的规律：下午 4 点到 6 点之间，每敲响 10 户门，7 户会有人开门，4 户会听他讲解，2 户会购买海绵。

如果你是这个小孩，或者是这个小孩的家长，可能会这样想：敲 10 户门，其中 8 户销售失败，而且 3 户会冷言冷语，3 户无人开门。绝大多数是无效劳动，不要去做了！

阿兰·皮斯从不担心10户中有3户不开门，也不怕3户冷言冷语。他只想着，敲10户门，就能卖出2份海绵，赚到40美分，因为卖一份海绵赚20美分。

更重要的是，他把“敲10户人家的门，平均每次敲门赚4美分”这一事实在思维意识中转化为：“每次敲门，不管结果如何，我都会赚4美分”。

由此，他挖掘到上门销售海绵的关键问题不是“敲门有没有人开”，也不是“这次敲门会不会被拒绝”而是“一个下午能敲多少户的门”。

（二）负向逆思法

负向逆思法是多考虑事物或问题的不利方面。

再看图2-8，先盯着白色的图案看，可能看不出头绪，再观察和寻找黑色部分的特征，就能看出有一个英文单词LIFE。

图2-8　黑白测试（二）

在这两幅图中，如果把白色比喻为正向的，黑色比喻为负向的，那么前面的图要用正向逆思法能够看出含义，后面的图要用负向逆思法才能看出含义。

负向逆思法并不是只在测试和游戏中有用，在管理工作中也有用。很多企业在营销中极力于宣传产品好的方面、掩盖其不好的方面。加之，不少企业把编造概念、夸大产品效果、借各种机会炒作当作营销法宝，所以，企业的采购部门或采购者（以及个人消费者）对产品广告和宣传“不可不信，不可全信”。

负向逆思法可用于帮助企业识别供应商产品广告或宣传中是否包含着“忽悠”。对于供应商的广告、宣传、报道和说辞，要多想想其对应的负面因素。例如，一家管理软件公司开发了全国最新的软件，并向你们企业推销，软件公司宣传资料和销售员都说这一款最新软件有技术领先、功能多、兼容性强三大优势，这时，你不仅应该评估这三大优势对你们企业是否适用，还应该想到，最新的软件一般意味着不稳定、价格贵。

（三）反证法

数学和逻辑学中反证法在问题管理中可以作为逆思法应用。问题管理实务中，一般不需要像数学和逻辑学中的反证法那么严格，在分析、回答或解决问题时，如果能够举出反面的事例、讲出反面的依据，都可视为逆思法，即通俗版的反证法。

“如果按你说的做，会出现某种你不希望的或错误的结果”这种挖掘问题的方法属于归谬式反证法，通俗地可以称为“反向假设法”。

一家企业的微信公众号粉丝数约 800 人（包括员工 300 多人）、文章的平均阅读量约 100 人，公司认为绩效明显不达预期，要求小编努力改进，一个月内实现粉丝数和文章平均阅读量增长 100%。一位咨询顾问分析认为公众号绩效差的主要原因是公司没有对小编进行量化考核和奖励、小编的积极性不足。公司负责人说：“如果我们对小编实施力度最大的奖励措施，公众号的绩效能快速提高吗？”咨询顾问说：“应该可以、值得尝试。”于是公司制定了试行奖励措施：月度的粉丝数每增长 20%，奖励 1000 元；月度的文章平均阅读量每增长 20%，也奖励 1000 元。如果两项指标都翻倍，奖励 1 万元，在同类规模的企业公众号中，奖励力度属于很高的。但是，随后几个月实施情况表明，奖励制度并没有驱动公众号绩效指标明显增长。这说明，问题的关键并不是考核和奖励，而要从公众号定位、小编能力等其他方面进一步挖掘问题。

通过列举一些反面的事实来证明某一说法错误，在数学和逻辑学上属于穷举式反证法，通俗地可以称为“反例列举法”。

例如，车间主任在与新来的总经理讨论如何发挥基层工人积极性开展合理化建议工作时，总经理说：“基层工人提不出什么有价值的建议，合理化建议只在中层推广吧！”车间主任说：“其实有不少基层工人能够提出有价值的建议，去年我们车间的小李、小王、老赵、老刘等八位工人提出的建议给公司创造了明显的效益。”

再如，公司给北方区分公司下达了 1000 万元的年度销售指标，但北方区分公司经理说这一指标明显偏高，不合理。这时，总经理对北方区经理说：“这一指标并不算高，因为南方区经理说如果他担任北方区经理，能够完成 1200 万元的指标！”总经理的这一说法采用了假设的人员替换法，所以让北方区的经理不再抱怨指标太高了。

此外，还可以使用“逆否命题”型反证法，例如，“促销价偏低会导致抢购”这一命题在某企业证明是正确的，所以它的逆否命题也肯定正确，即“如果没有出现抢购，说明促销价不算偏低”。

（四）排除法

一个问题的形成原因可能（或似乎可能）有若干个，在这若干个原因中直接找出真正的原因有时比较难，但找出不是真正原因的因素可能比较容易，这种情况下，排除法就可以大显身手。排除法就是要找出不是真正原因的因素，加以排除。

排除法应用非常广泛，不仅可用于经营管理中的问题分析，而且可用于电脑故障的分析、身体发烧后寻找真正病因、考试中的选择题的回答，等等。

应用排除法时既可以用逐一排除法，也可以用部分排除法。以考试中的单项选择题为例，ABCD 四个选项中只有一个是正确的，如果把其中的三个先后用排除法去掉，剩下最后的正确答案，这就是逐一排除法；如果先排除掉一个或两个明显错误的，然后在剩余的选项中用正面分析法寻找答案，这就是部分排除法。

用考试中的单项选择题打比方虽然容易理解，但并不代表全部，正像考试中还有多项选择题，现实管理中也经常遇到一果多因的问题。对于一果多因的问题，逐一排除法和部分排除法仍然可用，只是这里所说的“逐一”是一个一个地进行原因分析，而不一定是排除得只剩下一个。

（五）积极作为型错误与消极不作为型错误

很多企业都制定和实施了严格的奖惩制度，员工犯错误会被扣奖金、扣工资，或给予行政处罚。奖惩制度在管理中是必要的，如果没有奖惩制度，会导致“干好干坏一个样，做对做错一个样”，但是，“多做多错、少做少错、不做不错”是一般的规律，所以，越是积极做事的员工，犯错误越多，受处罚也可能会越多，这会挫伤他们的积极性。

不少资深员工感慨地回忆说，自己以前曾充满热情，总是积极、主动地多找事做，包括自己分外的事，但是，后来因为多做事反而受到处罚，现在就抱着“多一事不如少一事，少一事不如没有事”的态度，这样受处罚的次数很少，甚至没有了。

所以，当员工犯错误后，管理者或有关部门在调查处罚时，也要使用逆思法，区分“积极作为型错误”与“消极不作为型错误”。也就是要认真调查分析，员工所犯的错误是由于消极不作为导致的，还是由于积极作为导致的？

如果是由于消极不作为导致的，应该严格处罚或加重处罚；如果是由于积极作为导致的，应该免于处罚或减轻处罚。即使错误带来了不良后果，对于积极作为导致的错误，也不应简单地处罚了事，而应让其“戴罪立功”。

九、其他实用方法①

（一）四分法与九宫格

四分法是找到影响一个问题的最重要的两个维度（通俗地说是两个方面），把每个维度划分为高、低两个等级，两两组合得出四种情况。

如果把两个维度的每个维度划分为高、中、低三个等级，两个维度组合得出九种情况，就称为九宫格。

① 问题管理十大定律告诉我们：“学知识只能分开学，用知识应当整合用。”挖掘问题、表达问题、解决问题在实际工作中也应当整合应用，但出于讲解和学习的方便，把主要用于挖掘问题的方法放在本章中讲解，把主要用于表达问题、解决问题的方法放在后续章节讲解。

例如，关于创业投资机构对被投资企业的考察要点，公认的说法是，投资就是投“人”（即创业者），但是如何评价创业者是否值得投资呢？

分析这一问题的关键，得出最重要的两个方面（维度）一是创业者的领导力，二是规范和诚信。

领导力可以分解为战略规划、经营管理、凝聚团队三项二级指标；规范和诚信可以分解为决策规范性、资金使用规范性、预期的夸大程度、对问题的掩饰程度四项二级指标。通过对二级指标的评估，综合打分后，如果把两个维度各分为两个等级，就是“四分法”（如图2-9所示）；如果把两个维度各分为三个等级就是“九宫格”（如图2-10所示）。

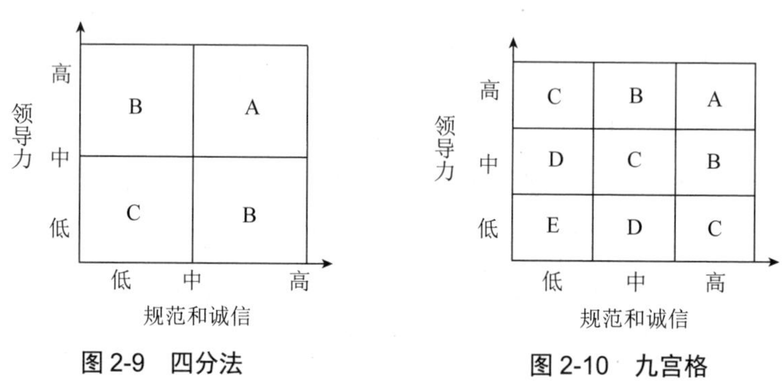

图2-9 四分法　　图2-10 九宫格

四分法和九宫格都是简单而有效的分析问题、提炼规律、解决问题的工具。以九宫格为例，如果创业者处于两个维度“双高”的右上方A格中，投资机构都是欢迎的；B格中也会优先考虑；如果处于“双低”的左下方E格中，投资机构是不会投资的；D中一般也不会投资；C格中要结合项目的其他因素来决定。

（二）SWOT分析法

SWOT分析法是一种分析和评价组织内部状况和外部环境的关键因素，为解决问题和决策提供依据的一种方法，也可适用于对个人的分析。SWOT代表着四个英文单词的首字母，分别是：

S代表Strengths，指组织、部门、项目或个人自身具备的优势；

W 代表 Weakness，指组织、部门、项目或个人自身具备的劣势；

O 代表 Opportunities，指组织、部门、项目或个人在发展中的外部机会；

T 代表 Threats，指组织、部门、项目或个人在发展中的外部挑战或威胁。

（三）头脑风暴法

头脑风暴法（Brainstorming）是美国创造学和创造工程之父、BBDO 广告公司创始人亚历克斯·奥斯本（Alex F. Osborn）1938 年发明的一种方法。适用于分析问题、提出方案和筛选方案。

头脑风暴法是用小型会议的形式，让参会者畅所欲言，发言过程中相互启发，产生新思路、新对策，然后集思广益，提出多种可供选择方案。

头脑风暴法的实施要点是：①选择能力和资历与讨论的问题相适合的参加者；②要有高明、机敏的主持人；③尊重参与者提出的任何意见，不指责或批评，也不阻挠发言。

（四）德尔菲法

德尔菲法（Delphi Method）是通过匿名方式对选定专家组进行多轮意见征询。对每一轮的专家意见进行汇总整理，并将整理过的材料再寄给每位专家，供专家们分析判断，专家在整理材料的基础上提出新的论证意见。如此多次反复，意见逐步趋于一致，得到比较一致的并且可靠性较大的结论或方案。

德尔菲法的实施要点是：①被征询意见的专家匿名发表意见；②专家之间不互相讨论，不发生横向联系；③对征询回来的意见汇总筛选后再次征询。

（五）二八法则与柏拉图

二八法则（也称为 80/20 法则）是指影响程度占 80% 的重要因素（或问题）在数量上只占 20%，或者说，重要问题占少数，不重要的问题占多数。这里所说的因素（或问题）既可以指重要客户、骨干人才、核心技术等正面的因素，也可以指产品缺陷、工作差错、客户投诉、员工抱怨等负面因素。

当然，重要因素也可以细分为 A、B、C 等多种，所占比例也可以进一步细化，这就成为 ABC 分类法或排列图了。进一步量化还可以画为曲线图，称为 Pareto 图（翻译为柏拉图或帕累托图）。

（六）瑞普法则

二八法则适用于对象数量较少的情况，瑞普法则适用于大量对象的情况。其含义是：出现频率＝ 10 / 排名。

这一法则来自对英文单词出现频率的统计，第一位 the 占 10%，第二位 of 占 5%，第三位 and 占 3.3%。由此推测，在众多的安全隐患中，出现次数排名第一位的占 10%，第二位的占 5%，第三位的占 3.3%，第 4 位的占 2.5%……第 20 位的占 0.5%。综合类电子商务网站的客户和产品分布可能也符合这一规律。

（七）1:39:300 法则

美国人海因希里分析了劳动事故发生率之后发现，对于一次重大伤亡事故来说，会有 39 次小事故，以及 300 次没有人员伤亡的轻微事故（也称为“惊吓”型事件）。类似地，要想避免一次客户的重大索赔，就必须改善与顾客打交道时所发生的 300 次“惊吓”型投诉事件。

十、“双向为难”怎么办

面对问题，有的人苦于没有分析的方法，无法下手；也有的人苦于分析的方法太多，也无法下手，或者是杀鸡用牛刀、杀牛用鸡刀，难以匹配。这两类情况都普遍存在，称为面对问题的“双向无措”或“双向为难”。

前者往往出现在学历不高、读书少、参与培训学习少的群体中，后者往往出现在学历高、博览群书、参与培训学习多的群体中。

分析问题的方法很多，有些分析问题的方法本身就包含了解决问题的方法，也有些只是分析，不包含如何解决问题。经实践检验效果良好的分析问题方法至少在 50 种以上，如果把某些方法包含的二级、三级方法算上，那就有数百种之多。介绍分析问题方法的著作也非常多，仅以“提问”方法为例，介绍“提问”在管理（含销售）中应用的著作就有 10 多种。

鉴于分析问题的方法很多，而且杂乱无章，有必要对分析问题的方法进行梳理，让学习者或应用者能够一目了然、应用自如。

我根据各种分析问题方法的特征，从方法的适用范围、定性或定量两个维度，把各种方法分为四大类，A 类和 D 类中又细分为若干小类，如表 2-8 所示。用一首小诗来表达就是：

方法多如乱麻，
常遇双向为难；
两维分类入位，
选用一目了然！

表 2-8　分析问题方法两维分类

<table>
<tr><td rowspan="2">按方法的适用范围分类</td><td>通用方法</td><td>A 类
环节类方法：有效提问法，观察法、调查法，对称论证法，头脑风暴法，德尔菲法
对象类方法：问题分解法，比较法（含标杆瞄准），5W2H，SWOT
问题分类法：专业和部门法、四分法
步骤类方法：PDCA（计划、执行、检查、改善）四步法，DMAIC（定义、测量、分析、改进、控制）五步法，麦肯锡七步法，莱尔斯七步法，8D 八步法，5+3 复合法</td><td>B 类
80/20 法则（ABC 分类法、排列图、柏拉图、帕累托图），瑞普法则，1:39:300 法则，蛛网图，回归分析法</td></tr>
<tr><td>专用方法</td><td>C 类
鱼骨图，树状图，甘特图，五力模型，SMART（具体的、可衡量的、可实现的、相关的、有时限的）目标法，双向提问法</td><td>D 类
质量控制类：如七种工具
财务与投资类：如杜邦分析法
市场与行业类：如行业集中度
风险预警类：如安全裕度</td></tr>
<tr><td colspan="2" rowspan="2"></td><td>质化方法（定性）</td><td>量化方法（定量）</td></tr>
<tr><td colspan="2">按方法的数据特征分类</td></tr>
</table>

本书举例讲解了应用广泛的一些分析问题方法，其他专业性较强的方法或应用较少的方法请参阅其他相关著作。

第三章
适当表达问题

张先生为了宴请四位重要客人，做了不少准备。在请客的这一天，其中三位客人按时赴约，但是，约定时间已经过了半个小时，第四位客人还没来。张先生心里很焦急，便喃喃自语地说："该来的怎么还没来？"

已经到的三位客人中有一位客人本来就不想来，加之他非常敏感，听到主人张先生这样说，心里很不是滋味，他心想："该来的没来，那我难道就是不该来的？"于是，起身就走了。

张先生一看这位客人走了，意识到自己讲错话了，心里非常自责，于是喃喃自语地说："真糟糕，不该走的走了！"已经到的另一位客人听了这话很不高兴，气愤地说："那我是该走的吧！"于是，也起身走了！

张先生急忙追到门口，慌忙对已经走出去的这位客人说："你回来吧，我不是说你呀！"但是，不仅走出门的这位客人没有回来，而且最后剩下的一位也终于忍不住了，大声说："不是说他，那只能是说我了！"说着，头也不回地离开了。

就这样，三位已经到的客人都走了！

一、表达问题与挖掘问题、解决问题的关系

表达问题首先是指提问、陈述问题和呈现问题，同时也包括表达意见、表达建议和表达方案。

适当表达问题有助于得到上司、下属、同级、客户，甚至反对者的认可或谅解。如果表达问题不当，经常会导致事与愿违、工作量剧增，甚至问题扩大。

学习问题管理时，挖掘问题、表达问题和解决问题三部分分别学习。实际应用时，挖掘问题、表达问题和解决问题往往是交叉和融合的。

（一）表达问题反映了挖掘问题是否到位

表达问题有时也反映了挖掘问题是否到位，这两幅标语都是男厕所中的标语，目的是让男士们小便时靠近小便池，如图 3-1 所示。

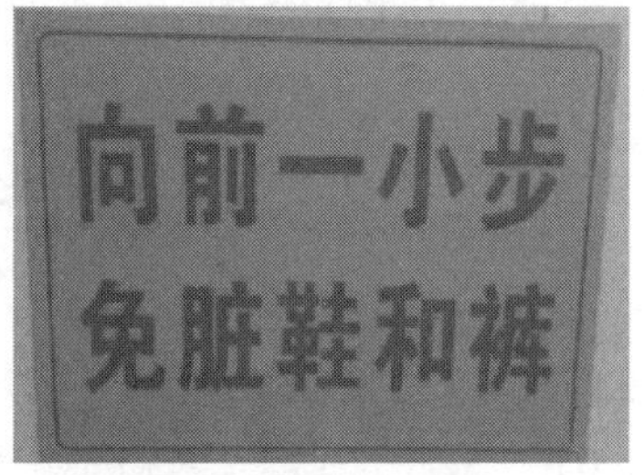

图 3-1　表达问题与挖掘问题的关联性

比较两幅标语的表达方式可以发现：左边的标语含蓄、委婉，强调个人的素质和层次；右边的标语直白、坦率，与个人的直接利益挂钩。一般来说，右边的标语更能促使人们按照标语中希望的做法去做，但是，如果在高雅场所的厕所使用，则左边的标语与环境和氛围更为匹配。

（二）适当表达有助于解决问题

我曾任一家公司的总裁助理，总裁给我安排的第一件事就是到各部门进行调研，并挖掘问题。调研半个月后，我对公司存在的众多问题进行了分析和梳理，形成了调研报告。公司专门安排了一次问题报告会，我讲完后，赢得了参会者普遍认可，也得到公司总裁的重视。

但是，事后从侧面听一些员工说，我讲的问题并不新鲜，大部分问题已经由不同部门的员工通过意见箱、总裁 E-mail、协调会等渠道向公司高层反映过，只是总裁并不重视。

后来我找机会问总裁，为什么以前员工们反映的问题没有引起公司高层的重视，而我的问题调研报告得到了高层重视和认可？

总裁说，以前员工们反映的问题比较零散、理由不够充分、依据不足，难以判断他们是出于为公司发展考虑，还是为个人利益考虑。尤其是以前员工们反映的问题中，包含一些失实的问题、带有明显偏见的问题，这样即使以前员工们反映的问题中包含着真知灼见，也很难得到认可。

而我把各方面收集的问题进行了汇总、梳理、提炼（这些问题中的大部分都在不同的场合由不同的员工提起过），而且我是新来的员工，没有本位主义的偏见，因此，得到重视和认可。

通过这件事，我悟出了一个规律：适当的表达有助于解决问题！适当的表达有助于得到上司、下属、同级、客户，甚至反对者的认可或谅解。

许多人都能够发现一些问题，但能够深入挖掘、适当表达问题的人并不多。表达问题比发现问题更重要！这并没有否定挖掘问题与解决问题的重要性。挖掘问题、解决问题、表达问题是管理者对问题进行管理的三项能力，具有同样重要的地位。

一般来说，挖掘问题在先，解决问题在后，而表达问题与这两者没有先后顺序之分。表达问题既是挖掘问题中的技巧，也是解决问题中的技巧，应该融入挖掘问题和解决问题之中，并不是问题管理流程的一个独立环节。

【思考题】

有一家公司在员工进出的过道处张贴了如框图内容的标语。请问，这一标语有何可取之处和不妥之处？

> 公司找你来就是让你解决问题，公司若没有问题，你立刻失业！

【回答】

____

____

二、表达问题的误区

表达问题不当，会使挖掘问题和解决问题受挫。提问是表达问题的方式之一，生硬的提问或不合适的提问，是表达问题的首要误区，本书“有效提问法”和“提问型领导”两部分对提问技巧已有正反两方面的讲解，下面再进一步讲解表达问题的其他误区。

（一）只反映问题，提不出建设性对策建议

不少人认为，领导们通常不喜欢员工反映问题，所以员工也不敢讲问题。事实上，这一说法是不准确的，准确地说应该是，领导们不喜欢“只反映问题，提不出建设性对策建议”。

如果你只反映问题，提不出建设性对策，即使本来是好意，也有可能被领导们误解为你在表达抱怨、找借口，并把你列入不受欢迎的行列。单纯的反映问题、找问题确实与表达抱怨、找借口有共同之处。

在一个总裁培训班上，对总裁们调查后发现，领导们最不喜欢的员工是：

（1）工作不努力而找借口的员工；

（2）损公肥私的员工；

（3）过于斤斤计较的员工；

（4）华而不实的员工；

（5）受不得委屈的员工。

领导们最喜欢的员工是：

（1）自动自发工作的员工；

（2）积极找方法提升业绩的员工；

（3）不抱怨的员工；

（4）执行力强的员工；

（5）能提建设性意见的员工。

在领导们最喜欢的员工中，第 2 项和第 5 项与我讲的“提建设性对策建

议”的意思一致。因此，员工在给上级反映问题时，一定要把建设性意见或对策一并提交给上级。

上面是讲员工给领导反映问题，外部咨询顾问给企业找问题也是一样的道理。有些所谓的专家（网友们戏称为“砖家”）在没有针对具体问题深入调研的情况下，就对宽泛的问题夸夸其谈，经常提出一些看似有道理，但实际上空洞无物、缺乏操作性的建议！

例如，有的专家与中小企业家开会或在论坛交流中，在不了解对方企业内部问题、行业趋势和行业竞争格局的情况下，建议企业加大研发投入，放弃传统业务、进行转型升级，走高端路线，实施数字化转型，或者建议企业不要把人才当作成本，而要当作资本，要加大投入，引进和储备优秀人才，为企业积累人力资本，以此建立核心竞争力……

企业领导不喜欢这样泛泛而谈，不针对具体问题，提不出针对性、建设性对策的专家；企业领导对只会说企业这也不行、那也不行，只批评、不提出解决建议的专家也很反感。

有的企业对员工提合理化建议的奖励原则是：“小建议，大奖励；大建议，只鼓励”。

问题管理的要求与此类似，问题管理鼓励和号召基层员工和新员工做好本职工作的同时，提一些解决具体问题的建议，做一些力所能及的改进。反对基层员工和新员工在挖掘企业根本问题、拟定长远战略或构思“宏伟蓝图”上花费过多的时间和精力。

这并不是说问题管理不关注企业的根本问题和长远战略问题，而是说对个人来讲，要考虑自己掌握的信息和资料是否足够，自己的分析研究能力与问题的复杂性是否相称。

多数人掌握的信息和自己的能力与一些重大问题、复杂问题是不相称的，应该通过一些小问题来锻炼自己的能力，提高自己的影响力，并平时注意搜集针对性的信息和资料，等到自己能力、影响力提高到适合的程度，掌握的信息和资料与问题的复杂性相适合了，就可以研究根本问题和长远战略问题了。

有些人喜欢整天对大问题空发牢骚。例如，“体制问题”现在成了许多人空发牢骚的托词或借口。国有企业有些年度效益高，他们说这是体制问题，国有企业与民争利；国有企业有些年度亏损，他们也说这是体制问题，国有企业效率低。

有些人把自己赚钱少、无所作为也归咎于体制问题。

在同样的体制下，不同企业或组织绩效有天壤之别！仅以企业的体制和领导人两者的作用作比较，正确的说法应该是：在同样体制下，领导人决定企业的命运；在同一位领导人领导下，则体制对企业影响很大。

> 与其对难以解决的问题空发牢骚，不如对力所能及的问题有所作为！

因此，问题管理倡导以下两点。

（1）与其对大问题夸夸其谈，不如对小问题深入研究！

（2）与其对大问题空发牢骚，不如对小问题有所作为！

这里的“大问题”“小问题”是形象的说法，更准确的表达是：

与其对难以解决的问题空发牢骚，不如对力所能及的问题有所作为！

【延伸思考】

不仅一个人掌握的信息和资料决定着他所提建议（或方案）的可行性，而且一个人的能力、地位、身份影响着他的观点或建议能否得到重视，影响着他的观点或建议能否得到认可。

例如，如果一个农村小孩子说：“农田里本来没有路，走的人多了便成了路。”人们会觉得这没什么了不起，人人都知道。但是，鲁迅先生说：“地上本没有路，走的人多了，也便成了路”。那就大不一样了。

另外，建议接受者的知识、经验和资历也影响着建议能否得到重视。例如，幼儿园的老师给小朋友讲“龟兔赛跑”的故事后，建议小朋友们不要像兔子那样半途而废，小朋友们会觉得很有启发、欣然接受。但是，早就听过这个故事的大学生如果又听到有老师借助“龟兔赛跑”的故事提出建议，就会觉得平淡无味、不加重视。

这说明观点或建议没有公认的价值，而是受提出者和接受者双方特征的双向影响，双方的匹配有助于使观点或建议更有价值、更有效。进一步扩展，即其他知识的价值也不是客观的，知识的价值受讲述者和接受者双方特征的双向影响，双方的匹配有助于让知识更有价值。

（二）敏感的问题，不合时宜地表达

有一户人家生了小孩，百日宴时，第一个客人说这个孩子有官相，将来能做大官，这位客人受到主人和来宾赞赏；第二个客人说这个孩子有福相，将来能发大财，也受到主人和来宾赞赏；第三个客人一向实事求是，很讨厌前面两位的奉承、讨好之言，斗气地说："这个孩子将来会死的！"结果被人赶了出去。

毫无疑问，第三个客人讲的是事实，而且预测准确率比前两位高得多，但因为他讲得不合时宜，所以不受欢迎。事实上这很好理解，换位思考一下，如果第三个客人自己家的小孩让别人看，别人如果说将来一定要死的，也会把他赶出去的。

类似地，公司在举办新年晚宴或成立十周年庆典时，如果有人慷慨陈词："我经过认真调研得出结论，公司有三大关键问题，如果不解决，公司将会垮台！"即使此人讲得千真万确，也会被赶下台！

敏感问题通常包括个人的（尤其是领导的）直接过错、个人隐私、员工之间的矛盾、高层管理者之间的意见不合、组织的致命问题、难以解决的问题等。

挖掘问题、解决问题需要直面问题、敢于讲问题，但不等于任何时候、任何地点都适合讲，表达问题，尤其是敏感问题，应讲究时机和场合。

（三）不加斟酌和辨析，轻率地表达

有些人喜欢不加斟酌或辨析，轻率地表达问题。也有些人想当然地对听到、看到的问题轻率评论，或者轻率地提出解决对策。

有些轻率的表达一听就是信口开河，不足为信，也有些貌似有理，其实

不然，需要作分析辨别才能识别其中的真假问题。

容易误导人的轻率表达包括下列三种。

1. 似是而非的数据和结论

参见表 2-6 和表 2-7 反映的问题及相应的分析。

2. 因果关系错误

【小测试】

在一辆城际客运汽车上：

第一人拿 3 个包，买了 30 元的票；

第二人拿 2 个包，买了 20 元的票；

第三人拿 1 个包，请问他应该买多少钱的票？

如果回答是买 10 元的票，就是错误地判断了因果关系，拿 1 个包的第三人究竟应该买多少钱的票，应该根据他乘车里程确定，而不能简单地根据前面的两个人的拿包数量与票价比例判断。

【故事】

李先生大学毕业几年后自己创业，担任总经理，同班同学张女士听说李先生在招聘总经理秘书后，就投奔同学李先生，担任了总经理秘书。

后来，在一次同班同学的聚会上，张女士向同学们介绍近两年的工作和生活情况，她这样说：

“前年我投奔老同学李先生，当了他的秘书，然后怀孕了，最近升了职，担任行政人事部经理。”

同学们听到后几乎都惊呆了，有的窃窃私语，有的大呼没想到！

这时，李先生意识到了问题，赶紧补充说，张同学的怀孕与我没有任何因果关系，她升职与怀孕也没有任何因果关系，只是凑巧有时间先后次序而已！

3. 用错误论据说明正确的观点

在网上、微信上，多次看到有人引用“哈佛图书馆墙上的 20 条训言”来说明中国大学与哈佛大学的差距。

这早就不是什么新闻了，好几年前，传统媒体和网络上就有人引用“哈佛图书馆墙上的 20 条训言”来说明中国大学与哈佛大学的差距，并且有很多不同的发挥和引申。

其中，网上转发很多次的一篇文章《到了哈佛，你就会知道中国高校的差距在哪里》引用的正是“哈佛图书馆墙上的20条训言”。

中国大学与哈佛大学确实有差距，但作为论据的哈佛图书馆墙上的20条训言却是虚构的。我把类似于这种表达和论证方式的误区称为“用错误论据说明正确的观点”，很多人陷入了这一误区。

《哈佛图书馆墙上的训言》一书由出版社出版后，被多家报刊选摘转载或报道，并成为畅销书，被“中国书刊发行业协会”评为2009年度全行业优秀畅销品种。

后来，作者、策划者、出版社都承认，这本书中的训言是虚构的。多家媒体对此事进行了报道。例如，《中国青年报》2010年1月27日第7版的《“哈佛图书馆墙上的训言”开国际玩笑——伪“训言”是怎样流传的》一文详细揭露了这一谣言的来龙去脉。

但是，假的比真的传播更快，假的比真的更有魅力！多数网友没有看到还原真相的报道，很多网友对“哈佛图书馆墙上的20条训言”深信不疑，几年过去了，仍然有网友们时不时拿出这20条训言来说事。

> 假的比真的传播更快，假的比真的更有魅力！

再举一个企业的例子：

有人在微博的“专注的力量”专题中这样说：“美国通用汽车公司是世界第二强，一百年来只做汽车与配件，资产达到八万亿元，不做航空与轮船……可见，心无旁骛地做一件事，才更容易成为强者。”

专注的力量确实强大，也值得倡导，企业和个人都应该发扬专注精神，在自己定位的领域长期专注，深入挖掘，做精做细。但是，通用汽车公司并不是专注的楷模！上述结论的观点是正确的，但论据却是错误的！这又是“用错误论据说明正确的观点！”

据美国汽车行业资深记者威廉·荷斯坦写的《谁搞垮了通用》一书披露，通用汽车公司1984年收购了电子数据系统公司、1985年收购了休斯飞机制造公司，并大力发展金融业务。尤其是，通用汽车公司并没有专注于产品质量，早在通用汽车公司 2009 年破产重组之前，有 50 年汽车从业经验的弗林特就说过：“在通用汽车公司，懂产品的人受排挤，搞财务和金融的人受重用，通用公司的汽车总是坏掉，瓦格纳会将通用公司带入死亡之地！”后来，他的评论不幸应验。

通用汽车公司大力发展金融业务，起到了阶段性重要作用。例如，2006 年通用汽车公司整体亏损，金融业务的子公司（GMAC）盈利 29 亿美元。但这并没有解决通用汽车公司的关键问题，金融业务的盈利隐藏着巨大风险。2009 年（2008 年国际金融危机爆发之后）美国对 19 家大型金融机构进行风险测试的结果表明，风险最高的不是传统银行，而是通用汽车公司下属的金融业务公司 GMAC。

（四）多维的问题，只以自己的立场表达

“横看成岭侧成峰，远近高低各不同”，有些问题从不同立场或角度分析，会得出不同的评价或结论。也有些问题的成因有多方面的原因，如果只强调一个方面也会得出片面的结论。在这些情况下，如果只从自己的立场出发表达问题，很容易给上级或别人留下本位主义、自我为中心的印象。

在春运期间，长途客运汽车的乘客经常挤得满满的，甚至已经超员，车在半路遇到等车的人时，由于车上人太多，已经超员，司机往往不想开车门。这时，在下面站着等候的乘客会非常不满，有人甚至会骂司机没有一点仁慈之心，冰天雪地的，不让人家回家过年！

可能这时售票员会说，下一站就会有人下，在此期间路上没有检查的关口，所以让他们上来，超员也没关系的。如果被执法部门检查到客运车辆超员，会罚款，只要不被检查到超员，多上来几个乘客可以多卖票，对售票员的业绩考核有好处。

但是，在让下面等候的乘客上车期间，车上有人会骂售票员：“已经超员了，还要让人上车，挤死人了，真是黑心商人！”

更重要的是，等车的人听说车上乘客或司机不让他上车时，会骂乘客或

司机没有仁慈之心，但是，他一上车就会“变心”（立场变了），等下一站遇到等车的人想往上挤时，他也会以超员为理由，责骂等车的人。

在上面的这个事例中，车下的人、车上的人、售票员所讲的话都是站在自己的立场表达看法，并不是对事件客观、全面地分析，这个事例是个人在业余活动中表达自己的观点，所以也没什么关系。在组织内部挖掘问题，或提出解决方案时，如果以这样的方式表达问题，肯定给上司和其他人员留下不良的印象。

在企业中这样以自我为中心或本位主义地表达问题的现象也经常发生，例如：

在讨论下一年度广告费预算额度时，专门负责广告投放的市场部认为，明年的广告费一定要大幅增加，今年只增加了一点点，不起作用，只有大幅度增加广告费，销售额才能规模性地增长，才有可能实现公司的利润目标。财务部则说，从今年的经验看，增加广告费，难以带来销售额的同步增加，只是使费用大幅度增加，因此，利润肯定要下降，所以，明年的广告费预算应当大幅下降，利润才能明显增加。

上述两种意见都带有本位主义倾向，如果没有其他理由相配套，难以令人信服。

（五）同一个问题，反复表达

鲁迅先生的小说《祝福》中的祥林嫂是一个典型的旧社会农村劳动妇女的形象，祥林嫂是值得同情的，我无意对她进行任何批评，只是借用祥林嫂反复表达的负面效果来说明对同一问题反复表达往往会让人讨厌。

祥林嫂每次讲的“狼吃阿毛”的故事，开始都是千篇一律的：“我真傻，真的。我单知道雪天是野兽在深山里没有食吃，会到村里来；我不知道春天也会有……”祥林嫂的“狼吃阿毛”的故事，不但对四婶讲，对大家讲，对自己讲，对镇上的小孩讲，而且还对着与阿毛有关的“小篮”“豆”等讲。

祥林嫂开始讲这一故事时，引起了不少人的注意，甚至引得有些人专门来听她讲这个故事。但不久，大家也都听得耳熟了，便是最慈悲的念佛的老太太们，眼里也再不见有一点泪的痕迹。后来全镇的人们几乎都能背诵她的话，一听到就厌烦得头痛。

在问题管理中，对同一问题反复表达，很容易引起上司和其他人的反感。权且不说乱讲、随意讲的情况，即使讲的是真知灼见，如果讲两三次决策者还没有采纳，要么是决策者不具备慧眼，要么是决策者自己有难处，不便于采纳，无论哪种情况对决策者再反复讲这一问题都没有什么好处。如果再对其他人反复说，让决策者听到后会更反感，即使决策者听不到，其他人也会觉得这个人整天没事干，只会发牢骚！

如果反复讲的问题是难以解决的问题，或者反复提的方案是人们都知道但无法实施的方案，则更让人们确信这个人“整天没事干，只会发牢骚！”

“牢骚太盛防肠断，风物长宜放眼量！”发牢骚没有任何好处。如果你本来不是发牢骚，但让领导或同事感觉你在发牢骚，说明你表达问题的方式和技巧不好。问题管理理论的要求是，在积极挖掘问题、积极提建议的同时，要注重表达方式，讲究表达技巧。

（六）认为问题过分时，愤怒地表达

在遇到以下几类过分的问题，或自己认为比较过分的问题时，有的人容易愤怒地表达自己的看法或意见。

（1）受到上司、同级或下属的指责，甚至谴责或责骂时。

（2）客户大吵大闹，提出一些要求，甚至是无理要求时。

（3）不同的观点或看法相持不下时。

（4）决策方案久拖不决时。

（5）下属犯了一些低级错误，或犯了可能造成不良后果的错误时。

（6）下属一错再错时。

愤怒地表达自己对问题的看法，虽然能够化解自己的心头之恨，让自己郁闷的心情得到缓解，但往往带来更加严重的问题。后面的案例“愤怒总裁遇上愤怒女秘书”就是由于愤怒地表达使问题扩大化的。

常言道："良言一句三冬暖，恶语伤人六月寒。"用和蔼、友善、克制的方式表达问题，不仅能够避免愤怒表达加重问题的结果，而且能让有些不太严重的问题自然解决或淡化。

不少单位给员工设立了"委屈奖"，目的就是鼓励员工克制自己，即使在非常愤怒的时候，也不要愤怒地表达问题。胖东来公司规定，员工按正常流程工作受到委屈的，可以获得"委屈奖"。"安阳市城市管理行政执法委屈奖"的最高奖金可达 5 万元。

2018 年重庆万州公交车坠江事故发生后，公交车司机的安全保障也再次引起了社会舆论热议和公交公司的重视。海口公交集团要求驾驶员"打不还手，骂不还口"，并配套设置了"委屈奖"，驾驶员在正常运营服务中无故受到乘客打骂，经调查核实，没有出现过错行为及服务问题，并且表现出较高的职业素养和服务态度，奖励 300 元。北京市公交专线分公司规定，当乘客无理取闹时，公交司售人员如做到打不还手、骂不还口，便可以向公司申请"委屈奖"，公司将根据情况颁发 50 元到 2000 元不等的奖金。

【案例】愤怒总裁遇上愤怒女秘书

2006 年 4 月 7 日晚，EMC（全球著名的网络信息存储商，总部在美国）大中华区总裁陆纯初回办公室取东西，到门口才发现自己没带钥匙。此时公司的女秘书瑞贝卡已经下班。陆纯初试图联系瑞贝卡，但没有联系上，陆纯初非常愤怒。数小时后，还是难抑怒火，凌晨 1 点多的时候通过内部电子邮件系统给瑞贝卡发了一封措辞严厉且语气生硬的谴责信。

陆纯初在这封用英文写成的邮件中说："我曾告诉过你，想东西、做事情不要想当然！结果今天晚上你就把我锁在门外，我要取的东西还在办公室里。问题在于你自以为是地认为我随身带了钥匙。从现在起，无论是午餐时段，还是晚上下班后，你要跟你服务的每一名经理都确认无事后才能离开办公室，明白了吗？"

陆纯初在发送这封邮件的时候，同时抄送给公司的几位高管。

瑞贝卡收到邮件后，也非常愤怒，两天后，怒火仍然没有平息，她给总裁回复的电子邮件中说：

“第一，我做这件事是完全正确的，我锁门是从安全角度上考虑的，如果丢了东西，我无法承担这个责任。

“第二，你有钥匙，你自己忘了带，还要说别人不对。造成这件事的主要原因是你自己，不要把自己的错误转移到别人的身上。

“第三，你无权干涉和控制我的私人时间，我一天就 8 小时的工作时间，请你记住中午和晚上下班的时间都是我的私人时间。

“第四，从到 EMC 的第一天到现在为止，我工作尽职尽责，也加班多次，我没有任何怨言，但是如果你们要求我加班是为了工作以外的事情，我无法做到。

“第五，虽然咱们是上下级的关系，也请你注重一下你说话的语气，这是做人最基本的礼貌问题。

“第六，我要在这里强调一下，我并没有猜想或者假定什么，因为我没有这个时间，也没有这个必要。”

本来，这封咄咄逼人的回信已经够令人吃惊了，但是瑞贝卡选择了更加过火的做法。她回信时抄送了“EMC（北京）、EMC（成都）、EMC（广州）、EMC（上海）”。这样一来，EMC 中国公司的几乎所有管理人员都收到了这封邮件。

这封邮件很快流传到 EMC 公司之外，北京、上海、广州、南京……全国所有知名外企员工都疯狂转发这封邮件。随后，两封邮件都被上传到网上，网友们称瑞贝卡是“史上最牛女秘书”，并以《史上最牛女秘书 PK 老板》为题在各大社区和论坛发布，数百家报刊和网站转发和报道了这一事件。后来，瑞贝卡被迫离职，陆纯初也离开了 EMC。

【思考题】

（1）如果你是总裁，遇到这种情况会如何处理？

（2）如果你是秘书，遇到这种情况会如何处理？

（3）如何借助这一问题来优化管理？

【回答】

三、适当表达问题的三要素

如果避免或克服了上一节所讲的表达问题的误区，那就初步掌握了表达问题的要领，也就是说误区的反面都是表达问题技巧的组成部分。

在避免和克服误区的同时，还应该善于从时机、场合、方式三个方面提高表达问题的技巧。

（一）适当的时机

解决问题要寻找和把握合适的时机，向上级反映问题、提出建议和意见，也要寻找和选择适当的时机。

一般来说，以下几种时机可以针对性地表达一些特定的问题。

（1）表达对某些人比较敏感的问题时，应该寻找所顾虑的人不在场的时机。

（2）领导发表某一方面的讲话后，与此相关的或能够反映这一讲话精神的问题及解决方案可以及时表达。

（3）在专项问题解决会议、“群策群力”等综合性解决问题会议上，或者上级要求专项汇报时，可以深入地细致地表达一些重要问题。

（4）本单位（或本单位的上级）在征集方案或者开展合理化建议时，可以用书面形式积极表达平时已经做了思考和研究的问题。

（5）本单位的重要领导或本单位上级部门的领导来视察工作时，可以把自己思考成熟并有独到见解的问题和解决方案精练地向领导表达。

（6）日常工作中的问题，根据重要程度、管理权限或授权范围，可以在部门例会、总经理办公会议或董事会会议上反映，并提出建议。

（7）在年度或半年度总结时，应把相应期间的工作成果、工作中的不足及原因分析、下一期间的工作目标用数据或代表性事例有详有略地表达，并提出需要上级和其他部门给予哪些支持和配合。

（8）非常急迫的问题，可以随时表达。

（9）耐心等待并积极寻找一些特别的时机，毛遂自荐式表达。

（二）适当的场合

曾国藩精通用人之道和团队管理，他曾经在家书中提到“扬善于公庭，规过于私室”。意思是：表扬别人的优点或良好行为要在公众场合进行，批评或劝谏别人的过错要在私下场合进行。

如果当众批评别人（或下属），即使别人做的不对，他的自尊心也会受到挫伤，甚至认为是你不给他面子。他既有可能当场表示不满，使你难以下台，也有可能表面不说，但从内心上忌恨你。而当众表扬别人，他会觉得你给他的面子添了光彩，对你不但心存感激，以后还会再接再厉。一项对员工的调查结果支持了这一说法，大多数员工表示，如果上司将他们工作中的错误在私下反馈给他，他更能够接受甚至愿意马上改正，今后也会更加努力。

这一准则可广泛用于上司对下属、同级之间，下属对上司也可偶尔使用。无论是对下属，还是对同级，对于其优点或成绩，通常应该当众表扬；对于其缺点或过错，通常应私下批评、劝谏或提醒。

当然，也有例外。如果要对多人所犯的错误进行警告，通过杀一儆百，让别人重视起来，也可以当众批评或惩罚。

某酒店举办开业典礼时，嘉宾云集，贵客满座。服务员给宾客逐个倒茶，完毕后，转身欲走。突然，总经理发现，来宾中的最高领导——一位副市长的杯子还空着，显然是服务员倒茶时漏掉了。总经理脸色一沉，当场走到服务员跟前，大声训斥该服务员：“你怎么搞的，魂到哪里去了！平时是怎么培训你的，你是不是不想干了？”其他客人听到这些话，面面相觑，场面十分尴尬。

服务员被训得一时不知所措，惊悸之余，才想起应该帮副市长补上茶，忙走到副市长跟前。副市长本来也没注意自己的茶是否倒上，经这一折腾，明白了，马上打圆场："没关系，没关系！"

在这样的地点、这样的场合，总经理对一位服务员进行批评和训斥是很不合适的，本来是服务员的一个小失误，经这么一折腾，让来宾们一方面感到该酒店对员工培训无方，另一方面也会觉得总经理素质太低。

合适的做法是，总经理发现问题后，可以做个眼神或手势暗示服务员漏掉给一位客人倒茶了，赶紧去补上；也可以亲自去给副市长倒茶，并顺便闲聊几句，请领导对酒店的工作多批评指导。

至于对服务员的批评，可以在开业典礼休息的时候，或者开业典礼之后进行。批评要避免公开场合，避免引起其他不利结果，但也不能等待或拖延时间太长，因为批评和表达中都有一个"热炉原则"，也就是趁热打铁，拖的时间久了，作用就不大了。

在上面的倒茶这件事上，批评中还要注意，不只是训斥，而是要告诫服务员在类似场合倒茶之后一定要检查一遍有没有漏掉，如果服务员培训时没有强调这一环节，还应告诉培训师以后培训时加上这一项内容。

（三）适当的方式

提出常规的工作问题及建议解决措施可以通过前面所讲的表达技巧来提高成功率，在提不同意见、反对意见，甚至批评别人时，更要格外注意表达方式。

喜欢赞美、讨厌批评是人的一般本性，但是，问题管理要直面问题，敢于讲问题，所以也不能整天赞美领导和别人，否则就失去了问题管理的风格，甚至给领导和同事会留下"马屁精"的印象。如何才能既表达了问题，又让对方心情愉快、欣然接受呢？可以考虑以下几种方式。

1. 向上级汇报或反映问题的一种句式

问题管理包括挖掘问题、表达问题、解决问题"三部曲"。下面是整合应用挖掘问题、表达问题和解决问题的方法，向上级汇报或反映问题的一种句式（方式或技巧）。

×总：

我向您汇报一下×××工作情况……（这里应提炼情况要点），当前面临的棘手问题（或关键问题）是……（这里应提炼问题的要点），我反复考虑，觉得这些措施可能有用：

一是……

二是……

三是……

（这里应陈述措施或对策的要点）

我又与××部、××部的人员商议过，觉得第×个措施可优先尝试，但还是不太确定，所以来向您求助，您有什么意见或建议？

（这里应等待领导的意见或指示）

如果你用这种方式向上级汇报或反映问题，大多数上级会赏识你。

2. 幽默地表达问题

幽默能使人感到亲切、轻松，通过幽默式的批评可以化解紧张气氛，减少敌对心理，让被批评者愉快地接受批评意见。

幽默、机智地对领导、同级或下属提出批评或反对意见，既能让对方接受，又能避免让对方不高兴。

幽默不是天生的，幽默是可以培养的。再呆板的人，只要自己努力都可以逐渐变得幽默起来。美国前总统里根以前也不是幽默的人，在竞选总统时，别人给他提出了意见。于是他采用了最笨的办法使自己幽默起来：每天背一篇幽默故事。

舞蹈演员邓肯对著名作家萧伯纳非常仰慕，找了一个机会对萧伯纳说："萧伯纳先生，你有聪明的大脑，我有漂亮的容貌，如果我们结婚，我们的孩子一定既聪明又漂亮！"

萧伯纳没有直接拒绝，而是回答说："如果我们的孩子容貌像我（指丑陋），智力像你（指不聪明），那就太糟糕了！"

萧伯纳的这一回答只是幽默的拒绝，邓肯并不愚蠢，她是美国著名舞蹈家、现代舞的创始人，毕生从事舞蹈改革与创新，她的实践和理论对当时和后来的舞蹈艺术发展都有很大影响。

萧伯纳上述回答所用的事实并不准确，但这一幽默的话语反映了一个重要规律：在两人、两个单位或两种事物合作或结合起来发挥作用时，人们一般会希望两者的优势都能发挥出来，但是，经常会事与愿违，两者的弊端同时发挥作用的情况也屡有发生。

【延伸思考】

以证券市场的投资品和投资者结合而成的投资活动为例，结果与愿望的反差就非常突出。①

投资品是指购买后不需要追加新的使用价值，也不需要附加新价值，即可择机出售获利（也可能亏损）的商品。从投资品无均衡价格定律可以推导出投资品对社会经济体系的作用具有双重性，即正面和负面两种作用。正面作用也称为良性功能或天使属性，负面作用也称为恶性功能或魔鬼属性。投资品的双重性可以通俗地称为投资品“一半是天使，一半是魔鬼”。以典型的投资品股票为例，它具有优化资源配置、减少交易成本、发现均衡价格等多种良性功能，但也同时具有助长赌博和不劳而获、诱使市场操纵和财务报表作假、加剧贫富分化、泡沫破灭后诱发经济危机等恶性功能。

投资者在买卖投资品时也具有双重性，即有时是理性的，有时是非理性的。投资者与投资品结合形成了投资活动，形成了投资品行业。投资品双重性与投资者双重性的结合不仅没有减少投资品的负面作用，反而使投资活动的负面作用强化。以股票为例，投资品双重性与投资者双重性的结合会出现四种结果（见表 3-1）。从这四种结果的比较可以看得出来，投资活动的负面作用比正面作用在种类上和程度上都更强，这可通俗地称为投资活动“少半是天使，多半是魔鬼”。

① 孙继伟. 论投资品对经济危机的诱发与加剧作用 [J]. 审计与经济研究，2009，24（3）：92-96.

表 3-1　投资品双重性与投资者双重性的结合

<table>
<tr><td rowspan="2">投资者</td><td>理性</td><td>第二种结果
1. 追涨杀跌，导致涨过头或跌过头
2. 实业经营太辛苦，转向资本运作和炒股
3. 合法操纵股票价格</td><td>第一种结果
1. 优化资源配置
2. 减少交易成本
3. 发现均衡价格，促进价格实现均衡</td></tr>
<tr><td>非理性</td><td>第四种结果
1. 像赌场的赌博，助长不劳而获的心理和行为
2. 诱使非法操纵和报表作假
3. 加剧贫富分化
4. 泡沫破灭诱发经济危机</td><td>第三种结果
1. 股票交易量大于理性状态的交易量，有利于大资金买卖股票时不扰动市场价格
2. 企业估值泡沫高，科创企业能融到更多资金，有利于创新创业
3. 资本市场的服务机构能获得更高收入，有利于第三产业发展</td></tr>
<tr><td colspan="2" rowspan="2"></td><td>恶性功能</td><td>良性功能</td></tr>
<tr><td colspan="2">投资品</td></tr>
</table>

3. 委婉地表达问题

常言道："良药苦口"，但是，如果良药能够做到不苦口，岂不更好！委婉地或幽默地提出意见都是一种"良药不苦口"的表达方式。幽默地提出反对和批评意见应用起来比较难，而且对于那些悟性较差或顽固不化的人，幽默往往起不了作用，委婉地提出反对和批评意见适用范围更广、更容易应用。

小李是一家企业市场部策划人员，他起草的一个活动计划本来准备交给上司，安排讨论，但搁置了一段时间，他以为上司不再需要，就把电脑中的存档文件移到旧文件夹中。有一天，上司突然向他要这份计划，他一时找不到，便托词"在家里的笔记本电脑中"，随后，抽时间再重新做了一份以应急。同事小张有点嫉妒小李，知道了这一秘密后，马上向上司打小报告，上司批评小李丢失了资料还撒谎。

小李坦率地向上司承认了自己的过失，事后并没有向小张兴师问罪，而是对小张说："看来，我寻找资料的速度，赶不上向领导通风报信人的速度啊！”这样表示自己知道是谁打的小报告，给对方一个小小的委婉的警告。

在企业中需要解聘员工、解除部门经理或高层管理人员职务时，绝大多数情况也需要用委婉表达法。即使由于能力有限、业绩不佳而解聘，在对被解聘人员解释、对外界公布时，也会以个人发展、不适合岗位、另有其他事务等委婉的说法表达。

表 3-2 中是一些常见委婉表达与生硬表达的实例比较。

表 3-2　委婉表达与生硬表达比较

委婉表达	生硬表达
你提的方案很有前瞻性，但能不能再考虑得具体一些	你提的方案是纸上谈兵，没有操作性，根本没用的
你说的方法有道理，但你新来不久，不了解我们的行业，这个行业很特殊，你要结合我们行业的特殊性	你简直是瞎说，再说啦，你们新来的人还想抢我们资深人员的饭碗，没门的
我没有意见，你可以去与张总、李总讨论一下	这关我什么事，我要插手不是自找麻烦吗
不好意思，我并没有参与这项计划，不了解情况，难以帮你解决这个问题	有好事把我绕开，出了问题就想到我啦
我尽力把这件事情插进工作进度中吧，要是早点说就好办多啦	怎么不早一点儿交代？一点头脑也没有，还当领导呢
……	……

4. **用专业语言表达问题**

用专业语言提出不同意见、反对意见甚至批评意见，会给人以理性、专业的印象，而且有理有据、说服力强，容易达到让人心服口服、欣然接受的效果。即使对方不接受，也不会有明显的抵抗和反感。

如果你在专业知识和理性分析方面具有优势，应该挖掘潜力、发挥优势。如果你在这一方面不具有优势，也可以向专业人员请教和咨询，或引用专业报告和数据，改进自己表达问题的效果。

5. **正确理解“对事不对人”**

“对事不对人”是人们常说的批评准则，事实上，把事和人完全分开是不可能的，只对事不对人也是不可能的！

可以分开的是，某一问题是某人一时一事的表现，还是平时的习惯（风格）和态度。准确的说法是，不管是批评人，还是批评事，重点应批评某人一时一事的表现，而不要把某人一时一事的不佳表现轻易扩展为平时的不良习惯（风格）和态度。

对下属已经做错的事情，批评可以严厉一些，并可以强调错误带来的后果及严重性，但不要没有依据地推广到对他习惯（风格）和态度的批评，更不要对他的人格进行攻击。批评的言词要留有余地，让批评对象有自己认识和改正的机会。

例如，李先生的下属给他提交的一份报告中由于一个数字的小数点点错了一位，使李先生在给董事会汇报时出了丑，汇报结束后，李先生怒气冲冲地找到下属，马上训斥："你长眼睛干什么用的！这么重要的数字让你搞错，像你这样的工作态度，不要指望加薪和提拔！"

这样的批评针对的是"习惯和态度"，显然是不妥的，应该改为针对"人的一时一事"，例如，"你昨天给我提供的数字让我在董事会汇报时出了丑，影响了我的晋升机会，也给你自己的形象抹了黑！幸亏发现得早，否则会给公司造成十万元以上的经济损失！你回去检讨一下为什么会出现这样的错误，想想如何将功补过！"

6. 以提醒代替批评

对于下属的一些偶然错误，应该以提醒代替批评。如果是由于能力不足、专业知识和专业技能不足造成的错误，批评也不起作用，只能提醒和督促下属提高技能、学习知识。

有些领导由于工作忙忘记了已经约好的事情，反过来责怪下属没有告诉他。有时也会把整理好并已交给他的文件放在一边，忘了批阅和签字，有关部门追要时，他反而质问下属为何不提醒他或早点给他。遇到了这样的事，下属要多提醒而少批评。也有的时候，领导给下属承诺的事情忘记了兑现，有些下属就在背后发牢骚，或谴责领导不讲信用。这种情况下，发牢骚、谴责都不如找机会提醒领导更为简单、有效。

7. 渲染问题

渲染问题是指在形式上或表达上通过渲染、拔高、强调，甚至是夸大的方式，让问题突出地呈现出来，并不是改变问题的实质，也不是搬弄是非，更不是落井下石。渲染问题只是引起领导或其他人对问题重视的一种策略。

渲染问题通常有三种方式：

（1）向上渲染问题；

（2）向下渲染问题；

（3）来自外部的渲染问题。

四、三层次法和三点法

如何才算把问题表达清楚了呢？一般来说，如果问题的分析和界定由总到分、由粗到细从三个层次表达，而且问题的分析和界定有三个或三个以上的主要依据，每个主要依据还有三个或三个以上的依据，就可以认为问题表达清楚了。这可以称为表达问题的三层次法和三点法。在阐明论点、得出结论时，也可用同样的方法，这一方法尤其适合在书面表达中使用，但对单一因果关系的问题不适用（如图 3-2 所示）。

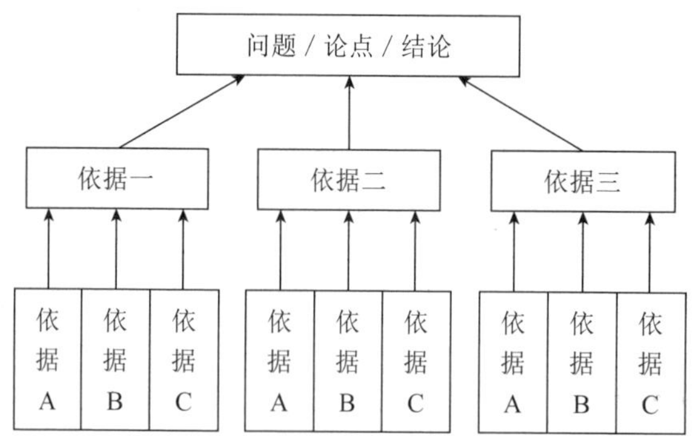

图 3-2　三层次法和三点法

以“如何提高问题管理技能”为例，三层次法和三点法的应用如图 3-3 所示。

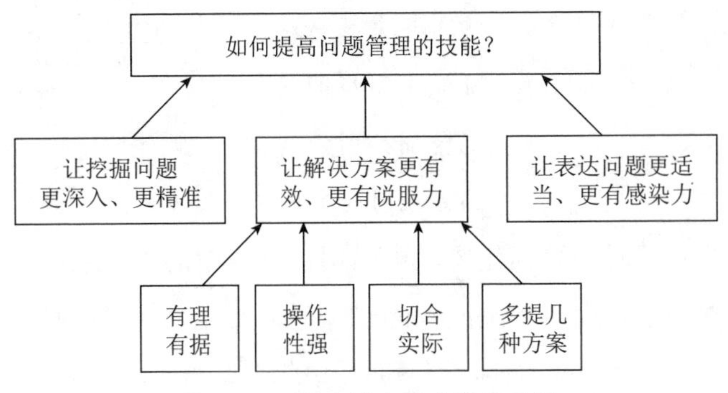

图 3-3　三层次法和三点法的应用

三层次法应该深化和细化到什么程度？这与所要表达的主题或论点密切相关。以图 3-3 的内容为例，如果表达主题是“让解决方案更有说服力”，那么，还应该再深化和细化一个层次。也就是说，“有理有据”“操作性强”“切合实际”“多提几种方案”四个分论点都要展开阐述，每个分论点需要再提供三个或三个以上的依据，当然，依据既可以是理论，也可以是举例。如图 3-4 所示，以“操作性强”为例，画出了再向下细化一个层次的要点。

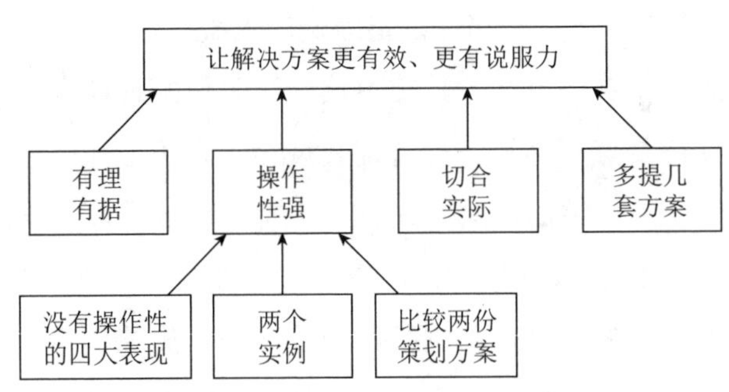

图 3-4　三层次法和三点法的应用举例

五、表达问题“六化”

（一）复杂的问题简明化

清代画家、诗人，被称为“扬州八怪”之一的郑板桥在《画竹》诗中写道：

四十年来画竹枝，
日间挥写夜间思。
冗繁削尽留清瘦，
画到生时是熟时。

表达复杂问题时的简明化要求可以用这首诗中的“冗繁削尽留清瘦”来类比。在反映问题、提出解决问题的建议时，要化繁为简、删繁就简，善于用简明的语言表达复杂的内容，用简明的语句总结自己的观点。

如果问题比较复杂，可以把问题的分析论证过程作为附件，在主报告中简明扼要地阐明观点、提出对策或建议。如果主报告无法简化，可以用一页以内的摘要把关键问题、解决方案、实施步骤总结清楚。

表达问题时抓重点也是简明化的一种方式。例如，项目管理的重点是时间、进度、费用三控制，营销方案组合的重点是 4P 等。再如，总公司对子公司监督管理是一个复杂问题，一家企业集团对子公司监管涉及很多方面，经过研究后提炼，表达为对“两个人、一个指标”的监管模式，两个人是指子公司总经理、财务总监，一个指标是指净资产收益率。

复杂问题简明化看似容易，其实不然。简明化的难度有时表现为从纷繁复杂的细节中提炼要点不容易，有时则表现为本来该做什么、不该做什么是简单明了，但因个性、情面、关系或其他干扰，导致采取行动时左右为难。一位民营企业家曾经给我讲过他当服装厂厂长时的一个真实故事：

一位年轻男工人为了讨好一位担任服装厂仓管员的年轻女工，经常给她送口香糖吃。女工并不爱他，但为了感谢他，送给他几件仓库里的衣服。厂长知道后下决心要解雇这位女工，但当女仓管员坐到厂长对面，用天真而困惑的眼神看着厂长时，厂长不忍心解雇她了。过了一个星期，厂长对自己的优柔寡断后悔了，又把女工叫到办公室，但要解雇她的话临到嘴边又不忍心说出来了。一个月后，厂长在河边徘徊了一个上午，反思了再三，终于彻底下决心解雇了这位女工。

有些企业提倡“简单管理”，丁雪峰提出的“轻管理”也倡导让管理简单化。但是，墨菲定律说：“把事情弄复杂很简单，把事情弄简单却很复杂”。

与此相关的一个疑问是：如果把一件复杂的事情，经过研究和讨论得出了简单的结论，但研究和讨论的过程十分复杂，这是否符合“简单管理”的要求呢？也就是说：“用复杂的方法把复杂的事情简单化”是不是也属于“简单管理”呢？

对于这一问题，我有以下几点看法。

第一，简单管理并不排斥一些复杂的工具，例如，ERP（企业资源计划）是一个复杂的管理工具，但它可以帮助管理者把一些复杂的计算和分析简单地得到，因此，也是符合简单化的要求的。

第二，对于同一个问题的几种解决方案，越简单越好。对于不同的问题，难以比较哪个方案简单，哪个方案比较复杂。

第三，简单与复杂是交织在一起的，有不少事是说起来简单，做起来复杂，例如，核心能力是一个简单的概念，可以让人一句话就说清楚一个企业的优势，但核心能力具有“学不会、买不来、解不开、偷不去、带不走”的特点，谁又能说形成核心能力是一件简单的事呢？

很多单位在实施精细化管理（或细节管理）的过程中，把工作流程、方案文稿和协议文稿弄得越来越复杂，越来越冗长，本来两三页能讲清楚的文稿，为了精细化，增加到数十页，甚至一百多页。正因为文稿冗长，给校对和上级审核增加了太多的工作量，尤其是重要文稿本来应该逐级审核，但因为文稿太冗长，审核的领导没有时间细看文稿，只能在下属签字加口头汇报的基础上签字通过。这导致很多重要差错本来应该在校对和审核环节纠正，但未能纠正。

例如，一家上市公司公告中，把某位党委书记 1976 年出生误写成“1976 年畜生”；另一家上市公告中，把临时股东大会误写成“临死股东大会”。

更为严重的差错案例是，A 公司在收购 B 公司的过程中，由于收购协议中没有设置估值上限，导致 2021 年 B 公司股东要求 A 公司以 105 亿元的巨额作价收购其持有的 B 公司 38% 的剩余股权（被业内称为“天价仲裁案”），进而导致 A 公司被 ST 和双方一年多的拉锯战。

在精细化管理的大旗下，把流程和文稿复杂化的不良势头仍在很多单位蔓延，这与精细化管理的初心和使命背道而驰，更是背离了“复杂问题简明化”的要求。

（二）深奥的内容通俗化

【故事】

古时候，有一个秀才去买柴，他对卖柴的人说：“荷薪者过来！”卖柴的人听不懂“荷薪者”（意思是“担柴的人”）三个字的意思，但是听得懂“过来”两个字，于是把柴担到秀才前面。

秀才问他：“其价几何？”卖柴的人听不懂这句话，但是听得懂“价”这个字，于是就告诉秀才价钱。

秀才接着说：“外实而内虚，烟多而焰少，请损之。”（意思是：你的柴外表是干的，里头却是湿的，燃烧起来，会浓烟多而火焰小，请减些价钱吧。）

卖柴的人因为听不懂秀才的话，于是担着柴走了。

上述故事反映了专业人士与非专业人士（其他专业的专业人士也属于非专业人士）沟通中的常见问题，即非专业人士经常听不懂专业人士所讲的内容。当非专业士在专业人士面前，作为听众或接受服务时，专业人士想当然地认为“因为我懂的，所以‘你懂的’！”事实上，大多数非专业人士“不懂你的话，也不懂你的心！”

受习惯影响，专业人士给非专业人士介绍产品或提供知识或信息时，也喜欢用晦涩难懂的专业术语，这反映了两方面的问题：一是表达能力欠缺，二是不为他人着想。企业的各类工作人员在向非本专业人士表达问题时，一定要把深奥的内容通俗化地去讲解。

例如，汽车销售人员在向潜在顾客介绍汽车性能时说：“这款车有紧急刹车助力系统。”就不如这样说：“这款车在紧急刹车时，可以缩短刹车距离。”

再如，边际效用递减原理如果要从数学上来解释，其深奥程度够吓人的：边际效用在数学上是效用函数的导数，因为效用函数是单调递增的下凹函数，函数值单调递增而导数值单调递减。你看这玄不玄？如果换为通俗的方式来表达，可以把边际效用递减原理比喻为吃苹果，随着吃的苹果越来越多，感受越来越差：第一个苹果挺好吃，第二个苹果有点腻，第三个苹果比较烦，第四个苹果就可能难以下咽了。

随着国际化的深入，需要从外文中翻译的概念和专业术语也越来越多。有些词语的翻译不仅达不到“信、达、雅”要求，而且生搬硬套国外概念、僵硬翻译英文词语的情况经常出现。有些英文概念翻译为中文后，人们对翻译概念的理解与英文原义相差较大，甚至相反。

例如，Organizational Commitment 是指组织成员对组织的承诺，Organizational Identification 是指组织成员对组织的认同。这两个英文概念与中国语境中的“忠诚度”和“归属感”较为接近，但是，中国管理学界生搬硬套英文概念，把这两个概念翻译为“组织承诺”和“组织认同”。

我对 10 多位实务界管理者做过测试，问他们是如何理解“组织承诺”和“组织认同”这两个概念的，结果有 8 位认为分别是指组织对员工的承诺、组织对员工的认同，两位讲不出含义。这说明实务界对中文概念的理解正好与英文本义相反。在我参加的一次硕士研究生论文答辩中，有两篇论文以“组织认同”为主题，部分答辩老师也把中文概念“组织认同”理解为组织对员工的认同。可见，不仅实务界对这两个概念的理解与英文本义相反，而且管理学研究者如果没有专门学习或研究“组织承诺”和“组织认同”的相关文献，也会理解为相反的含义。

有的研究者说，读者对概念和词语误解的责任在读者而不在研究者，因为论文或专著中对概念做了明确的定义。这类似于生产厂家把一种可以制冷的电器取名为“烤箱”，结果多数客户以为这种电器是用来烧烤食品的。生产厂家说，这要怪客户，因为在说明书中已经讲清楚这种“烤箱”是用于制冷的。事实上，如果多数读者把概念理解错误，就不能怪读者，只能怪翻译概念或制造概念的研究者。

（三）零散的问题系统化

企业运作是一个系统的、关联的过程，同一问题可能在各部门、各职能有不同的表现。有时，一个部门的问题可能会在另一个部门表现出来。但是，企业的问题往往会按部门分别（可能有先有后）提出来，这样提出的问题看起来是分门别类的，但实际上往往是零散的。所以，要跨部门、跨职能分析和表达问题才能避免或克服部门划分、条块分割导致的认识误区。

另外，在提交一些包含着利和弊的建议和意见时，对理由和依据进行系统化分析和表达，能够增加说服力和影响力，有助于上级接受你的建议。

例如，一位部门经理给总经理的一份提案中，希望给他们部门奖金总额增加 15%，这一提案没有得到批准。如果部门经理对同行业薪酬水平进行比较分析，说明本部门员工薪酬水平比竞争对手低 10% 以上，并且有一半以上的员工近期提出加薪要求，部分员工因加薪要求没有满足而离职，有离职意向的员工也在增多。为了增强团队凝聚力、战斗力，拟定了拉开奖金差距、加大激励力度的方案，为此，需要增加奖金总额 10%，希望上级批准。按照这样的表达方式，总经理很有可能会批准提案。

（四）推理和分析规范化

分析问题要做到推理和分析规范化，才能使结论无懈可击。推理和分析规范化既能使问题分析具有说服力，也能使表达问题具有感染力。推理和分析规范化主要是要求因果关系正确、前后连贯、条理清晰。

有个人觉得饿了，买了一个馒头吃，但没吃饱，又买了个饼吃，还没吃饱，又买了一个包子吃，才吃饱。于是，他非常后悔地说："早知道这个包子能吃饱，就不买前面的馒头和饼了！"

这个故事中是搞错因果关系的推理，实际问题分析中，也经常搞错甚至颠倒因果关系。

国内一家制鞋厂去国外同行业很先进的标杆企业考察后发现，本厂与标杆企业有一个明显区别，本厂生产人员所占比例约为 60%，而标杆企业的这一比例只有 30%。于是，这家制鞋厂决定向标杆企业学习，开展了"降低生产人员比例"的活动，首先尽最大限度精减了生产人员，但比例下降不明显，生产人员不能再精减了，否则就要影响交货速度了，只能是增加管理人员、后勤人员、服务人员等各类非生产人员，以此来提高非生产人员比例。但结果是成本剧增，效益下降。

第二章中的“连续追问为什么”适用于单一因果关系的推理，如果把这一方法用在一果多因的问题分析中可能会出错，一果多因的问题需要把横向分解法和纵向分解法结合起来分析。

（五）数据和关系图表化

在反映问题、表达观点或分配任务时，如果有数据，说服力会比较强，但从表达效果来说，把数据转化为图表，既直观又生动，让人一目了然，效果更好。

事实上，不只是数字可以转化图表，即使没有数字，也可以图表化，尤其是本来要用文字表达的因果关系、层次结构关系、流程先后关系、比较关系等应该尽可能图表化。本书中的问题管理流程图、三层次法和三点法示意图、委婉表达与生硬表达比较表等都是“关系图表化”的应用。如果是用于演示或作为演讲材料，还可以增加彩色的、生动的辅助要素。

> 有数据，要使用计算法；没有数据，也可以使用计算法！
>
> 有数据，要转化为图表，没有数据，也可以转化为图表！

结合挖掘问题部分所讲的计算法，问题管理中关于数据和图表的规则可以总结为以下两点。

（1）有数据，要使用计算法；没有数据，也可以使用计算法！

（2）有数据，要转化为图表；没有数据，也可以转化为图表！

1. 图表化示例一：鱼骨图

鱼骨图也称为因果关系图，如图 3-5 所示，把需要研究的主题或核心问题作为鱼身，并在鱼头上写上中心问题的关键词，导致出现核心问题的主要原因或问题的主要类别作为比较粗的鱼骨，并在旁边写上关键词，主要原因的进一步原因作为比较细的鱼骨画在粗线边上，并在旁边写上关键词，这样一幅鱼骨图就形成了。

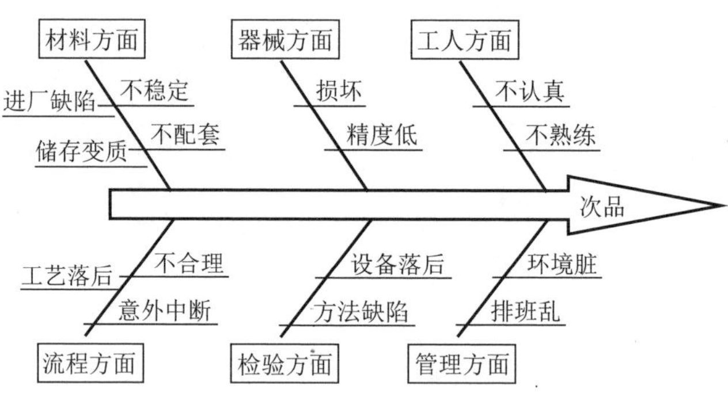

图 3-5　用鱼骨图描述出现次品的原因

鱼骨图只是一种形式，反映的内容是一果多因的因果关系，只要存在一果多因以及下一层次的一果多因关系，用表替代图对挖掘问题所起的作用也是一样的。如表 3-3 所示，K 公司呼叫中心关键问题表，因为文字较多，画为鱼骨图不方便，但实际上与鱼骨图含义相似，也可以用关键词的方式精简以后画在鱼骨图上。

表 3-3　K 公司呼叫中心关键问题表

主要问题	形成问题的原因	原因的原因
人员	1. 平均通话时间偏长	• 近期入职新员工过多，业务不熟
	2. 态度不好引起客户不满	• 客服人员监督、奖惩机制作用弱 • 客服人员待遇低，岗位吸引力不足
系统	1. 服务系统效率低	• 系统界面不友好，查找资料困难 • 电脑老化严重，运行慢且常出现死机
	2. IVR（交互式语言应答）的作用发挥少	• IVR 提示太烦琐，客户中途放弃较多 • 提示信息播报速度慢，拉长了平均通话时长 • 客户都希望尽早转人工
客户	1. 咨询问题时间过长	• 不少投诉涉及技术与流程，解释所需时间较长 • 重复咨询较多

续表

主要问题	形成问题的原因	原因的原因
客户	2. 查询账户余额比例过高	• 余额有差错或客户不理解账单 • 客户不习惯在线和 IVR 查询，人工查询偏多
	3. 咨询的时间过于集中	• 出账和寄发账单的日期集中
管理	1. 排班不合理	• 话务低峰时闲置席位较多 • 话务高峰时人员席位安排不足
	2. 培训不及时	• 内部培训师离职，培训压力过大 • 新业务通知下发过迟，来不及培训
	3. 岗位配置不合理	• 岗位未分类，客服人员所需掌握的信息太多 • 投诉专席人员过少
流程	投诉处理慢	• 不同投诉的处理流程差异大 • 不少投诉转其他部门批复后才能给客户回复 • 部门之间职责不清，经常推诿扯皮

2. 图表化示例二：蛛网图

蛛网图也称为雷达图，如图 3-6 所示，产品销售是否成功的关键因素有六个，分别是：产品本身的吸引力、服务满意度、价格合理性、宣传推广力度、销售力度、关系强度，这六个因素每一项都可以设计评分等级，对照评分等级给本公司的每项要素打分，六个分值组成的总的阴影面积就是产品销售成功因素的总得分。

还可以选定一个竞争对手，把这一竞争对手的上述六个因素的得分也画在同一个图上，如图中粗线所示，粗线围成的面积就是竞争对手的销售成功因素总得分。

从蛛网图上可以直观地看出，本公司虽然产品本身的吸引力很强，服务和价格也有一定的优势，但由于关系强度和销售力度明显不如竞争对手，宣传推广力度略微不及竞争对手，因而，销售成功的因素总得分（阴影部分面积）比竞争对手总得分（粗线围成的面积）低。

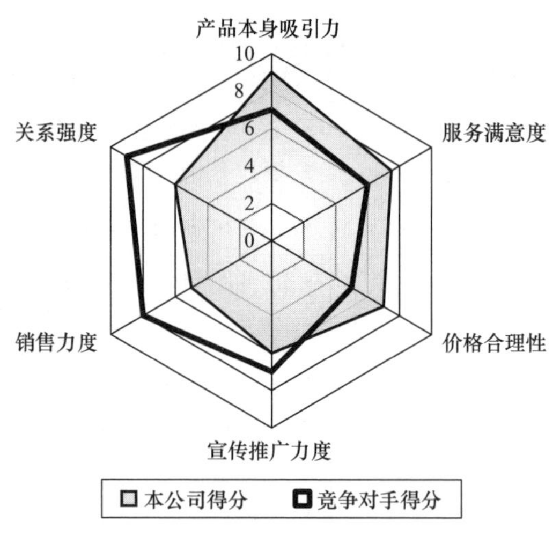

图 3-6　产品销售成功的关键因素

3. **图表化示例三：饼图与条形图**

一家咨询公司对某企业技术人员的满意度调查报告中，有这样一段话：

第四个问题是“除薪酬外，您最看重什么”。按照回答次数多寡排序的话，依次是提高自己能力的机会（58 人次）、和谐的人际关系（41 人次）、工作的成就感（37 人次）、好的工作环境（24 人次）。说明技术人员最看重自我价值的实现，该种高层次的需求特点将会对人力资源管理与开发工作产生重要的影响。

这样的表达形式显然不如用图表的表达效果好，上述一组数据可以用两种不同的图来表达，如图 3-7 和图 3-8 所示。

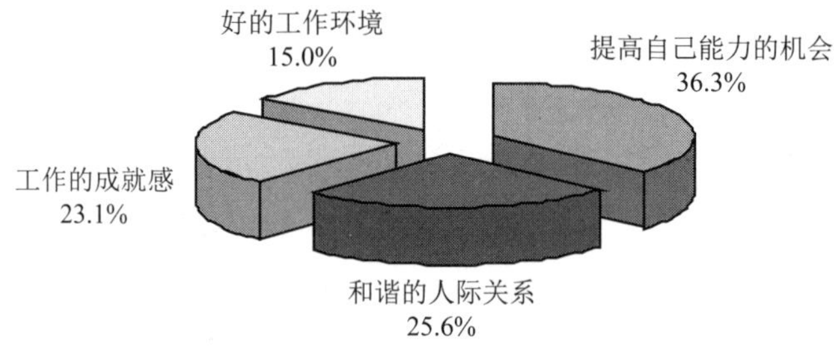

图 3-7　除薪酬外员工期望所占比例（人次 / 总人次）

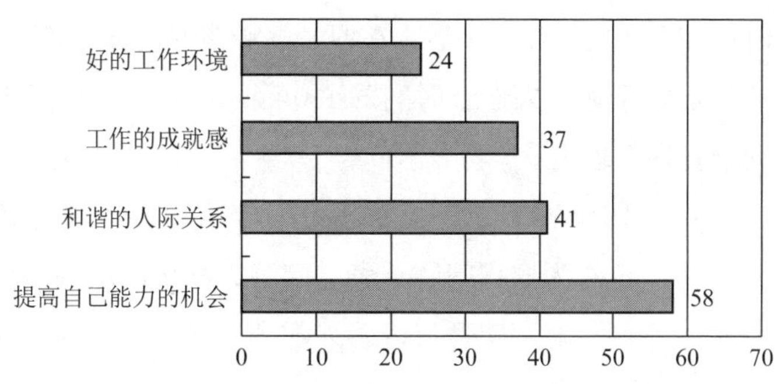

图 3-8 除薪酬外员工期望所占比例（人次）

（六）标志性语言生动化

标志性语句主要是指标题、小标题、导语、主题句、小结，以及对某些观点的强调。反映问题和分析问题的报告和发言毕竟不是文学作品，追求生动只是表达形式，内容应讲究逻辑性和条理性，但通过让标志性语言生动化，可以使你的意见和建议增加感染力，有利于让别人接受和采纳。

以讲解“六化”之一“复杂的问题简明化”为例，引用清代画家、诗人郑板桥的《画竹》诗就能起到生动化的效果，这首诗既生动地表达了“复杂的问题简明化”的寓意，也表明只有反复练习、用心思考，才能达到简明化的功力和境界。

经常有人问我：“为什么要研究‘问题管理’？”

我的回答是：因为我亲身经历过多次危机，所以，希望能够寻找防范小问题积累成大问题、防范大问题演变成危机的规律。借用顾城的一句诗来表达就是：

黑夜给了我黑色的眼睛，我却用它寻找光明！

其中，黑夜是指危机，光明是指问题管理。

我在给研究生和大学生上课时，以及在问题管理培训讲座时，经常要求学生用三句话自我介绍，作为表达问题简明化、生动化的练习，并亲自做示范，我自己的三句话自我简介如下。

（1）没有读过高中和大学，却拿到了名牌大学的最高学位。

（2）小时候在黄土高原放羊，后来在西子湖畔彷徨，黄浦江边立足。

（3）有在政府、企业、大学长时间的工作经历，创立了学术界和实务界双认可的“问题管理”理论。

此外，我连续十四年春节都写了回顾上一年重大事件和网络流行语的诗，既作为拜年诗，也作为挖掘问题、表达问题、解决问题的示范，这也是表达问题生动化的实例。对历年拜年诗感兴趣的读者，可在问题管理微信公众号（微信号 wenti88）查看。

六、专题案例：触龙[①]说赵太后

赵太后刚刚执政，秦国加紧进攻赵国。赵太后向齐国求救。齐国说：“一定要用长安君来做人质，援兵才能派出。”赵太后不肯答应，大臣们极力劝谏。太后公开对左右近臣说：“有谁敢再说让长安君去做人质，我一定唾他的脸！”

左师触龙愿意去见太后。太后气冲冲地等着他。触龙做出快步走的姿势，慢慢地挪动着脚步，到了太后面前谢罪说：“我脚有毛病，竟不能快跑，很久没来看您了。我自己觉得情有可原，但总担心太后的贵体有什么不舒适，所以想来看望您。”太后说：“我靠车子才能行动。”触龙问：“您每天的饮食该不会减少吧？”太后说：“吃点稀粥罢了。”触龙说：“我近来很不想吃东西，才勉强散散步，每天走三四里，稍微增加了点食欲，身上也舒适了些。”太后说：“我做不到啊。”太后的怒色稍微消解了些。

触龙说：“我的儿子舒祺，年龄最小，很不成器，而我又老了，心里很疼爱他，希望太后能安排他当卫士，保卫王宫，特冒着死罪向太后说情。”太后说：“可以。年龄多大了？”触龙说：“十五岁了。虽然还小，但我希望在我还没死之前就托付给您。”太后说：“你们男人也疼爱

① 有的史料中是“触詟”，也有人说“触詟”是“触龙言”之误。

小儿子吗？”触龙说：“比妇女还疼爱得厉害。”太后笑着说：“妇女更厉害。”

触龙回答说：“我私下认为，您疼爱燕后就超过了疼爱长安君。”太后说：“您错了！不像疼爱长安君那样厉害。”触龙说：“父母疼爱子女，就得为他们做长远考虑。您送燕后出嫁的时候，拉着她的脚跟，为她哭泣，对于她的远嫁，您十分悲伤，那情景够伤心的了。燕后出嫁以后，您不是不想念她。可是祭祀时为她祝福说：‘千万别让她回来。’您这样做难道不是为她长远考虑、希望她生育子孙，一代一代地做国君吗？”太后答道：“是这样。”

触龙说：“从现在往上推三代，一直到赵国建立的时候，赵王被封侯的子孙后代还有封王、封侯的吗？”赵太后说：“没有。”触龙说：“不只是赵国，其他诸侯国君的被封侯的子孙，他们的后人还有封王、封侯的吗？”赵太后说：“我没听说过。”触龙说：“这是普遍现象，祸患来得早就降临到自己头上，祸患来得晚就降临到子孙头上。难道国君的子孙就一定不好吗？这是因为他们地位高而没有功勋，俸禄丰厚而没有业绩，在这样的情况下拥有太多的金银财宝，难免会有祸患！现在您把长安君的地位提得很高，又封给他肥沃的土地，给他很多金银财宝。您如果不趁现在的时机让他为国立功，一旦您百年之后，长安君凭什么在赵国站得住脚呢？我觉得您为长安君考虑得太短浅了，因此我认为您疼爱他的程度不及燕后。”太后说：“好吧，任凭您指派他吧。”

于是，赵太后就为长安君准备了一百辆车子，送他到齐国去做人质。齐国的救兵很快就派出了。

有一位大臣听到这事，感慨地说：“国君儿子作为国君的亲骨肉，仍然不能凭借无功业之尊位、无劳苦之俸禄保证其长远的荣华富贵，更何况是普通臣子呢！”

【案例讨论分析】

（1）触龙是如何一步一步地让赵太后消除怒气，并让赵太后接受建议的？

____

____

（2）给上司提建议应该直截了当，还是应该迂回曲折？

____

____

第四章
高效解决问题

著名跨国公司UNI在一次更新香皂自动包装装配线后，发现自动包装好的香皂盒子有一些是空的，也就是说有些盒子没有把香皂包装进去。UNI公司向装配线生产厂家反映了这一问题。厂家说这一问题正在研究中，还没有彻底的解决办法，建议UNI公司在检验环节增加人手或自行添置专门检验设备。

UNI公司一向重视自动化，不愿意增加检验人手。于是，组建了一个由自动化、机电一体化、日化机械等专业的博士、硕士和工程师组成的研发团队，抓紧开发自动检验设备。经过近一个月的日夜奋战，解决方案研发成功，是在装配线的上空加装了全自动的X光透射检查设备，透射检查中发现空盒子，立即用自动机械臂取走。

不久后，一家规模不是很大的国内民营香皂厂也向同一厂家订购了自动包装装配线，发现同样的问题并向装配线生产厂家反映后，厂家建议香皂厂学习UNI公司的解决方案。但是，香皂厂的研发团队和资金实力不足，厂长动员工人们就这一问题提供合理化建议。第二天，一位新来的工人建议在装配线旁边放一台电风扇进行吹风，这样空盒子就会被吹走。厂长马上采纳了这一建议。

半年后，装配线生产厂家改进了装配线的工艺设计，彻底解决了空香皂盒问题，UNI公司的全自动检测设备和香皂厂的电风扇都结束了历史使命。

一、解决问题的三要领

（一）识别假冒问题

客观存在的问题没有真假之分，但是，人们提出或描述的问题、认识或理解的问题则有真假问题之分。假问题通常有下列四种呈现方式。

1. 缺乏数据或事实支持，主观臆断

知名网站“19 楼”发布过一篇《教师子女为啥成才少？》的文章（见图 4-1）中这样写道：

“笔者环顾周围的教师，发现这确实是一个令人十分惊心的事实。教师自己的子女能成为优秀人才的不是没有，而是少得很。更奇怪的是，这些优秀的孩子还相对集中在父母是教研工作人员或学校行政人员的范围里，而真正一线教师的孩子实不多见。为什么会这样？”

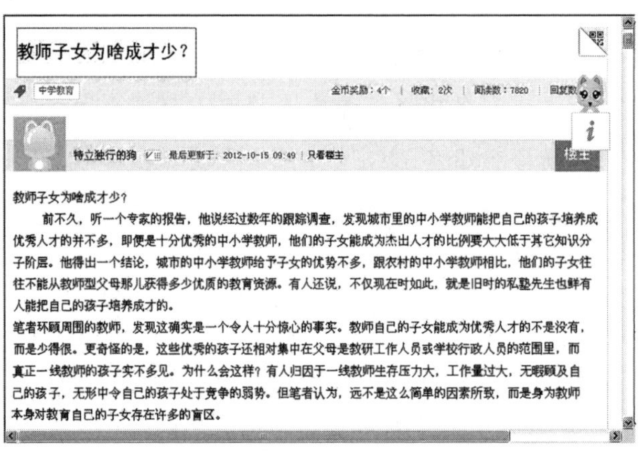

教师子女为啥成才少？

中学教育　金币奖励：4个 | 收藏：2次 | 阅读数：7820 | 回复数

特立独行的狗　最后更新于：2012-10-15 09:49 | 只看楼主

教师子女为啥成才少？

前不久，听一个专家的报告，他说经过数年的跟踪调查，发现城市里的中小学教师能把自己的孩子培养成优秀人才的并不多，即便是十分优秀的中小学教师，他们的子女能成为杰出人才的比例要大大低于其它知识分子阶层。他得出一个结论，城市的中小学教师给予子女的优势不多，跟农村的中小学教师相比，他们的子女往往不能从教师型父母那儿获得多少优质的教育资源。有人还说，不仅现在时如此，就是旧时的私塾先生也鲜有人能把自己的孩子培养成才的。

笔者环顾周围的教师，发现这确实是一个令人十分惊心的事实。教师自己的子女能成为优秀人才的不是没有，而是少得很。更奇怪的是，这些优秀的孩子还相对集中在父母是教研工作人员或学校行政人员的范围里，而真正一线教师的孩子实不多见。为什么会这样？有人归因于一线教师生存压力大，工作量过大，无暇顾及自己的孩子，无形中令自己的孩子处于竞争的弱势。但笔者认为，远不是这么简单的因素所致，而是身为教师本身对教育自己的子女存在许多的盲区。

图 4-1　教师子女为啥成才少

但是，文章并没有说什么是“成才”。“成才”或“成功”是争议很大的概念。

有人认为赚钱多就是成才，也有人视金钱如粪土。

有人认为升了官就是成才，也有人认为升了官的多数走向腐败，危害社会。

有人认为考上名牌大学标志着成才，也有人认为中国大学扼杀了学生创

造力，不利于成才，等等。

由于“成才”含义争议很大，所以，在没有对“成才”进行界定情况下，就说成才多、成才少，只能算瞎说说而已，属于假问题。

退一步讲，如果按照世俗的标准来界定成才，即“名”“利”或“职位”三方面的任一方面达到更高的水平就是“成才”，那么“教师子女成才少”是真问题，还是假问题呢？

这需要对教师子女、非教师子女（或所有人的子女）中“名”“利”或“职位”较高者进行统计和比较，如果统计下来，教师子女成才率较低、非教师子女（或所有的人子女）成才率较高，那么“教师子女成才少”才能算是真问题。

但是，上述文章既没有提供教师子女的成才率，也没有提供非教师子女（或所有人的子女）的成才率，这说明，“教师子女成才少”是主观臆断、无中生有的判断，属于假问题。

再退一步讲，在中学或大学阶段，多数人把考上名牌大学作为成才的标志或起步。按名牌大学的考取率来衡量，我问了一些周边的朋友，他们都说，教师子女考取名牌大学的比率并不低于农民、工人（农民、工人数量最多，可接近于代表总平均数）子女的考取率。多数地区的情况是，教师子女考取名牌大学的比率比农民、工人子女的考取率更高。

按照这个狭义“成才”标准，“教师子女成才少”也是一个假问题。

2. 数据或样本偏差，貌似严谨

1941 年，在第二次世界大战期间，有个研究小组对联军轰炸机遭受攻击后的情况进行了调查研究，这个小组对幸存飞行员描述的受攻击情况统计汇总后发现：机翼被击中最多，机尾被击中最少。

据此，当时出现了两种不同的代表性建议。

指挥官认为：机翼最脆弱，应该优先改进机翼的性能。

沃德教授认为：机尾最脆弱，应该优先改进机尾的性能。

【提问】

应该采纳哪一种建议？

【回答】

有人说，应该同时加强机翼、机尾的防护。这样说当然是对的。但是，在时间和资金有限的情况下，总是需要进行轻重缓急的安排。

后来进一步调研表明，沃德教授的判断和建议是正确的。机尾被击中后，飞机的损失更致命，飞行员大都遇难了，根据幸存飞行员所见事实的汇总统计数据是片面的、偏差的，甚至是错误的，这称为幸存者偏差（Survivorship Bias）。

这一事例中包含着两个容易被人忽视的问题。

（1）看不见的弹痕更致命！遇难或被俘的飞行员无法发表意见，依靠幸存者的描述，有严重的样本偏差，幸存者偏差背后的问题是样本偏差！

（2）指挥官对幸存飞行员有感情、有信任，容易受幸存飞行员的影响，得出片面的结论。

与此类似的情况是，我们经常看到成功企业家或成功投资家在电视上或报刊上给大家传授成功之道，但人们忽略了一个重要事实：

采用同样方法失败的人是没有机会在电视或报刊上去讲的。成功企业家或成功投资家也是幸存者，他们讲的成功之道也有幸存者偏差。

【思考题】

某媒体调查了一个地区的 85 岁以上的长寿老人，发现其中很多人喜欢喝本地的一种酒，于是得出结论：喝这种酒有助于长寿。

这一结论对吗？

【回答】

____

____

3. 从一个问题转移到另一个问题

一家公司的主业为楼宇智能控制系统及可视对讲设备、显示屏及模组，主要客户是地铁及机场，这家公司 2023 年营收 3 亿元，在细分市场居领先地位。公司在进行股权融资的沟通中，投资机构问公司的主营业务（产品）对应的市场规模（市场容量）是多少？未来几年预计增长率是多少？公司的市场占有率是多少？

公司回答说，根据知名研究机构Statista预测，2022年中国智能家居行业市场规模1443亿元，预计2026年增长到2556亿元，年复合增长率13%～17%。

但是，智能家居行业包括扫地机器人、智能电视等很多产品，公司的产品只是智能家居中的一小部分。上述回答从一个问题转移到另一个问题，甚至可以说答非所问。这样回答有两大缺点：一是智能家居全行业的增长率与公司所在细分行业增长率的差异可能比较大；二是按此计算的公司市场占有率只有0.2%，难以说明公司在细分市场居领先地位。

4. 问题含糊，没有界定清楚

前几年，90后陆续进入职场，当前，更年轻的00后也开始进入职场。很多管理者认为90后员工自我中心主义、不敬业、不安心工作，难以管理。00后与90后相比，有过之而无不及，更加难以管理。有的管理者发出了“90后、00后一代不如一代”的感叹！

事实上，90后员工之间的差异很大，00后员工之间的差异同样很大，代际差异并不比同一代人内部的差异大。不管什么时代，年轻员工中都是既有积极上进的，也有不思进取的；既有认真负责的，也有粗心大意的；既有忠心耿耿的，也有“身在曹营心在汉”的。而且，自汉字记载历史3000年来有300个年代的人，并没有出现300个年代的人一代不如一代地衰落。可见，“90后、00后一代不如一代”是假问题。

（二）界定关键问题

如果真问题与假问题同时呈现在我们面前，在识别出假问题之后，真问题自然就水落石出。但是，有时假问题并不是与真问题一起呈现出来，这种情况下，在识别出假问题之后，还要进一步挖掘和界定真问题。挖掘问题的方法包括有效提问法、问题分解法、比较法、逆思法等。这些方法在学习时可以分开来一个一个地学习，应用的时候，需要整合起来应用。

以上述“90后、00后一代不如一代”问题为例，在确定这是一个假问题的基础上，还要进一步挖掘和界定背后的或相关的真问题。“90 后、00 后一代不如一代”的感叹实际上是反映了当前许多企业面临的年轻员工管理和激励问题，这一问题既有与以往相比共同的问题，也有新时代的新问题。

与以往相比共同的问题是：不管什么时代，年轻员工总是比老员工更愿意张扬个性、更敢于表达不满和不同意见、更具有“棱角”、更具有“初生牛犊不怕虎”的精神。

与以往相比不同的问题是：从 2010 年开始，当年进入劳动力资源市场的人口（按照 22 岁的人口计算）逐年下降，持续下降 19 年才会停止下降 10 年，随后会再进入更快的下降时期，当年进入劳动力资源市场人数最少的 2028 年与最多的 2009 年相比，下降幅度达到 40%。

在新进入劳动力资源市场人数大幅度下降的同时，大学毕业生不仅没有下降，反而略有增长。这意味着，企业需要招聘大专及以下的职业技能型年轻员工时，可选择范围明显缩小。

由于新增劳动力资源逐年下降，加之新生代员工的家庭经济条件比上一代有巨大的改善，所以，新生代员工的任劳任怨精神整体上不如上一代员工。正是因为这样，以前所用的简单、粗糙的管理方式对新生代员工不再适用，90 后、00 后员工比上一代员工更难管是客观存在的情况，但是，90 后、00 后员工也有上一代员工所不具有的优点，“90 后、00 后一代不如一代”是假问题，至少是没有界定清楚的问题。相应的真问题是以下两个。

（1）如何在企业条件允许的范围内更好地满足 90 后、00 后员工的期望和需求，激发或培育他们的创造力、凝聚力和战斗力？

（2）如何对“老、中、青”三个年龄段员工进行区别化管理、如何促进“老、中、青”三结合？

【提问】

一只进行旅游探险的热气球上有一位管理员兼驾驶员，另有五位乘客都是网上征集的陌生人，分别是：科学家、作家、歌星、官员、商人。

当热气球飘过一个很宽阔、很深的湖时，管理员告诉了大家一个非常不幸的消息：热气球出了故障，正在下沉，如不采取紧急对策，大家都会掉进湖里。由于大家都不会游泳，湖里也没有救援人员，一旦热气球掉进湖里，大家都会淹死，所以，必须紧急决定，该怎么办？

经过激烈讨论，按照少数服从多数的决策方式，大家决定先把一位乘客从热气球上推下去，这样，热气球载着其他人就有飘到陆地逃生的机会。

接下来需要进一步投票表决，先把谁从热气球上推下去？

请问：如果由你来投票，你会选择先把谁推下去？

【回答】

有的人回答说应该先把官员推下去，因为很多官员是贪官；有的人回答说应该先把商人推下去，因为自古以来，无商不奸。

这两种回答的逻辑是：

把最坏的人先推下去，进而从人的职业来推导谁是最坏的人。这是界定问题错误，偏离了关键问题。

也有人回答说，应该先把最胖的推下去！

这对不对呢？

思路有所进步，但也不准确！

为什么要先把一个人推下去呢？

因为热气球出了故障，承载能力下降，所以，减少热气球上的重量才是解决问题的关键，相应地，应该把最重的一位乘客先推下去！最胖的人如果个子小，也许重量比个子高的人还要轻一些。

在这一题目的决策中，很容易出现界定问题错误，本来应该把关键问题界定为减轻重量，但很多人会把关键问题界定为：选择最坏的人，或者选择声誉不好的职业。

（三）正确解决问题

正确解决问题包括以下四方面的含义。

1. 在识别假问题、界定真问题基础上解决问题

美国通用汽车公司（GM）20 世纪初就已成为一家规模庞大的企业，相应地，活力不足、效率不高的大企业病也成为通用汽车公司当时的大问题，

为此，通用汽车公司1924年开始实施了事业部制，正确地解决了大企业病问题，由此也超越了福特汽车公司，成为美国最大的汽车公司。

随着时代演变，20世纪50—70年代，通用汽车公司又出现了严重的问题，主要包括以下四点。①收购后整合不够。一位供应商说：他们用不同的价格向通用汽车公司的11个部门提供同一套轴承座，被应用到17个不同的车型上。②产品质量进步比德国和日本汽车慢，第二次世界大战结束后出生的一代消费者都不信任其产品。③管理混乱。通用汽车公司员工存在随意旷工、厂区内酗酒和吸毒等问题，这让丰田汽车公司的管理人员惊讶不已。④人力成本太高，通用汽车公司工人每小时工资约70美元，日本汽车公司约45美元。

面对这些问题，通用汽车公司没有在管理方面下决心整顿和提高，而是大手笔地进行资本运作，主要包括：1984年收购电子数据系统公司，1985年收购了休斯飞机制造公司，1992年增发股票22亿美元，1998年收购悍马（2009—2010年出售未果，关闭），2000年收购菲亚特（后损失15亿美元），2004年收购大宇，2008年提出与克莱斯勒合并计划（未实施）。

这些措施也起到了阶段性作用，尤其是改善财务报表和提振股价的作用，但是，短期的、局部的作用不仅没有解决关键问题，反而使关键问题更加积重难返。有50年汽车从业经验的杰瑞·弗林特说："在通用汽车公司，懂产品的人受排挤，搞财务和金融的人受重用，他们的汽车总是坏掉，瓦格纳会将通用汽车公司带入死亡之地！"2010年这一预言应验，通用汽车公司破产重组。

2. 及时解决或控制问题，避免形成危机

正像本书开头"突发事件不是突发的"一节所讲的原理，突发事件和危机都不是突发的。其前导诱因和问题日积月累，由小问题积累成大问题，由大问题演变为危机。

正因为这样，俗语说"小洞不补，大洞吃苦"，古人强调"千里之堤，溃于蚁穴"，老子在《道德经》中倡导"为之于未有，治之于未乱"。居安思危、防微杜渐、防患于未然，及时解决或控制问题，才能避免形成危机。

业务流程或工作流程上游的问题很容易进入流程下游，小问题很容易积累成大问题，而且往往是小问题时很容易解决，而积累成大问题后，就难以解决了，很可能以危机的形式爆发出来，即使还算不上危机，也要投入比原来多得多的人力、物力、财力才能解决。

随着问题由小到大积累，解决问题的代价成倍放大。如果在产品设计开发阶段发现问题的损失按 1 万元计算，那么在生产过程中发现问题的损失通常会高一个数量级（如 10 万元）！要是产品问题在投放市场以后才发现，企业的损失通常会再高一个数量级（如 100 万元）！

3. 寻找简单而有效的解决方式

对于同一问题，解决问题的方案可以有多种，究竟应该选择哪一种方案呢？选择的准则是什么呢？

问题管理在选择解决方案时，既不是按少数服从多数决策，也不是选择技术最先进的，更不是谁的声音大听谁的，而是按照“简单而有效”的准则设计和选择解决方案，或者说追求简单而有效是问题管理的特点之一。

在本章开头的空香皂盒案例中，用电风扇吹显然是一种简单而有效的方案，UNI 公司的全自动检测设备虽然技术领先，但不符合问题管理的“简单而有效”准则。日常管理中有许多类似这样舍简求繁、舍近求远的事项，一家咨询公司在给客户做方案时，项目组长竟然对组员说：“我们要搞得尽量复杂一些，这样才显得我们专业性强、水平高！”

一家上海的软件公司开发了公益基金会 CRM（客户关系管理）系统，想找到上海市公益基金会通讯录，以便把公司的 CRM 系统宣传资料发给他们。公司业务发展部开会讨论如何找到基金会通讯录时，有位员工提议，民政局是基金会的主管部门，所以通过民政局找基金会通讯录的效果会更好。又有一位员工说他同学的女朋友小丽在民政局工作，可以通过这位朋友找小丽帮忙。但他同学出国开会了，需等其开会回来。他同学开会回来说女朋友小丽出差去了，于是大家说等小丽回来再找吧。小丽回来后，几经周折，公司的员工总算约见了小丽，小丽也拿到了通讯录。

公司派人与小丽见面时，小丽说：“我把内部拿到的通讯录与最新版黄页上的通讯录对照了一下，内容基本上是一样的，我出差耽误了给你们通讯录，你们如果急用的话，本来也可以自己到黄页网等网站上查看”。

【案例】如何让司机出隧道时关车灯

瑞士在日内瓦湖的山脉上有一条隧道，由于隧道内灯光昏暗，车祸频发，于是交通管理部门在快要进隧道的地方立了一块标牌：“打开车灯”。

隧道出口400米就是全世界知名的、风景优美的度假胜地。司机们开出隧道停车后立即开始欣赏美景，享受野餐。每天有几百名游客返回他们的汽车时，总有一些游客会意外地发现他们的汽车电池没电了——因为出隧道后在停车场停车时司机们往往忘记关车灯！

警察们被迫用上所有的资源，好让车发动起来，或者把车拖走。

游客们怨声载道，并且赌咒发誓要劝说他们所有的朋友都不要到瑞士旅行。

请先思考：造成这一问题的哪些人（或部门）有责任？

（1）司机。

（2）乘客（私家车上如果有乘客）。

（3）隧道设计和建设单位。

（4）汽车厂家（有些车可根据光线亮度自动开关车灯）。

（5）交通管理部门（或警察）。

不管是谁的责任，不管是什么原因形成的问题，这一问题总需要解决。解决问题办法与形成问题的原因并不总是对应的。

于是，当地政府组织召开了有经济学家、警察、工程师、司机代表等相关人员参加的联席会议，讨论这一问题的解决办法。

景区停车场管理人员提出的解决办法是：由当地政府负责在景点建造一座充电站，并为司机们提供服务。

但建设和维护充电站要花不少钱，肯定会亏损，这又形成了新的问题。

经济学家针对充电站亏损提出了新的解决办法：授权私营企业经营充电站，因为私营企业的效率高于国有企业。

但是，经过估算，由私营企业运营与维护充电站也无法盈利，没有私营企业愿意干。

于是，警察提出了简单的解决办法：在隧道尽头立一块牌子，写上“关掉车灯”。

但是，瑞士的人们对法律法规都会严格执行，如果写上“关掉车灯”，那么晚上开车的司机看到这个标志，也会马上关掉车灯！

一位软件工程师出身的参会代表说，标志牌上只写“关掉车灯”含义不清，应该这样写才含义清晰：

如果是白天，而且车灯开着，那么熄灭车灯；

如果是白天，而且车灯没开，那么就别打开；

如果是晚上，而且车灯没开，那么打开车灯；

如果是晚上，而且车灯开着，那么就别关它。

> 问题管理不是高深莫测的理论，也不是深奥难懂的数学模型，而是简单有效、人人可以掌握的管理方法。

但是，司机代表马上说：写这么多字的牌子，行车中看不完，而且牌子上要放这么多字，只能用很小的字，根本看不清楚。

【思考题】

有没有简单而有效的办法呢？

【回答】

---

4. 考虑并防范解决某一问题后的副作用

从2002年起，上海市交通管理部门在各公交候车亭里加装近1000张座椅。为了坚固耐用，使用了不锈钢材料；为防止积水和防止偷盗，在座椅椅面打了许多直径为16毫米的圆孔。

带小圆孔的座椅解决了积水和防盗问题，但也带来了明显的副作用。座椅小圆孔多次发生“咬”手指（尤其是小孩玩耍时，把手指卡在小圆孔里）

事件。每次座椅把人的手指卡在小圆孔里后，都要紧急调动消防队员，用切割机把座椅锯断，才能解救被卡人员。

为了杜绝手指被“咬”事故的发生，交通管理部门决定把座椅椅面统一改为钢管式。但这又带来了新的问题，不锈钢管式座椅极易被不法分子锯断偷盗，坐上去的感觉也远没有以前的舒服。[①]

> 问题管理第十定律：管理问题接连不断，没有一劳永逸的解决方案。
>
> 【推论三】解决已有问题的同时会带来新的问题，解决问题时就要考虑并防范解决问题后的副作用。

不仅有这些弊端，而且，钢管式座椅又发生过多起卡住儿童脚和腿的事件。不只是上海，其他城市也出现过类似事件。

公交候车亭座椅的几次改变造型，都是在解决原来问题的同时又带来了副作用，即带来了新的问题。有关部门在设计解决问题方案的时候，对其副作用考虑不够。

二、解决问题的步骤

（一）解决问题的步骤众说纷纭

遵循一定的步骤（或流程、程序）解决问题，不仅有助于减少差错和遗漏，保证产品质量、服务质量和工作质量，而且对于解决问题经验不足者也能起到引领作用，帮助其尽快找到解决问题的措施或对策，积累解决问题的经验和技能。

解决问题应有哪几个步骤？常见众说纷纭。例如，PDCA（计划、执行、检查、改善）四步法、DMAIC（定义、测量、分析、改进、控制）五步法、麦肯锡七步法、莱尔斯七步法、8D 八步法、周坤提出的解决问题和决策 16

---

① 来源：《新闻晚报》2007 年 5 月 15 日《公交候车亭座椅屡“咬”手指，以后坐着钢管等公交》，引用时有删节。

步法、田鹏提出的制度化解决问题 23 步法。

PDCA 四步法、DMAIC 五步法和 8D 八步法侧重于质量缺陷的改进，作为普遍的规律还有欠缺。关于解决问题步骤的其他说法，或多或少地有下列缺点：①步骤偏多；②把不重要的步骤与重要的步骤并列起来；③把每个步骤需要的行为（如莱尔斯七步法中的“沟通”）也当作一个独立的步骤。16 步法和 23 步法更是梳理不够清晰，重复和交叉之处偏多。

（二）问题管理中的解决问题步骤

问题管理的三项能力是挖掘问题、表达问题、解决问题三部分，挖掘问题包括发现问题、分解问题和界定问题“三部曲”。三项能力之间、“三部曲”之间都是交叉和融合的，如前文图 1-3 所示。

三项能力、“三部曲”主要用于学习问题管理的内容和方法，不是解决问题的实际步骤。我把解决问题的步骤提炼为五个核心步骤和若干配套要点，如图 4-2 所示，其中的五个核心步骤是早已成熟的、基本上公认的步骤，两侧虚线框中的要点是问题管理的特色方法，在前面的有关章节已有讲解和举例，这个图作为总结。

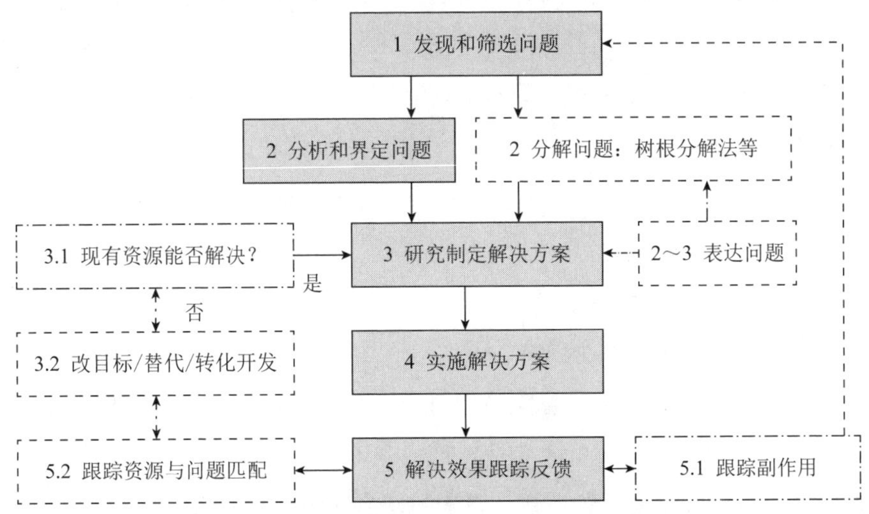

图 4-2　解决问题的五个核心步骤及配套要点

一个二维示意图难以全面反映解决问题步骤的全部精髓，所以，我再用图 4-3 对解决问题的步骤做进一步说明。图 4-3 把解决问题的步骤总结为五个核心步骤和三个备选步骤，并对第二、第三个核心步骤的下一级要点做了展开和响应。

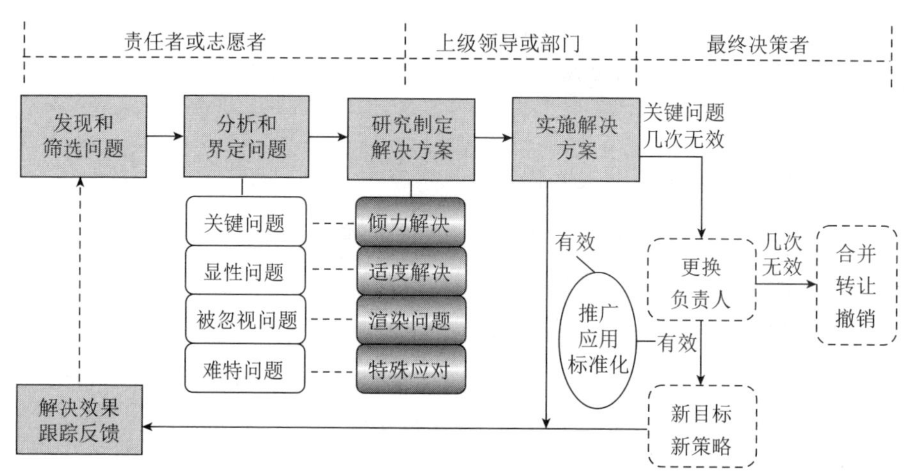

图 4-3　解决问题的五个核心步骤和三个备选步骤

五个核心步骤在图中用大阴影方框表示，这五个核心步骤以及第二、第三个核心步骤下一级相应的四类问题和四类解决方案既适用于各类企业的问题，也适用于其他机构和个人问题。

三个备选步骤在图中用虚线框表示，图上方虚线标示的三段反映了解决问题的关键人物在不同阶段的变化。三个备选步骤和虚线标示的三段主要适用于公司、子公司或事业部等独立核算、自负盈亏单位的整体性问题。

（三）对三个备选步骤的进一步说明

五个核心步骤比较容易理解，下面对三个备选步骤做进一步说明。

组织的负责人对组织的整体运作有很大的影响，经常有这样的现象：不管是一个小部门，还是一个大企业，或者是非企业组织，换一个领导人或负责人之后，面貌可能会焕然一新，原来的许多问题都迎刃而解。

由于三个备选步骤适用于独立核算、自负盈亏单位的整体性问题，所以把问题解决效果与单位负责人选择联系起来。核心步骤中的解决方案实施后如果有效，则不需要这三个备选步骤。如果经充分研究后对整体性问题制定的解决方案实施几次都无效，那说明单位的负责人不适合这一职位，应该更换负责人。

负责人更换以后，通常需要根据新负责人的“施政纲领”重新计划和布置，并回归到解决问题的核心步骤。

如果在新的“施政纲领”下制定的解决方案实施后仍然无效，可以再次更换负责人，如果两三次更换负责人仍然无效，那说明这个单位独立运作的时机或条件不成熟。解决的办法有三种：一是并入本企业（或本集团）的其他部门；二是转让给本企业以外的其他单位；三是撤销该单位。

（四）责任者、志愿者与其他主体

图 4-3 上方虚线标示的三段中，左边一段涉及的主要工作是发现和筛选问题、分析和界定问题、研究制定解决方案，参与主体有两类，一类是责任者，另一类是志愿者。

按工作分工和职责划分，问题主要属于哪个部门的工作，哪个部门的负责人就是责任者。如果是跨部门问题，可以由涉及部门的共同上级指定一个牵头部门，也可以成立跨部门的问题解决小组专门负责挖掘问题和提出解决方案。受单位正式委托，专门进行挖掘问题和提出解决方案的外部顾问或咨询机构也属于责任者。

所谓志愿者，就是某一问题不是他的责任范围，但主动地、自愿地挖掘问题并提出解决方案或建议的人。

对于同一问题，仍然是既可以由责任者承担挖掘问题和提出解决方案的任务，也可由志愿者承担。合理化建议活动中，由志愿者挖掘问题和提出解决方案的情况比较多。

实际工作中，经常出现这样的问题：多做多错、少做少错、不做不错！

而且，多数单位制定了对错误的处罚制度，相应地，多错就要多罚，这样使主动多做事的员工反而要受到更多处罚，他们的积极性受挫，由此带来不良影响，久而久之，会形成“不敢提、不愿提问题”的不良风气，这有可能导致小问题积累成大问题，大问题演变成危机。

作为上司，应该像右框中这句名言倡导的精神一样，鼓励下属大胆提问题，避免不敢说、不愿说导致问题越来越严重。即使下属讲的话让自己有些难堪，也要以包容、宽宏大量的态度对待。长期来说，这样给上司带来的好处远大于短暂难堪的坏处。

> 上司要多用鼓励法，通过物质鼓励和精神鼓励，让责任者更负责任，让志愿者更积极主动地挖掘问题，提出合理化建议或解决方案。

责任者或志愿者挖掘问题，并提出解决方案以后，需要由上级领导或上级部门进行确认，有时上级会对解决方案做一些修改。由上级批准确认后的方案，才能正式实施。

虚线标示的三段中右边一段对应着更换负责人，这是一件严肃的事情，需要慎重处理，所以，应该由最终决策者决定。

这三段的实施可以举一个例子来说明：某公司的销售渠道管理存在一些问题，影响了市场拓展，市场部王经理是这一问题的责任者，所以，他已经在分析这一问题，并拟定了解决方案建议。与此同时，在合理化建议活动中，人力资源部的小李就销售渠道管理问题也进行了分析，并提出了合理化建议，小李是这一问题的志愿者。市场部的上级领导，即公司总经理基本同意王经理的建议方案，但让王经理把小李的建议也考虑进去，然后实施销售渠道改进方案。但实施后无效，总经理要求王经理限期整改，但限期结束后，仍然没有明显改观。总经理和两位副总经理组成的三人决策小组经过集体研究，决定更换市场部经理。这里的三人决策小组就是图 4-3 中的最终决策者。

（五）应对“难特问题”的特殊措施

“难特问题”是指以下几类问题。

（1）难以解决的问题。

（2）变化很快的问题。

（3）解决代价很高的问题。

（4）解决这个问题带来更大副作用的问题。

应对“难特问题”的措施通常有置之不理、轻描淡写和各打五十大板三种，这些措施可以统称为掩饰问题。掩饰问题是一种临时性、过渡性、不得已的办法。

掩饰问题作为一种临时性解决问题的方法，与人们平时理解的完全贬义的掩饰问题有所不同，这里所谓的掩饰问题，是指先不对问题进行深入挖掘、倾力解决，而是等待时机和条件成熟时再解决。

三、跨界分析问题，整合解决问题

在挖掘问题部分讲了问题分解法及其应用。问题分解法能够看清问题真相，尤其是能够识别假冒问题、界定关键问题。在解决问题环节，需要把分解开的问题再整合起来，寻找解决方案。

整合解决问题需要把发现问题、分解问题和界定问题的成果统筹考虑，整合应用各个学科、各个专业的知识和工具，发挥各部门、各层次人员的积极性，把涉及问题的相关工作联系起来，比较各种解决方案，权衡选取简单而有效的方案或对策。

在学术界，学科和专业划分得越来越细；在企业界，随着企业规模的扩大，部门划分也越来越细。这两者都是双刃剑，既提供了解决问题的很多新技术，但也给解决问题制造了障碍。专业细化、部门细分的好处人所共知，但人们对其负面作用的弊端认识并不深刻，所以，下面做深入的剖析。

（一）跨专业、跨部门解决问题的理论依据

问题是客观存在的，专业是人为划分的。把人为划分的专业生硬地套在客观存在的问题上，往往会割裂问题内部的因果关系或演变关系，既像是贴

标签，掩盖了问题的全貌，又像是画地为牢，限制了解决方案的制定。

再进一步深入分析，世界上的各类事物运行本来是没有学科（或专业）界线的，人们为了便于学习和认识事物的运行规律，人为地划分为各类学科。学科划分是为学习方便不得已而为之，学科划分使原本完整的知识在某种程度上被割裂。

杨玉良院士曾经担任国务院学位委员会办公室主任、教育部学位管理与研究生教育司司长，对学科之间的边界和关系有深入的研究。杨玉良认为，学科是按教学和训练所定义的知识的分类，一定程度上具有人为性和随意性，学科划分虽然具有一定的积极意义，但同时存在负面作用，具有很大的局限性。①

即使在某一学科内部看起来具有系统性、严密性的知识体系，一旦跳出这一学科，或者以另一学科的体系来解读，就会发现，原来认为系统性、严密性的知识体系也是支离破碎的！

> 整合解决问题需要从跨专业、跨部门、跨层次、跨内外四方面跨界分析问题，整合形成简单而有效的方案。

例如，地球上的客观事物本来是没有经度、纬度和时区的，为了认识地球上事物的方便，把地球划分为经度、纬度和时区，这一划分是系统的、严密的，但是，如果站在长江、黄河这样的水系角度，纬度和时区就把长江、黄河的水系分割在多个不同的纬度和时区。

任何一门学科都是按照某种知识分类标准（分类标准不止一种维度，而是有多种维度）划分而成的，如果以别的分类标准来看，本来看似边界明确的学科也就成为跨学科的交叉学科了。打个比方，人可以分为南方人、北方人、东方人、西方人，之间的边界并不明确，即使找到明确的边界（如长江或淮河），如果以其他分类标准（如老年、青年、少年；或富豪、中产、穷人）来看，按地域划分的南方人、北方人都会跨到不同年龄、不同收入的类

---

① 杨玉良. 关于学科和学科建设有关问题的认识[J]. 中国高等教育，2009（19）.

别中去。

由此，可以得出一个令人惊讶的推论：所有学科（专业）都是跨学科的交叉学科！

所有学科（专业）都是跨学科的交叉学科！

不仅管理学会跨到其他学科，物理、化学这样的看似边界清晰的学科也会跨到其他学科。杨玉良举了一个这样的例子：有一门学科叫物理化学，美国化学会主办一份《物理化学》杂志，物理学家投稿总是被拒，因为化学领域的审稿人读不懂物理学家写的文章。于是，美国物理学会就办了另一份杂志《化学物理》，这两者之间有多大差别很难讲。后来，两边的一部分科学家创办了一份新的杂志《物理化学和化学物理》。

当然，不同学科的边界清晰程度还是有差异的。与数学、物理这样的学科相比，管理学、经济学、社会学等学科的边界更为模糊，这些学科的边界不像动物、植物的分类（能明确界定某种动物或植物属于某一界、门、纲、目、科……）一样清晰，而是像对地球的表面及内部进行的分类，既可以分为高原、盆地、丘陵、高山、江、湖、海，也可以分为热带、亚热带、温带、寒带，还可以分为某一段经度或纬度，这些分类的边界大多是不清晰的。

管理学与其他学科的边界，就像“温带”这一领域在地球上的边界，从经度或时区的标准来看，“温带”涉及地球上的所有经度和时区，从另一角度（如纬度）来看，“温带”只是在某些纬度的范围内，而且存在高纬度区域与低纬度区域都属于“温带”的交叉现象。

学科划分虽然是必要的，但其负面作用也是明显的。专业划分、企业中部门的划分与学科划分的原理相似。各个学科、管理学的各专业，以及企业中的各部门都像一座山的几个门，或者是体育馆的几个门，学科之间的区别、专业之间的区别、部门之间的区别主要是在入门时，入门以后会遇到共同的人和事物，只是可能看见的角度不同。正因为如此，我把苏轼的《题西林壁》改编为如下的《题专业门》：

横看成岭侧成峰，
专业所见各不同。

不识问题真面目，

只缘身在山门中。

如果只从某一学科或专业的原理，或者只从某一部门的立场来分析和解决问题，就会形成片面的认识、偏离问题的真相，甚至让假问题掩盖真问题，导致在解决问题中用错方法。

因此，问题管理中特别注重跨学科（专业）、跨部门地分析和解决问题，概括而言就是问题管理中的“分合定律”：学知识只能分开学，用知识应当整合用。管理者需要跨专业、跨部门地解决问题。

“分合定律”：学知识只能分开学，用知识应当整合用。管理者需要跨专业、跨部门地解决问题。

（二）技术问题需要跨专业、跨部门解决

美国有一家名为InnoCentive的网站，通过在线悬赏为企业寻找解决技术难题的办法。InnoCentive网站为技术难题的“寻求者”（Seeker）和“解决者”（Solver）架起了桥梁。“寻求者”既包括波音、杜邦和宝洁等世界著名公司，也有许多中小企业，“解决者”（Solver）是分散在世界各地的数十万名科学家和技术人员。

根据InnoCentive网站成立初期对解决的250个难题统计分析报告，有70%～75%的难题是由“非专业人士”解决的。准确地说，提出难题的专业人士与解决难题的专业人士分属于不同的专业或学科，难题是跨专业解决的。

例如，高露洁公司要往牙膏管里注入氟化物，却找不到防止氟化物向空气中扩散的办法。于是，高露洁公司在InnoCentive网站悬赏2.5万美元，向潜在的“解决者”求助。Melcarek是加拿大的一名物理学家，但是他却经常在一个小房间里倒腾一些化学瓶罐，虽然他没有受到过化学专业的正式训练，但这并未妨碍他成为化学专家。他几乎每周都要登录InnoCentive网站数次，看看上面又发布出来哪些新难题。他看到牙膏管注入氟化物的难题

后，并不费劲地想出了办法：往牙膏管注入氟化物时，伴随着输入一股电子流，在电子流的作用下，氟化物颗粒将紧紧贴附牙膏管壁，不会扩散到空气里。

高露洁公司化学专家云集，电子（物理）专家也是有的，为什么想不出这一办法呢？这是因为提出这一问题的部门没有像 Melcarek 一样的跨学科（专业）专家，他们也没有向公司其他部门的电子专家请教。如果建立了跨专业、跨部门分析和解决问题的机制，即使没有像 Melcarek 一样的跨学科专家，凭高露洁公司的研发实力，这一问题在公司内部应该也是可以解决的。

（三）管理问题需要跨专业、跨部门解决

【案例】便利店的“免费”午餐

上海某连锁型便利店（小超市）有 100 多家直营店，每个店有两名当班员工，配送中心集中配货，但各店在可供商品中有一定的申请订货自主权。该公司开始销售午餐（盒饭）后，规定当天卖不掉的午餐需销毁，但某些家庭条件不太好的员工认为销毁太可惜，于是就偷偷自己吃掉，或者带回家吃。

发现这一“机会”后，有些店的员工为了得到免费、本应该销毁的午餐，就故意多订货，这样可以多剩下几盒，免费享用的机会就多一些。

【思考题】

这一问题属于销售问题、人力资源管理问题、运营问题，还是财务问题？

【回答】

事实上，这一问题单独划分在上述 4 个专业的任一个专业（或职能部门）都不好。把问题简单地划定在某一个专业可能导致认识问题的片面性和解决问题的局限性。

例如，创业企业的核心人物与投资方冲突是风险投资和股权投资实践中长期以来的突出问题，我带领研究团队研究了近 100 个这样的案例，包括阿

里巴巴创始人马云与雅虎公司的冲突、俏江南创始人张兰与鼎晖基金的冲突、WeWork创始人与软银的冲突等。

创业者与投资方的冲突问题不仅可以从经济学、管理学、法学、心理学等不同学科分析，而且可以从管理学内部的公司治理、战略管理、人力资源管理、财务管理等不同专业进行分析。如果把这一问题划分为某一学科的问题，或者某一专业的问题，显然是片面的。

相应地，如果把销售部门暴露出来的问题界定为销售的问题，把生产部门暴露出来的问题，界定为生产部门的问题，也会割裂问题内部的因果关系或演变关系，也不利于问题的解决。总之，把问题与专业或部门直接对应起来，不利于分析和解决问题，正确的做法是跨部门、跨专业分析和解决问题。

（四）多脑并用解决问题

解决问题时要发挥左脑和右脑思维特征的互补性，吸收外脑（外部顾问）和内脑（内部人才）的智慧，应用各种创新和创意的方法，争取能够“多、快、好、省”地解决问题。

1. 左脑与右脑

人的大脑分为左右脑，左脑侧重于理性思维，善于推理，逻辑性强；右脑侧重于感性思维，善于创新，跳跃性强。左脑的想法是循规蹈矩、按部就班；右脑的想法是出其不意、无中生有。

管理既是科学，又是艺术；既需要精确计算，也需要难得糊涂；既需要循规蹈矩，又需要大胆创新。管理的双重性决定了解决管理中的问题，既要发挥左脑的作用，又要发挥右脑的作用。

【思考题】

把一张白纸对折再对折，共对折26次后的厚度最接近下列哪一个数字？

A. 人的平均身高（1.7米）

B. 中国第一高楼上海中心大厦（632米）

C. 世界最高峰珠穆朗玛峰的高度（8848米）

D. 地壳的平均厚度（17千米）

【回答】

回答这个题目时，如果凭直观、凭想象或根据出题人的用意推测答案，则属于右脑思维。

有的人可能这样来计算这一题目的答案，找一包新买的 A4 纸量一下厚度是 5.5 厘米，平均每张的厚度是 0.11 毫米，然后计算出 0.11×2^{26}，并折算成米，结果是 7382 米，最接近选项 C。这样回答题目的人属于左脑思维。

在回答这个题目时，显然是左脑思维占有优势，但并不是唯一正确的，因为题目中并没有说明被折叠的纸的厚度是多少，如果纸的厚度是普通 A4 纸的两倍以上，则答案为 D。

管理问题的解决方案往往不是唯一的，也不是标准的，所以人们经常说，没有最好，只有最合适。即使通过精确的计算，也有可能由于计算过程中假设前提或参数不合适，使得计算的结果没有什么价值。

这并不是讲左脑思维用处不大，恰恰相反，左脑思维是解决问题的基础。在精确的分析、计算和推理基础上，用量化的、科学的方法提出解决方案，也是问题管理的基础，但是，这样提出的方案并不一定是最终选用的方案。在方案选择时，还要结合管理人员的经验和直觉，并加上创意策划的因素，综合权衡选择哪一种解决方案。这正是左右脑并用的含义。

2. 外脑

人们常说：“外来的和尚会念经！”在管理工作中，“外来的和尚”也称为“外脑”，是指聘请外部的管理顾问或咨询机构，“内部的和尚”或“内脑”是指内部的员工。

让“外脑”来解决问题的操作模式主要有三种。

一是请一位既有理论基础又有实务经验的专家作为常年顾问。

二是请一家合适的咨询公司进行项目咨询。

三是从外面招聘或引进一位或几位专职或兼职的问题管理人员。当然，这一种方法只是在他们刚来的时候可以起到“外脑”作用，如果时间久了，也就不算是“外脑”了。

在利用“外脑”方面，首先要纠正一个误解。虽然“外脑”能够弥补内部人才少、内部员工水平低的不足，但这并不是利用“外脑”的唯一理由，甚至不是主要理由。把利用“外脑”多的单位与利用“外脑”少的单位比较一下就可以发现，反倒是内部人才多、员工水平高的单位比内部人才少、员工水平低的单位更经常利用“外脑”。

虽然外部专家确实比内部的一些人员水平高，但利用“外脑”与内部人才多少、内部人员水平高低并没有必然的因果关系。利用“外脑”的原因更重要的在于以下几点。

（1）“外脑”敢讲、敢做。

在单位内部，不管是讲问题（包括讲有关挖掘问题、解决问题的言论），还是真正解决问题，最大的障碍是怕得罪人。内部员工对本单位人际关系、利益关系及领导的个人偏好比较清楚，一般知道讲什么话会得罪什么人，即使不知道具体会得罪哪个人，也顾虑可能会得罪人，所以即使有看法也不敢说。

我刚去M公司工作时，很快就找出了公司管理中存在的十大问题，得到了公司领导的肯定，但有的员工对我说，“其实这些问题大家都知道，只不过是不敢说，只有你们新来的人才敢说。”

“外脑”一般不知道讲问题会得罪谁，即使得罪了某些人，对“外脑”的影响也不是很大，所以，“外脑”敢讲问题。当然，如果需要把解决问题的方案付诸实施，“外脑”的顾虑也少，所以表现出“敢讲、敢做”的特征。

（2）“外脑”比较客观中立。

“屁股指挥脑袋”是很普遍的现象，也就是说企业内部人员考虑问题容易从本位主义出发，而对全局利益或整体效果考虑不够。

市场人员总是从市场立场出发，技术人员总是从技术立场出发，财务人员总是从财务立场出发，由此会带来许多片面的结论甚至是冲突。企业中不只存在因部门和职责划分导致的派系，还有人际关系的派系，各个派系提出的方案只能是代表局部的立场和观点，不能代表整体。

当然，企业内部也有一些正直中立的人士，并不是所有的员工都有本位主义立场，但是很多人自称是正直中立的人士，企业决策者不一定能分清究竟谁是正直中立的人士。再说，正直中立的人士不一定掌握专业而系统的方法，加之随着时间的推移，正直中立的人士也可能向某一立场靠拢，因此，问题比较复杂时，让“外脑”来解决问题比内部人员更好。

（3）“外脑”容易突破内部的旧框框。

经历不同的人有不同的管理经验，一个人过去的经验积累很大程度上影响着现在所采用的管理方法，管理作风一旦形成很难改变。这就是“路径依赖原理”。

K公司的老板决策果断，一般不依赖于正规的市场研究报告，而是凭个人的灵感或判断决策，然后让手下的人进行一番论证，搞一篇《××项目可行性研究报告》。如果可行性研究报告说项目不可行，老板会批评研究人员书呆子、没眼光。当然，也有几次重大决策事后证明老板的判断是正确的。

这样久而久之，就形成了服从型的管理文化，如果老板提出一个方案，手下的人总是找各种各样的理由说明老板决策的正确。这时如果老板确实是有一个想法拿不定主意，想征求员工的意见，也肯定得不到真实的意见，能够得到的，只是员工对老板意见的猜测和判断。这种情况下，利用“外脑”是最好的选择。

内部人员以内部的表扬和批评为参照，往往会“一朝被批评，十年谨慎行”。“外脑”以外部的成功经验与失败教训为参照，眼界更开阔，所以容易突破内部的旧框框。

3. **内脑**

企业内部的各级员工中有不少人确实有真知灼见，而且提出的问题解决方案对企业自身有很强的针对性，所以，要充分发挥内部员工在挖掘问题和解决问题中的作用，这也称为发挥“内脑”作用。

发挥“内脑”作用的具体方法包括经济激励法、精神鼓励法，以及合理化建议、群策群力、劳动竞赛等专项方法。

“内脑”和“外脑”当然是各有所长，各自的优缺点如表4-1所示。常年顾问、独立董事可以在一定程度上同时避免“外脑”和“内脑”的缺点，所以是一种内外兼顾的模式，企业在积极利用“内脑”和“外脑”的同时，很有必要设立常年顾问或独立董事，让他们同时发挥“内脑”和“外脑”的优点。

表 4-1 “外脑”与“内脑”在问题管理中优缺点比较

	优点	缺点
外脑	1. 相对中立，受企业内部矛盾干扰较少 2. 知识和经验的专业性和互补性强 3. 更容易得到企业不同方面的充分配合 4. 不受公司习惯约束，容易创新	1. 对公司的特殊性了解不足 2. 分析企业业务与运作的深入程度有限 3. 成本相对较高
内脑	1. 熟悉企业的业务与运作，了解企业的特殊问题和特殊需求 2. 发现问题和提出解决方案的时间较短 3. 成本相对较低	1. 难以摆脱公司利益体系的约束 2. 受公司传统和个人思维定势制约较多 3. 知识和经验的局限性较强 4. 与别的公司的比较不够充分

四、抓大放小，突出关键

解决问题首先要识别假问题、界定真问题，但是，每个管理者面临的真问题也很多，如果不分轻重缓急地去解决，那一定会忙得晕头转向，所以，解决问题时必须抓大放小，也就是要在各种各样的问题中找到关键问题或突出问题，集中精力、集中资源去解决。

抓大放小也称为“抓牛鼻子”，也就是说要在各种各样的问题中找到关键的、要害的问题，集中精力和资源去解决。

抓大放小解决问题一般有两种应用思路。①在一家企业（或一个项目、部门等）的多个问题中抓关键的问题。②对同一问题从多个方面或多个角度分析，抓关键的方面或角度；根据“抓主要矛盾和矛盾的主要方面”的原理和说法，“抓大放小”也可称为“抓关键问题和问题的关键方面”。

企业经常会按部门或按职能对问题分类，如人力资源问题、财务问题、营销问题、生产问题、技术问题等，这样对问题分类往往会掩盖问题的内在联系和交叉性，不利于跨部门、跨专业解决问题。为了弥补这一缺陷，问题管理中常用下列三种方法来评估和解决关键问题。

（一）按问题严重程度识别关键问题

按照问题的严重程度，把问题分为表 4-2 中的四类。

表 4-2 按问题的严重程度对问题分类

分类	含义	举例
难以解决的问题	现阶段难以解决或本行业普遍存在、本企业难以解决的问题	以房地产、基建、建筑为客户的多数企业面临需求不足、成本上升的问题，现阶段难以直接解决，需要业务转型
关键问题（突出问题）	处于问题因果关系的上游，对其他问题有影响或加剧作用的问题	某企业的主业是为国外品牌 OEM 加工，所以没有定价自主权、产品附加值低、研发能力弱、市场上知名度也低。该企业没有自主品牌属于关键问题
显性问题	员工或客户反映多、批评多，也带来明显负面效应的问题	某企业内部餐厅饭菜不好吃，价格与市场价接近，员工们抱怨比较多
隐性问题	尚未显露，或初步显露，但被人们忽视的问题	在住房供不应求时代，住房预售制度起到了快速扩大供给的作用，2018 年起住房供求关系逐步逆转，预售制度本该取消但没有取消，使保交楼成为突出问题，也加剧了众多房地产企业资金链断裂的风险

对于关键问题或突出问题，需要企业高层领导足够重视、下大决心，并反复研究、群策群力，组织精兵强将去重点攻关。对于显性问题，可按分工和职责权限分头解决。对于隐性问题，应当用挖掘问题的方法，使其暴露出来，再评估其属性和特征，采取相应的办法解决。

对于难以解决的问题，管理人员或员工经常走入误区，很多人经常盯着难以解决的问题焦虑和纠结不已，结果是陷入发牢骚、抱怨别人、抱怨社会的误区，浪费了宝贵的时间和精力。问题管理中强调，不要盯着难以解决的问题空发牢骚，总是有些问题可改进、可解决，可发挥你的聪明才智，并赢得上司的赏识。

【案例】从食堂泔水桶里挖掘问题

1964年夏天，刚满22岁的渡边捷昭从日本庆应义塾大学经济系毕业，收到了丰田汽车公司的一封入职邀请函。当时丰田公司还不算什么大公司，但渡边毫不犹豫就接受了这份邀请，因为丰田的总部就在自己的家乡爱知县。

刚进入丰田时，渡边捷昭并没有受到重用，当时的丰田正处于上升期：产量突破百万大关、汽车开始进军欧洲市场，甚至中国都已经开始进口皇冠汽车。但这些似乎都与渡边捷昭无关，他的第一份工作是在人力资源部，但不是做招聘、绩效、薪酬等人力资源的经典工作，而是在员工自助餐厅做管理员。这个工作很多人看不上眼。不过，渡边捷昭并没有抱怨，他从别人不屑一顾的剩饭、剩菜中看到了机遇。

渡边捷昭一方面观察员工们倒入泔水桶中的剩饭、剩菜有哪些，各占多少比例；另一方面，去调查了各种蔬菜和食品的价格，调查了员工们对各种饭菜的喜欢程度和满意程度，以此为依据，请营养专家和厨师对员工配餐进行调整，取消了员工不喜欢的饭菜，增加了员工喜欢的，调整中充分考虑成本因素。

就这样，员工食堂扭亏为盈，渡边捷昭因此得到当时总裁奥田硕的赏识。

此后，他在公司的销售、财务和制造部门都工作过，不管在什么岗位工作，他都主动挖掘问题、积极解决问题。41年后，62岁的渡边捷昭被任命为丰田公司的总裁。

渡边捷昭担任高层职位后，尤其注重控制成本，号称“成本杀手”，以“拧干毛巾里的最后一滴水”的方法，三年内将丰田的180个主要零部件成本降低了30%，每年节约成本27亿美元。

【案例启示】

与其对难以解决的问题空发牢骚，不如对力所能及的问题有所作为！

（二）用四分法界定问题的紧急和重要性

四分法是按照重要程度和紧急程度的高低，把问题分为表4-3中的四类，四类问题下面各举了两个问题实例。A类和B类属于关键问题，C类和D类不属于关键问题。

表 4-3　按四分法对问题分类

重要程度			
	高	B. 重要但不紧急的问题 1. 核心竞争力不足 2. 凝聚力不强或下降	A. 既重要又紧急的问题 1. 发生安全事故 2. 大客户需求下降
	低	D. 既不重要也不紧急的问题 1. 上级眼中下级应自行解决的问题 2. 假问题	C. 紧急但不重要的问题 1. 年会将至，对节目不熟练 2. 参加联谊会路上堵车
		低	高
		紧急程度	

对 A 类问题要尽快调动资源，全力解决。对 B 类问题也要重视，但不必急于求成，可以定期反复讨论、从容研究。C 类问题如不及时解决，也会有一定的负面影响，应通过加班、替代等方式解决，即使解决不了，损失也不大或只有局部的影响。

D 类中的假问题应当用挖掘问题的方法来识别，上级（上司）眼中下级（下属）应自行解决的问题有点像古人所说的“皇帝不急太监急”，下级认为的大问题可能是上级认为的小问题，这需要通过分级、分层界定关键问题来解决，上级认为的小问题应该授权下级解决。也就是说，“抓大放小”中的“放小”并不是对小问题放任自流，而是要在分级、分层界定关键问题的前提下，把上级认为的小问题授权给下级来解决。

（三）用四分法分类解决问题

在某公司，一位在业内资深、来公司一年的 C 先生找董事长谈待遇，董事长对他说：“你要向 A 同事学习，A 同事在公司工作的五年来任劳任怨，没有任何要求。而我今年主动给他加了薪，奖励给他部分股权。”

C 先生说：“董事长，我们公司主要有三类员工，第一类是像 A 这样您的老部下，第二类是像小王、小李这样新招来的员工。对于小王、小李来说，如果薪水达不到他们的要求，他们就不会来公司。而第三类是像我这样，愿意拿低于市场价的薪水，但同时需要公司对我们未来的分红比例或股权激励有明确的承诺。”

有效激励的前提是了解员工的需要和行为特征。根据员工的需要和行为特征对员工进行分类，有助于高效了解员工需要中的个性与共性，设计相应的激励方式。

随着时代的变迁，员工的经济条件、动机、需要和行为特征出现了多元化趋势，尤其是不同员工对当期薪酬要求和未来分配（含分红权和各种股权激励）期望两方面的区分越来越明显，上述事例中的三类员工反映的正是当期薪酬要求和未来分配期望差异。这三类员工在新时期的很多企业里都存在，传统激励理论未能很好地反映这些趋势和特征。传统激励理论主要是基于员工的性格特征进行分类、区分员工对激励的需求，还没有依据员工当期薪酬要求和未来分配期望对员工进行分类。

为了使上述问题更具有普遍性，基于当期薪酬要求和未来分配期望两维指标，把所有的员工分为四类，如图4-4所示。上述案例中的三类员工是图中普遍类型中的A、B、C三类，第四类虽然在案例公司中没有出现，但在某些企业中是存在的。

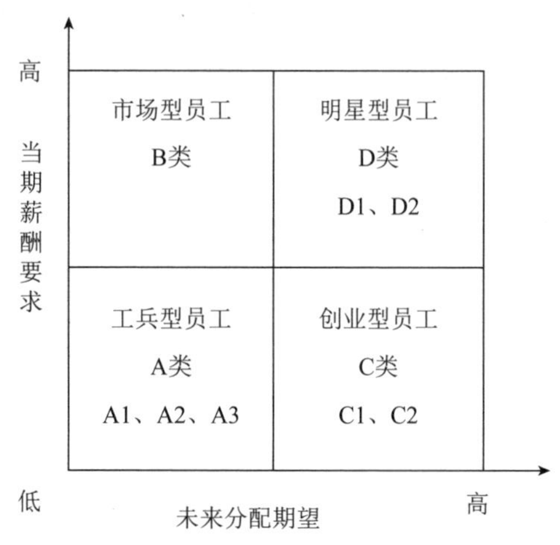

图4-4 基于当期薪酬要求和未来分配期望的四类员工

1. A类：工兵型员工

工兵型员工不仅对当期薪酬要求低，而且对未来分配期望也不高。工兵型员工可以进一步分为三种，具体如下。

（A1）企业高层领导人的亲属、老乡或老部下。这类员工任劳任怨，不计较得失，一般在企业的工作时间较长，忠诚度高。

（A2）家庭经济条件好，对收入不在乎的员工。这一类员工不把工作当作谋生的手段，而是当作接触社会、融入社会、寻求体面生活方式的手段。

（A3）其他的安分守己、不想拼搏进取的员工。

2. B 类：市场型员工

市场型员工对当期薪酬要求高，对未来分配期望不高。对当期薪酬要求高，不是指显著的、绝对数额的高薪，而是薪酬与自己的资历和能力相适应，企业如果给其薪酬低于他们在人才市场上的薪酬行情，他们就不接受，也不会进入该企业。如果是已经进入该企业的员工，经过一段时间积累，薪酬增长明显慢于其能力和资历的提高，他们也不能接受，一般会选择离职。

3. C 类：创业型员工

创业型员工对当期薪酬要求低，对未来分配期望高。这里所说的创业型，不是指员工独自创业，也不是指边打工、边创业，两头兼顾，而是指以创业的心态打工，工作积极性、主动性像自主创业工作一样。此类员工的技术或业务能力强，有进取心，也有创业动机，是公司的骨干人才。

创业型员工的来源有以下两种。

（C1）进入企业初期是市场型员工，后来在公司高层感召、动员或某种机缘触动下，不再计较当期的薪酬，而着眼于未来的分红权和股权等长期激励因素，从而转化为创业型员工。

（C2）从进入该企业开始，就是主要看中了在工作中创业的机会，所以，一开始就对当期薪酬要求不高（相对于自己的能力和资历），但对未来分配期望高。

4. D 类：明星型员工

明星型员工不仅对当期薪酬要求高，而且对未来分配期望也高。例如，知名职业经理人唐骏，在先后进入盛大网络公司和新华都公司时，两次都是对薪酬和股权有“双高”的要求。唐骏是极端的例子，大多数明星型员工对当期薪酬和未来分配的要求没有唐骏那么高，但相对于普通员工来说，仍然是“双高”型的。这类员工占全部员工的比例很低，但从全国的总人数来说，也不算少。

明星型员工也可以进一步分为以下两种。

（D1）本企业内的明星员工或高管。

（D2）行业内的明星经理人，甚至是全国都知名的明星经理人。

刚进入职场的很多大学生不仅对当期薪酬要求高，而且对未来分配期望也高。但是，明星型员工是以能力和资历为基础的“双高”要求，不是指个人不顾自己的能力和资历，片面的“双高”要求，所以，刚入职场的大学生即使有“双高”要求，也不归入明星型员工中。

现在，经常听到企业说员工难管，传统激励手段失灵。事实上，所谓“难管”和“传统激励手段失灵”，很大程度上是激励手段与员工类别的错位、不匹配，或者是对不同类型员工进行“一视同仁”式激励，有些管理者还把这美其名曰“激励制度面前，人人平等”！

为了解决这些问题，应该根据上述新时期的四类员工的特征进行有针对性的激励。各种针对性的激励方式概括反映在表4-4中，下面做进一步说明。

表4-4　四种类型员工的激励方式

当期薪酬要求高	市场型员工 1. 有竞争力的薪酬福利 2. 职业生涯规划与示范 3. 压担子，增加收入和培育能力一举两得	明星型员工 1. 有竞争力的薪酬福利 2. 分红和股权激励 3. 给其宣讲机会，让其多带徒弟
当期薪酬要求低	工兵型员工 1. 技能与新知识培训 2. 授权和参与管理 3. 按子类关爱、鼓励	创业型员工 1. 分红和股权激励 2. 扶持内部创业 3. 不同岗位轮岗，培育其复合能力
	未来分配期望低	未来分配期望高

一是工兵型员工的激励方式。

工兵型员工不会对领导提这个那个要求，领导对他们的工作态度是认可的，但是，这类员工的能力和进取心有所欠缺。所以，首先要对他们进行技能与新知识培训，对于培训中发现有潜力的部分员工，还应鼓舞他们的上进心，激发他们的成就动机。同时，由于这类员工大都是忠诚度高、可信的员工，所以可以在涉及资金、财产等方面的事项上给予他们更多的授权，多听取他们对企业的意见，对其生活或家庭事务给予适当的关怀，对其个人情绪和心理给予更多的关注。

进一步细化，还可以根据A1、A2、A3三个子类，进行有针对性的激励。例如，找机会给A1类员工一些红包；鼓励A2类员工在工作中学习技能、锻炼本领，把其自己家族的生意或事业发扬光大；给A3类员工参与“慢生活俱乐部”或“阳光心态交流会”之类活动的机会。

二是市场型员工的激励方式。

市场型员工有些是因为家庭经济条件不好，急于通过增加收入来改善生存状况，也有些是受部分企业唯利是图的风气影响，注重短期利益。这类员工中既有能力突出的，也有能力一般的。不管他们能力如何，企业都应该根据其人力资源的市场价值，给其有竞争力的薪酬和福利。同时，企业也要引导他们“心静思远”，协助他们从长计议，拟定职业生涯规划，找一些与他们能力和资历相适应的职场“示范人物”作榜样，促进市场型员工“长短兼顾”，更多地考虑长期能力的提升和个人长期价值的增值。

由于这类员工短期赚钱的积极性特别高，所以，也可以在他们的工作职责之外给予额外的任务，称为“压担子”，如果他们能够化压力为动力，则既可增加他们的短期收入、促进他们快速成长，也为企业创造了额外的效益。

三是创业型员工的激励方式。

创业型员工的业务或技术能力强，对自己充满信心，但是，可能还没有得到企业各阶层的普遍认可，处于“黑马”型员工阶段，属于“潜力股”。企业首先应该对他们的奉献精神（拿低于市场行情的工资）、个人发展前景给予肯定，并给他们制订分红或股权激励计划，从精神和经济两方面满足他们的成就感。对于产品或业务多元化的企业，还可以扶持他们内部创业，企业出资金、资源和支持体系，以他们为主，创办新业务，进行创业尝试，如初步成功，企业可以与他们合作设立子公司。

如果暂时不适合内部创业或独立创业，可以在企业缺人的部门让他们兼职或轮岗，这既利于企业灵活调配工作，也能增加他们复合型工作经验，有利于他们以后创业。

四是明星型员工的激励方式。

明星型员工的能力强、资源广，已经得到企业或行业的认可，是“白马”型员工，属于“蓝筹股”。企业如能引进明星型员工，能够促进企业快速迈上新台阶。如果企业的“黑马”型员工成长为明星型员工，企业设法留住他们，也对企业有利。因此，对于谋求转型升级的企业，或者是追求快速迈上新台阶的企业，应舍得给他们支付高薪、舍得给他们股权激励。同时，也可以让他们担任年轻员工的职业导师，让他们多带徒弟，给他们在企业内和媒体上宣讲个人成功经验机会，满足他们的精神需要。

当然，这类员工对企业也有两方面的负作用。

（1）企业普通员工容易受明星型员工言论或行为的影响，如果企业的战略目标不够稳定、企业文化不够强大，在明星型员工影响下，企业目标和文化可能会出现摇摆或游移。

（2）如果企业薪酬体系的公正性不够、奖惩结果不能让绝大多数员工心服口服，那么，基层的低薪员工会有抵触心理，甚至有的员工会这样想：“他（他们）拿这么高的薪水和股权，就让他们干活吧，我们工资很低，少干一些也心安理得！”

因此，在引进或任用明星型员工时，应根据企业自身的发展阶段和需要，充分评估下列三个问题。是否应该引进明星型员工？引进小明星，还是大明星？是否应该满足明星型员工的全部要求？然后再权衡利弊，做出决策。

总之，按照当期薪酬要求和未来分配期望，把企业员工划分为工兵型、市场型、创业型和明星型四大类和若干子类，根据他们的需要和行为特征，进行有针对性的激励，有助于化解当前企业中“员工难管”“激励失灵”“人员流动率偏高”等问题。

（四）把例外问题作为关键问题，让例外问题不再例外

汉代有一位名叫丙吉的宰相，有一次他外出巡视，遇到一宗杀人的事件，他没有理会。后来看见一头牛在路边不断地喘气，他立即停下来，刨根究底，仔细询问。随从的人觉得很奇怪，问为什么人命关天的事情他不理会，却如此关心牛的喘气。丙吉说，杀人的事自有地方官吏按常规程序处理，不必我去过问；而牛喘气属于例外问题，可能是发生了牛瘟或者是其他的有关民生疾苦的问题，这些事情地方官吏往往不太注意，因此我要查问清楚。

按照问题出现的频率，可以把问题分为常规问题和例外问题两类。常规问题是本企业反复发生或发生次数较多的问题，企业对这类问题已经有处理流程和应对措施。例外问题是本企业没有发生过或很少发生的问题，解决例外问题的措施有以下两种。

（1）本企业的例外问题，可能是领先企业或早期企业已经遇到过的问题，查阅资料文献，或向资深专业人士咨询，借鉴别的企业的有效经验是解决本企业例外问题的捷径。

（2）如果本企业的问题特殊，无法套用别的企业经验，或者因种种原因得不到外部的经验，那么只能亲自研究解决方案，或者组织动员企业内部资源来解决问题。

管理者应当把常规问题授权给下属解决，把例外问题作为关键问题，投入更多的时间和资源来解决。更重要的是，要总结经验、发现规律，把例外问题常规化，使以后遇到类似问题时有章可循、不再是例外问题。

五、治本与治标

（一）扬汤止沸，不如釜底抽薪

“扬汤止沸，不如釜底抽薪”的本意是：水烧开后舀起来再浇下去虽然能

够让沸腾的程度减小一些，但不如把锅下面的柴火拿走更为有效。

扬汤止沸意味着解决表面问题，或临时性解决问题，是通常所说的“治标”；釜底抽薪意味着解决根本问题，或对问题进行彻底解决，是通常所说的“治本”。“治标”不如“治本”，止于假解决，不如真解决，与其解决表面问题，还不如解决根本问题。

【案例】太空笔与铅笔

有一则美国宇航员在太空中写字用什么笔的故事广泛流传，故事是这样的。

宇航员在太空中经常需要写字，但由于失重，宇航员们平时习惯所用的水笔中的墨水流不出来或流出不畅，所以，在太空中无法用水笔写字。美国人为了解决这一问题，花费数百万美元，制出一种笔杆充压的圆珠笔，在失重的状态下，笔杆末端的压力装置能将油墨压向笔珠，保证笔尖书写流畅。

这种太空笔一时间成了美国高科技的象征，除了宇航员在太空中使用外，还成为参议员和高官们赠送高贵客人的礼品。后来，美国太空总署听说苏联的宇航员使用的笔与美国不同，便派情报人员全力侦察，最后终于搞清楚了。原来苏联宇航员在太空中用的是最普通的铅笔，铅笔只要有摩擦力就可以顺利书写，即使在失重状态下也书写正常。

但是，使用铅笔真的是解决太空中写字问题的好办法吗？

不！用铅笔只是对太空中写字问题的“假解决”，而不是“真解决”！事实真相是这样的。

美国在早期的航天活动（水星计划和双子星计划）中，宇航员都是使用铅笔，但铅笔并不是理想的太空用笔。1967 年，美国飞梭太空笔制造公司自筹 200 多万美元成功开发出供宇航员在太空使用的 AG7 型太空笔，并在阿波罗计划中得到应用。太空笔把笔芯密封起来，内有氮气，在太空中靠气体压力代替地球上的重力将油墨推向笔尖。

这种太空笔不漏油、不挥发，可以倒着写，可在任何表面书写（水泥路面、石头、砂轮、钢铁等），也可在零下 60 摄氏度到零上 200 摄氏度的环境中书写自如。笔尖以斜切承座滚珠笔腔精密配合超硬炭化钨笔珠（经 27 道工序制成）形成，不用担心脱落。由于太空笔性能非常好，被各国宇航员所广泛采用，也被用于登山、潜水、极地考察探险等特殊环境中。太空笔也为飞梭太空笔制造公司带来巨大的经济利益，此后相当长的时间里，年盈利都在800万美元以上。

我国的神舟六号上用的也是太空笔，费俊龙和聂海胜在神舟六号里经常边记日记，边让手中的笔失重飘浮，享受太空旅行的乐趣。据中国航天员中心有关人士介绍，这支特殊的笔造价在1000元左右。

为什么太空飞机中用铅笔不好呢？因为在太空飞行，最怕产生乱七八糟的垃圾，铅笔削下来的木屑会在失重的环境中长期漂浮，即使使用弹力式铅笔，也有写的过程中摩擦下来的粉末，而且铅笔笔尖也容易折断产生小垃圾。这些碎屑或粉末容易飘进宇航员的鼻子、眼睛中，也容易飘进电器中引起短路。同时，铅笔的笔芯和木头在纯氧的环境中容易燃烧，非常危险。

铅笔虽然也能解决太空中写字的问题，但仅仅是属于临时性应急措施，太空笔虽然花费颇多，但却是对问题的根本解决。

（二）治标不如治本，但总比不治好

解决问题要尽可能解决根本问题，“治本”与“治标”相比，毫无疑问应该首选“治本”，不能在问题有一点点缓解时就沾沾自喜，更不能让“治标”的成果冲昏了头脑。

但是，把“治标”全盘否定，一味强调“治本”也是错误的。

> 扬汤止沸，不如釜底抽薪；止于假解决，不如真解决！“治本”固然是令人满意的，但根本问题暂时难以解决时，“治标”也是值得肯定的。

在企业员工对高层管理人员的抱怨声中，在有些专家、学者批评从事实际管理人员的决策或管理措施时，经常听到下列说法：

“这一措施治标不治本，没什么用！”

“这种改革不解决根本问题，还不如不改！”

“你们公司没有核心竞争力，这些小修小补不起什么作用！”

“没有树立不可超越的竞争优势！”

……

这些说法往往是忽视了客观条件和特定的环境，过分强调“治本”，是不切实际的。

在本章开头讲到的香皂空盒子问题中，暂时无法根本解决这一问题，只能采取“治标”措施，先进的自动检测设备和简单的电风扇都是临时性、应急性的“治标”措施。当然，治标措施也有优劣之分，作为临时性措施，电风扇显得更为简单而有效。

在太空笔和铅笔的案例中，太空笔研发成功之前，采用铅笔也是一种必要的“治标”措施。当然，在采用治标措施的同时，不能忘记了继续寻找“治本”的措施。

总之，“治本”固然是令人满意的，也是需要坚持不懈追求的，但根本问题暂时难以解决时，“治标”也是值得肯定的。大事化小，小事化了，能解决到什么程度尽量解决到什么程度，这也是一种负责的态度。再进一步说，即使没有解决任何问题，也比有些人故意制造问题要好一些。总结一下，也就是：

（1）治本总比治标好；

（2）治标总比不治好；

（3）不治总比捣乱好。

这就是问题管理中的“总比定律”。

六、针对性与权变性

横看成岭侧成峰，远近高低各不同！问题千差万别、千变万化，即使同一个问题，也有不同的解读。

区分不同情况，对问题进行针对性界定、挖掘，根据问题的不同属性，权变性地提出相应的对策，才能切合解决问题的需要。

对问题分析、问题界定和问题解决影响最大的因素是问题涉及的对象、阶段、层次、角度四个方面，如图 4-5 所示。

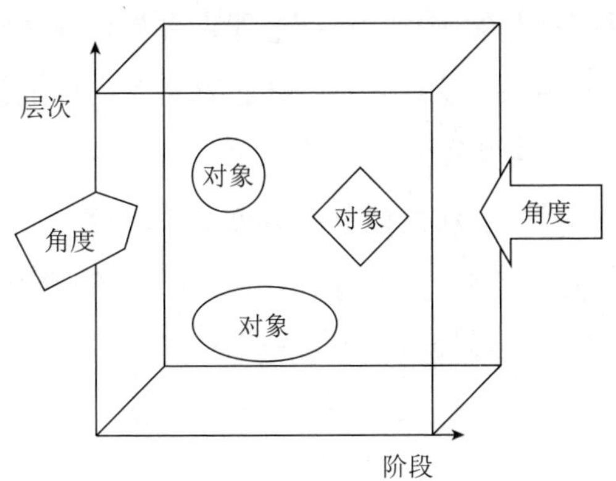

图 4-5　针对性与权变性的四个方面

（一）对象

当管理的对象有明显差异时，面临的问题也有差异，相应地需要不同的解决方案。正所谓“到什么山，唱什么歌！”不仅对员工个人要考虑年龄、家庭背景、兴趣爱好等差异，对企业整体也要考虑对象的差异。

有的企业因绩效考核指标太烦琐、考核太严格，约束了创造性，所以需要走出“绩效主义”的牢笼；有的企业则因考核欠缺，“干多干少一个样、干好干坏一个样”，制约了员工积极性、创造性的发挥，所以需要量化、细化考核指标，加强绩效考核。

大企业和小企业的特征明显不同，常言道：“船小好掉头、船大好顶风”。大企业官僚主义严重，但能经得起风雨，信誉好，容易赢得客户认可；小企业给人以不可靠的感觉，但效率高，反应快，机制活，容易适应不同客户的多样性需求。因此，通常是：大企业渴望灵活，小企业渴望稳定。

索尼公司前常务董事天外伺郎写的《绩效主义毁了索尼》一文引起广泛关注，此文把索尼公司的衰落归咎于量化考核。

也有其他企业家指出，严格的招聘标准和其他管理制度抑制了创新，负作用显著。例如，红杉资本创始人瓦伦蒂曾经说：人力资源经理是科技公司的毁灭者，科技公司最不需要的是人力资源经理，他们制定的条条框框抑制了创新。瓦伦蒂讲了惠普的例子，沃兹尼亚克去惠普公司应聘时，遭到惠普公司人力资源经理的拒绝，认为其不符合惠普员工的标准。随后，沃兹尼亚克和乔布斯联合创办了苹果公司。

综合其他因素分析，上述批评有一定道理，但是，不应否定量化考核和规范管理的基本功能，关键是考核方式、管理制度要与企业特征、员工的特征及企业的目标相匹配。另外，精细化管理是必要的，但要防范精细化管理演变为“简单的事情复杂化”，参见第三章第五部分。

（二）阶段

有一句这样的名言：“管理理论就是要让企业在不优秀时，就像优秀企业一样思考。”于是，刚学了一些管理知识的人也像管理理论家一样，经常拿成熟企业的管理经验和管理理论来指导创业企业和中小企业。

创业企业遇到这样的专家、受到这样的指导时，往往会摇摇头说“不切合实际”“不了解企业的情况”，甚至会说“站着说话不腰疼”等难听的话。

事实上，这并不是管理理论的错，也不是成熟经验的错，而是企业所处的阶段不同，管理问题的性质和特征大相径庭，所需的管理方法也有天壤之别。

企业的发展阶段一般划分为创业阶段、成长阶段、成熟阶段、转型阶段、衰落阶段（或复兴阶段）五个明显的阶段，如图 4-6 所示。

创业阶段是所有企业首先要经受考验和折磨的特殊阶段。能够走出创业阶段的企业不到 10%，90% 未走出创业阶段的企业并不都是走向死亡，有些企业长期处于创业阶段，但也有相当多的企业在创业阶段就“出师未捷身先死，长使英雄泪满襟”！

处于创业阶段的管理者总是有太多的激情和太多的失落，只有在战略定位、合伙人与股权、商业模式与业务拓展三方面不犯大的错误、不出大的问题，并且以屡败屡战精神有效执行，才有可能进入成长阶段。还有，如果运气不好，即使没犯什么错误，也有可能在创业阶段就夭折。

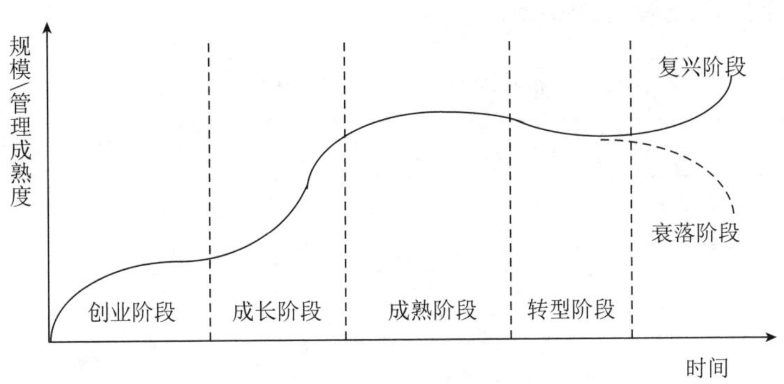

图 4-6　企业阶段示意图

成长阶段的特征用一个字概括就是“快”，不只是业务增长快，而且管理变化快，经常是计划赶不上变化，由于发展快也导致乱象丛生，往往给人以一团混乱的感觉。企业在快速发展阶段的问题并不比其他阶段少，而且往往是问题更多。看不清企业发展主流的员工，甚至可能因接受不了企业变来变去，或者因看不惯企业问题重重而愤然离开。

一旦进入了成熟阶段，企业看起来有点像政府，会议越来越频繁，部门越来越多，办事效率却越来越低，一个方案和文件在各部门转来转去好几天都不知道会有什么结果，一个提案讨论来讨论去不知道如何决策，有些事情说了一次又一次就是没有人执行，尤其是会出现“有些人没事干，有些事没人干”的现象。这也被称为“大企业病”。应对“大企业病”的有效措施是内部创业、问题管理驱动创新创业。国内也有一些大企业借助“搞运动”方式应对“大企业病”，并取得了良好的效果，但是，“搞运动”的过程和程度如果把握不好，可能会负作用大于正作用。

“人无千日好，花无百日红。”企业在成熟阶段经历过一段时间后，通常会有所衰落，尤其是如果遇到竞争激烈或市场萎缩，企业就会严重衰落。因此，转型阶段也有二次创业之称。如果二次创业成功，企业可以进入新一轮的成长阶段，或者称之为复兴阶段；如果转型不成功，就需要采取壮士断腕等危机管理措施。

企业在不同阶段面临的关键问题和潜在问题截然不同（见表4-5），相应地应采取的解决方案也应该不同。

表4-5 企业不同阶段的关键问题和潜在问题

	关键问题	潜在问题
创业阶段	现金流不连续、客户开发成本高、产品或服务缺陷多、人才缺乏、团队成员合作不愉快、决策左右摇摆	• 业务方向和定位如何 • 哪些业务是值得花大力气培育和开发的
成长阶段	业务头绪多、管理事务繁杂，管理者忙"救火"，管理方法和人才难以适应需要，计划赶不上变化，员工不理解公司决策	• 如何从人治向法治过渡 • 如何处理突发事件
成熟阶段	官僚主义盛行、成本刚性上升、员工发展空间狭小、派系矛盾、内部沟通障碍多、分支机构各自为政	• 利润增长能否持续 • 创新活力如何保持
转型阶段	市场萎缩、原有业务销售额下降、企业理念和企业文化形同虚设、关键人才流失、决策分歧大	• 如何给企业重新定位 • 需要放弃和大力培养的业务各是什么
衰落阶段	资金周转困难、入不敷出、士气低落、形式主义严重	• 究竟能否东山再起 • 是重组、出售资产，还是破产

上面所说的阶段是企业整体发展的"大阶段"，在平时的问题分析中，也受到一些"小阶段"的影响。

（三）层次

1. 职位层次或管理层次

对同一问题，企业的高层、中层和基层人员可能有不同的认识。在同一个部门，或者是母公司、子公司、孙公司的不同的层次，也会出现不同层次的不同看法。

2020年10月，华为创始人任正非签发《关于智能汽车部件业务管理的决议》，这份文件除了再次强调华为不造整车的战略路线之外，还强调华为的

LOGO不允许出现在整车宣传和外观上。

业内人士分析，这份文件为华为智能汽车事业部再次明确了发展方向。此前，华为智能汽车事业部CEO余承东认为，华为只有直接造车，依托汽车终端市场，才能让超过百亿级别的研发投入实现回收。然而，余承东的直接造车计划被华为董事会否决。

直接造车的路走不通，余承东另辟蹊径，开拓出了智选车合作模式。在这一模式下，华为将深度参与汽车参数指标的设计，合作厂商负责生产。余承东开拓出的智选车合作模式曾经得到华为高层的默许，2022年问界汽车的销量达到7.5万辆。2023年问界汽车销量明显下降，余承东选择以华为的品牌影响力作为卖点提升销量。

在这样的情况下，华为高层果断出台文件明确汽车事业部的发展方向，防止出现方向偏离的情况。

分析这一案例可以看出，在华为智能汽车事业部层次（立场），余承东的决策是有理有据的，而在华为董事会层次（立场），再次明确发展方向，避免方向篇离的做法也是有理有据的。

2. 问题的逻辑层次

从问题的逻辑层次来说，深层问题与表层问题不同，问题的因果关系层次不同。

表层问题也可称为直接问题，例如，团队凝聚力强不强，产品销售是否增长，利润率是否增长，技术和设备是否先进，等等。

这些问题进一步分析，可能是由于深层问题导致的，例如，目标是什么，定位是什么，模式怎样，核心能力是什么，等等。

分析问题可以借助“三层次法”，也就是说通过由总到分、由粗到细的三个层次。详见第三章第四部分。

（四）角度

对于同一个问题，从不同角度解读或界定，会形成不同的看法和结论。反映这一道理的经典故事是“盲人摸象”。

摸到大象鼻子的盲人说：大象像一根管子。

摸到大象耳朵的盲人说：大象像一把扇子。

摸到大象尾巴的盲人说：大象像一条蛇。

摸到大象牙齿的盲人说：大象像一支矛。

摸到大象腿的盲人说：大象像一根柱子。

摸到大象身体的盲人说：大象像一堵墙。

鲁迅也曾说，从《红楼梦》中，经学家看见《易》，道学家看见淫，才子看见缠绵，革命家看见排满，流言家看见宫闱秘事。

面对问题，有人望而却步，有人勇往直前，有人迂回穿行。这往往是因为人们看问题的角度不同。

角度的差异来自多种原因，有的是由于身份、地位或岗位不同，相应地看问题的角度不同，这就是人们经常说的“屁股决定脑袋”“吃哪家饭说哪家话”；有的是由于价值观不同，相应地看问题的角度不同；也有的是人们为达到不同的目的而故意从不同的角度看问题；还有的只是由于心态、心情和兴致所致，引起了看问题的角度不同。

换个角度看问题，有时甚至会有完全相反的观点或结论，如表 4-6 所示。

表 4-6 正反都有理

正面说法	负面说法
• 自古英雄出少年	• 嘴上没毛，办事不牢
• 忠臣不事二主，好马不配二鞍 • 君让臣死，臣不得不死	• 君不正臣投外国，父不正子奔他乡 • 良臣择主而事，良鸟择木而栖
• 书中自有颜如玉，书中自有黄金屋 • 开卷有益	• 文章满纸书生累，人生识字忧患始 • 读书无用
• 人是企业最宝贵的资产和资源，我们要保持团队稳定，减少流失率	• 人才流动可使团队进化，我们要坚持末位淘汰制，保持较高流动率
• 他做事果断，有胆有识，应该委以重任	• 他经常考虑不周，决策草率，办事不够成熟，不可重用
……	……

七、创造性解决问题

解决问题可以按照一定的程序或步骤，或者根据问题的特征，按照一定的规律选择相应的方法，但是，有时候，现成的程序、已有的规律都难以满意地解决问题，这就需要创造性解决问题。

要进行创造性解决问题，需要突破习惯障碍，打破常规和经验束缚，并用时间创新、空间创新、理念或概念创新等创新模式来寻找创造性解决问题的对策和方案。

（一）突破习惯障碍

习惯的威力非常强大！积极的、好的习惯能够给人以无穷的力量，给企业源源不断的解决问题的动力。消极的、不良的习惯不仅让人坐失机会、阻碍个人能力和素养提高，而且成为企业解决问题的障碍，甚至酿成事故。

习惯的威力比法律、制度的威力还要大！例如，行人是否按红绿灯过十字路口，很大程度上取决于习惯。例如，印度在 1948 年就已经立法废除了种姓制度，但受习惯影响，种姓制度至今仍在政治、社会、风俗等各方面发挥着重要作用。

很多企业为了建设企业文化，设计了激动人心的或语重心长的标语和口号，但是企业文化有没有形成、形成的企业文化究竟是怎样的，不能只看标语和口号，而要看员工的行为习惯。

由于长期形成的习惯，许多人对问题熟视无睹、视而不见、习而不察；由于长期形成的习惯，本来可以采纳的建议或方案，但许多人习惯性地说“那怎么能行？！”习惯障碍是解决问题的最大障碍。

正因为如此，问题管理倡导在随时随地挖掘问题、积极思考和研究问题的同时，更要冲破习惯束缚、突破习惯障碍，提出解决问题的建议或方案。

【案例】女厕所排队问题怎么解决

每逢国庆黄金周等重大节假日期间，经常会出现人山人海出行的壮观景象。这种情况下，上厕所排队在所难免，尤其突出的问题是女厕所排队很长、男厕所不用排队或排队较短。

这一问题不只出现在旅游景点，也出现在大型活动、论坛或培训会场的中间休息时段。有一次我给企业作培训，中间休息时，也遇到女厕所排队很长、男厕所不用排队的现象。为了引导学员们随时随地挖掘问题、思考问题，我在休息结束后上课时请学员们现场思考并回答这个问题：如何解决“女厕所排队很长、男厕所不用排队”的问题？

有的学员回答说：“在设计男、女厕所时，应该让女厕所的厕位多于男厕所。”

我点评说：“这一思路当然是可行的，2010 年上海世博会时，世博会园区内提供了 8000 个厕位，女厕位与男厕位的比例是按 2.5 : 1 设计的。”

我又问：“还有什么别的办法吗？”学员们没有回答了。

于是我提示说：“另一种办法是厕所不用分男女！”

有些学员马上说：“那怎么能行？！”

我说：“那怎么不行？飞机上、火车上的厕所不是也不分男女吗？虽然厕所不分男女有利有弊，不一定每个地方的厕所都不分男女，但是，不要受习惯约束，认为原来厕所分男女的地方，一定就不能不分男女，更不要一听到与以前做法不一致的建议，就习惯性地说‘那怎么能行？！’”

“那怎么能行”是习惯障碍在管理实践中最常见的表现之一。无论是领导者，还是普通员工，在听到或看到别人的建议、对策或方案时，不要很快就说“那怎么能行”？而要分析为什么不行，不行背后的原因是什么？类似的建议、对策或方案在别的单位为什么能行？通过研究这几个问题，可以判断真的不行，还是假的不行？不行的障碍在于决心和态度，还是在于技术和操作？

（二）空间创新

用立交桥或高架路解决地面十字路口交通拥堵问题、用分布式物流中心替代单一物流中心解决企业配送不方便问题、用区域事业部解决企业的总部与分部关系问题……这些都属于用空间创新来解决问题。

美国加州圣地亚哥市的柯特大饭店曾经在电梯改造中遇到必须停止营业的问题。“除了关闭饭店半年就没有别的办法了吗？”老板的眉头皱得很紧，“要知道，那样会造成很大的经济损失……”

“必须要这样，不可能有别的方案。”建筑师和工程师们坚持说。

就在这时候，饭店里的清洁工刚好在附近拖地，听到了他们的谈话。他马上直起腰，停止了工作。他望望忧心忡忡、神色犹豫的老板和那两位一脸自信的专家，突然开口说：“如果换上我，你们知道我会怎么来装这个电梯吗？”

工程师瞄了他一眼，不屑地说：“你能怎么做？”

“我会直接在屋子外面装上电梯。”

工程师和建筑师听了，顿时诧异得说不出话来。

很快，这家饭店就在屋外装设了一部新电梯。据说这是建设史上第一次把电梯安装在室外。

（三）时间创新

英语中有句谚语：“时间是最好的医生。”管理中也可以灵活应用时间来解决问题。例如，在快递、快速消费品需求日益庞大的当今时代，通过时间创新，在“慢”中也能找到不少商机。近几年已经有多家慢递公司开业，“慢生活”相关的服务和产品也正在兴起。

美国的一起诉讼案更能说明时间创新的意义。康妮小姐被美国“全国汽车公司”制造的一辆卡车撞倒，导致截了四肢。康妮说不清楚是自己在冰上滑倒摔入车下，还是被卡车卷入车下。公司的律师马格雷通过巧妙利用证据，使康妮败诉。

詹妮芙律师接到康妮的求援后，通过大量调查掌握了该汽车公司的制动系统有问题的确凿证据，并找马格雷，要求公司给康妮赔偿 200 万美元。

老奸巨猾的马格雷说：“好吧，不过，我明天要去伦敦，一个星期回来后，我们研究一下，与你们商谈赔偿问题。”

一个星期后马格雷却没有露面，詹妮芙怒气冲冲地给马格雷打电话，马格雷在电话中得意洋洋地说："小姐，诉讼时效今天过期了！"

詹妮芙急中生智，把起诉地点从纽约改在夏威夷，赢得了至关重要的几个小时。她以雄辩的事实、催人泪下的语言，最终使法院判决康妮胜诉，"全国汽车公司"赔偿康妮600万美元！

（四）理念或概念创新

农夫请数学家、物理学家和哲学家用同一堆篱笆各自围出最大的面积。数学家用全部篱笆在地上围了一个圆，物理学家将篱笆拉成木纤维准备绕地球一圈，哲学家用很少的篱笆把自己围起来，然后说：我现在是在"外面"，"里面"围出来的面积无限大！

把习惯上所称的"外面"重新定义为"里面"，结果就大不一样了。一些企业通过对企业使命、客户、产品的重新定义，打开了新的业务领域，与此有异曲同工之妙。

也有的企业通过对"员工""老板"的重新定义，创新了理念、调动了员工的积极性。一般来说，公司的大股东是老板、资方，员工是受雇佣者、劳方，这难免让员工感觉到隔阂或对立。于是，一些企业在理念和概念上进行创新，星巴克咖啡等公司把员工不当作雇员，而当作伙伴。美国晨星公司强调"员工人人都是老板、没有管理者"，并让员工自己采购设备、自己定工资，极大地调动了员工的积极性，实现了连续20年销量、收入和利润的两位数增长，而公司所在的番茄加工行业年均增速只有1%！

（五）扩展或发散创新

应用发散性思维，可以把问题或措施扩展到相关的，甚至不相关的事物上，起到创造性解决问题的作用。发酵粉本来是给面粉发酵用的，但后来扩展用于冰箱除异味、卫生间除异味。有些药也是通过由一种用途扩展到别的用途成为新药。不少管理经验也由一个部门扩展到别的部门（如精益生产扩展为精益管理），或由一家企业扩展到别的企业，尤其是扩展到不同行业的单位后成为管理创新的典范。

“红砖有什么用途？”对于这一问题，很多人的回答是：盖房子、铺路面、修围墙、筑堤坝、修烟囱等，但这都局限在建筑材料上。如果把用途扩展到其他类别的用途，就会发现，红砖还可以用来砸钉子、垫桌脚、压东西、打狗、画线、磨红粉、锻炼身体……有“思维魔王”之称的许国泰用类似的发散性思维讲出了曲别针的数千种用途。可见，通过扩展用途或发散性思维进行创新，具有无穷的潜力。

（六）化危机与机遇

危机来临后，既不要被危机吓倒，也不要被常规的危机管理套路限制了思路，而要想着化“危”为“机”。

一般的企业如果遭到人们的批判，或者发生危机，总是愿意大事化小、小事化了，甚至尽力遮掩。但是，1999 年 8 月现代城决策层在销售高层和 23 名核心销售人员集体跳槽危机中反其道而行，给媒体写了一封公开信。为了让公开信尽快见报，现代城决策层在北京几家有影响的报纸都买了半版的广告，第二天就把公开信以广告的形式发了出去。随后，中央电视台等其他媒体纷纷追踪报道或转载，大大促进了现代城的销售。

日本东洋人造丝公司曾经在生产中遇到难题，合成每根纱的 5 根线粗细总是纺不均匀，技术人员想尽办法也解决不了这一难题，大量不合格品直接影响公司的效益。后来，一个生产班长建议，既然 5 根线总是纺不均匀，何不生产一种表面粗糙的特色面料呢？公司采纳了他的建议，这种表面粗糙、质地柔软的新型面料投放市场后，很受顾客欢迎。

第五章 问题管理的特别工具

唐元和三年（公元808年）四月，在“贤良方正能直言极谏科”科举考试中，牛僧孺、皇甫湜和李宗闵三人抨击权贵，言辞激切，成绩优异。当时的考官吏部侍郎杨玉陵、吏部员外郎韦贯之主持正义，不仅录取了这三个人，而且还使他们名列前茅。宰相李吉甫对这几个考生怀恨在心，他打探到牛僧孺与主考官有亲戚关系，就向唐宪宗告状，说主考官徇私舞弊。唐宪宗派裴垍、白居易等六人复查。复查结论是维持原录取结果。

李吉甫和其他权贵不肯罢休，继续向皇帝进谗言。唐宪宗听信谗言，罢免了杨玉陵、韦贯之的官职，参加复查的官员基本上都受了处分。当时任左拾遗（谏官）的白居易虽然也参加复查，而且慷慨陈词为杨玉陵、韦贯之、裴垍等人辩护，还当面顶撞皇帝，但因为他是谏官而未受处分。

元和十年（公元815年），白居易任太子左赞善大夫时，宰相武元衡被平卢节度使李师道派出的刺客刺死，白居易率先上奏折为武元衡申冤，请求皇帝迅速拘捕李师道。当时由于他已不是谏官了，唐宪宗以“宫官非谏职，不当先谏官言事”为由，把白居易贬为江州司马。

一、首席问题官：来自古代谏官的启示

（一）古代谏官的职能、使命和特权

一般认为，谏官是对君主的过失直言规劝并使其改正的官吏。“谏”的

含义是以正直之言启悟别人。谏官之“谏”不是一般意义上的给各类人提意见，而是给君主提意见。当然，给君主提意见并不意味着只针对君主的过失，谏官的职能是及时发现君主和高级官员的不当行为，以及反响强烈的社会问题，并直接向君主提出意见或建议。谏官职能的重点是防止君主做出错误决策、纠正已经做出的错误决策。谏官的工作方式主要有两种，一种是“廷诤”，即在朝廷当面向君主进谏；另一种是“上封事”，即书面向君主提意见。

谏官制度是儒家“君权有限”政治思想的体现，谏官的使命之一是实现儒家的政治思想。中国古代以儒学作为君臣伦理纲常的主导思想，孔子及儒家思想固然不反对君主制度，但决不提倡和拥护无限君权。荀子说：“人主不公，人臣不忠也。”[①] 这说明儒家虽然倡导“忠君”，但并不是一味服从于君主的绝对权力，而是忠于君主代表的国家整体利益，如果君主个人犯的错误有损于国家整体利益，儒家也倡导官员进行“劝谏”。如果“劝谏”无效，则建议离开。孟子说：“君有过则谏，反复之而不听，则去。”[②]

古代谏官的另一个重要使命是弥补君主集权制的缺陷。君主制的显著特点是，将立法、司法和行政大权集于帝王一身。在这种体制之下，君主握有生杀予夺大权，可以超越法律约束，君主个人的过错可能会严重损害国家整体利益，或导致国家大政方针的倾斜。中国古代一直实行君主集权制，为了弥补这种体制的固有弊端，各朝代都采取了一系列措施，而谏官制度则是其中重要的一环。

在中国古代行政体制中，纳谏与进谏是君臣间的一种道德契约，君主用贤纳谏，臣子（不仅仅是谏官）尽忠进谏，构成了君道和臣道的基本要求。李绛曾经对唐宪宗说过两句极深刻的话：“自古纳谏昌，拒谏亡”“古帝王以纳谏为圣，拒谏为昏”。[③]

---

① 《荀子·王霸》，上海古籍出版社 2002 版。

② 《孟子·万章》（下），上海古籍出版社 2002 版。

③ 《新唐书卷 152·李绛传》，中华书局 2003 版。

尽管如此，因为古代君主有生杀予夺大权，所以谏官仍然是一个高风险的职业。为了鼓励谏官大胆直谏，谏官体制赋予了谏官充分的自主发言权。谏官讲错了也不要紧，具有“言者无罪”的特权，正所谓“谏言不咎，谏官不罪”。本章开头讲的白居易两次进谏的不同结果正是这一准则的体现。

我国的谏官源远流长，但在不同历史时期的职能及设置有较大的差异。早在周朝时就有“掌谏五恶”的保氏，秦汉时设散骑、谏议大夫、给事中诸官职，专司谏诤。谏官制度从秦汉到隋唐经历了由草设到完善的过程。唐代是谏官制度最成熟的时期，除典型的谏官谏议大夫外，在门下省和中书省也有众多谏官，而且出现了谏官的专门机构“谏院”，还对谏官设定了专门的“岗位职责”，以及相应的考核制度，谏官每月领取谏纸，按时呈送谏疏，否则为失职。①

宋代也重视谏官，谏官的职能进一步扩大，增加了对其他官员的监督职能。据宋史记载：凡朝廷缺失，大臣至百官任非其人，三省至百司事有违失，谏官皆得谏正。②不少研究者认为，宋朝开始，谏官由原来监督皇帝，逐渐变成了监督宰相，这导致了宋代及以后谏官制度的衰退。但是，虞云国认为，宋代由于有侍从与御史的加入，对君主起监督作用的官僚层面反而有扩大的倾向。③我认为这并不矛盾，虽然对君主的监督作用没有削弱，但由于承担谏议职能的官员增加，谏议职能演变为“人人负责、人人无责”的局面，谏官的作用和影响力也不像宋代之前那么突出。

谏官制度和谏官所做出的贡献对古代行政管理体系的自我完善发挥了极其重要的作用，对中国管理思想和传统文化也产生了深远的影响。

（二）古代谏官的启示：现代企业需要首席问题官

古代谏官主要是在行政管理体系中发挥作用，现代政治和行政体制权力

---

① 刁忠民，《关于北宋前期谏官制度的几个问题》，《中国史研究》2000年第4期。

② 《宋史·职官志》，中华书局1985版。

③ 虞云国，《宋代台谏制度研究》，上海社会科学院出版社2001版。

分散、多方制约，而且政府的部门分工精细，对高层官员和决策程序的监督环节、监督渠道众多，批评和反对力量也多元而强大，所以政府中已经没有必要再设谏官。而在现代企业中，民主和制约成分远不如政治和行政体系，中国的高成长企业为了体现决策效率，反而在强调集权和企业家权威。

在这一背景下，借鉴古代谏官，以及进谏、纳谏文化的精髓，建议企业设置问题管理类岗位，最高级别的岗位可称为首席问题官或首席问题管理官。

借鉴国外的“首席”系列职位，首席问题官英文可用 Chief Solution Officer，简称 CSO。之所以用 Solution（解决方案）而不用 Problem（问题）来表示问题，一方面是因为 Problem 可能会让人理解为首席问题官是制造问题的，而不是解决问题的。另一方面是，首席问题官虽然要花费大量的时间来挖掘和表达问题，但更重要的是研究和提出解决方案（Solution）。

集团型企业的子公司或规模较大的部门也可以设置问题管理类岗位，建议称为高级或中级问题管理师。企业基层也需要一些积极进谏的骨干员工，建议称为问题管理员。

问题管理类岗位不分管传统意义上“专业工作”（如运营、营销、财务、人力资源等），而是跨专业、跨部门地挖掘问题、研究问题、表达问题，并牵头制定解决方案。

> 首席问题官代表着一种积极进谏和纳谏的企业文化。

问题管理类岗位（尤其是首席问题官）代表着一种积极进谏和纳谏的企业文化，只要企业着力塑造这种文化即可，名称不一定叫“首席问题官”或“问题管理师”，也可以叫“进谏师”等其他名称，也不一定要作为专职岗位，以兼任方式也可。

培育进谏和纳谏文化，设置问题管理类岗位对中国企业有重要意义和作用，具体表现为以下几点。

（1）借助首席问题官的职位和作用，可以使企业领导人树立积极纳谏、从谏如流的形象，鼓励广大员工积极提意见和建议，这样既能调动员工的积极性，又能从中筛选真知灼见。

（2）中国企业受传统文化影响，一般员工都怕得罪上司，不愿意向上级提反对意见，这导致报喜不报忧现象比西方企业更加突出。借助问题管理类岗位可以在一定程度上解决这一问题，问题管理类岗位的职责就是挖掘问题和研究问题，如果他逃避问题，自己就失职了。

（3）一些领导和群众对专门挑刺（提反对意见）的人很反感，但是受几千年谏官制度的影响，人们对谏官及相似职能的专业人员的“挑刺”行为能够容忍和理解。

（4）很多问题是跨部门、跨专业的，把问题与部门对应起来不利于问题的解决，设置问题管理类岗位有利于企业跨部门、跨专业地协调和解决问题。

首席问题官的思想渊源和主要职能虽然来自古代谏官，但是，现代企业的首席问题官与古代政府中的谏官还是有明显的差异。古代谏官主要在行政管理体系中发挥作用，其定位和使命是：①为君找问题；②助君明得失；③辅君创伟业。

现代首席问题官在企业中发挥作用，其定位和使命是：①解决企业管理话语体系中反对声音偏弱、进谏风气不足的问题；②防微杜渐、减少决策失误和管理风险，防止问题演化为危机；③克服企业发展的障碍，为企业发展保驾护航；④为总裁、CEO决策和管理分忧解愁。另外，现代首席问题官与古代谏官在制度环境、任务范围、工作方法、所用工具等方面都有明显的区别。

（三）谏官进谏风格对首席问题官的启发

1. 两种典型的进谏风格：耿直派和委婉派

古代谏官整体上给人的印象是耿直型的，不少谏官仗义执言、刚直不阿，对横行不法的权臣猛烈抨击，对君主的错误也大胆纠正。谏官们多以“不挫于权豪，不畏强御，面折廷争”为荣。

谏官进谏和君主纳谏是对立统一的矛盾体，进谏和纳谏两个方面的良好配合才能起到积极的效果。有些君主听不进批评意见，《召公谏厉王止谤》

记载，周厉王不仅不愿意听劝谏，而且还要把指责他的人全部杀掉。常言道“伴君如伴虎”。耿直的进谏有时会使君主大怒，甚至给进谏官员招来杀身之祸。因此，耿直派进谏风格并不总是有效，委婉派进谏风格有时比耿直派的实际效果更好。

（1）耿直派进谏的代表人物。

古代的许多谏官给后人留下耿直无私、磊落光明的光辉形象，如魏徵、褚遂良、白居易、杜甫、陈子昂、包拯、司马光、刘安世、安维峻等。宋代著名谏官江公望的人生宗旨就是：“上不欺天，中不欺君，下不欺心”。司马光担任谏官时，也敢言直谏，不管是皇亲国戚，还是宠臣近侍乃至皇帝本人，只要是有害于国者，他都直陈其非。

最具代表性的耿直派谏官是魏徵。魏徵出身卑微，少年时孤苦贫困，曾经出家做过道士。他喜欢读书，用心钻研古籍，学识非常丰富。隋朝末年，魏徵参加了反对隋朝暴政的起义。后来，他投靠唐朝，为太子李建成做事。李世民发动“玄武门兵变”，登上帝位后，亲自召见魏徵，非常生气地责问他：“你为什么要离间我们兄弟的感情？”在场的大臣们都感到魏徵将有杀身之祸。可是，魏徵却从容自若，以非常自信的口气回答说：“如果皇太子早听我的话，肯定不会落到今天这样的下场。”李世民听后，被魏徵这种不畏强权及正直的精神所感动，加之早就知道魏徵是难得的人才，因此，不但没有处罚他，反而委任魏徵为谏议大夫，后来又提拔他当宰相。魏徵胸怀大志，胆识超群，经常大胆进谏、冒死直言，对朝政和唐太宗提出尖锐批评。在他任职的几十年间，先后向唐太宗进谏了二百多次，提出了“兼听则明，偏信则暗”“水能载舟，亦能覆舟”等著名的政治谏言。唐太宗每次都慎重地思考他所提的意见，尽量采纳。魏徵去世后，唐太宗对魏徵给予了高度评价，他说：“夫以铜为镜，可以正衣冠；以古为镜，可以知兴替；以人为镜，可以明得失……今魏徵殂逝，遂亡一镜矣！”

还有很多官员虽不是谏官，但敢于进谏，赢得职位提升、上级认可和群众敬仰。例如，李绛虽然不是谏官，但敢于进谏、积极进谏，唐宪称称赞他：“李绛敢进骨骸之言，真宰相也。”下面是李绛进谏故事之一《百牛拽碑》：

宦官吐突承璀最受恩宠，升任神策护军中尉，耗资十万，在安国佛寺为宪宗建立《圣政碑》，大兴歌功颂德之事，让李绛撰写颂辞。李绛不但不感到荣幸，反而上奏章阻止。

宪宗看到奏章有理有据，只好下令把碑拽倒。吐突承璀正在旁边，不高兴地嘟囔道：碑体积太大，恐怕拽不倒，慢慢拆吧（实际上是想暂缓执行）。

宪宗正在气头上（实际上也包含着对李绛不给自己面子而生气），没好气地厉声喝道："拽不倒就多用几头牛拽！"吓得吐突承璀再不敢吱声，只好动用了一百头牛，把自己费尽心机立起来的碑拽倒了。

（2）委婉派进谏的代表人物。

委婉派进谏方式在谏官和其他进谏人士中也得到广泛采用，春秋战国时期的说客和官员尤其擅长使用委婉派进谏风格。据《触龙说赵太后》记载，触龙就是通过委婉的劝谏方式，先问赵太后衣食住行，然后与赵太后讨论疼爱子女的问题，最后才旁敲侧击地切入送太后幼子做人质的正题。

邹忌的委婉派式进谏风格给人们留下了更为深刻的印象。有一次邹忌听齐威王弹琴，他借弹琴来说明治国安民的道理，弹琴要音调和谐，治国也和弹琴一样，要善于安抚百姓，使官民和谐相处。齐威王听后，大为赞赏，于是封他为齐相。

《邹忌讽齐王纳谏》的故事进一步说明了邹忌的委婉派进谏风格。邹忌的真正目的是让齐王广开言路、采纳各方意见。但是，邹忌入朝后，并未单刀直入向齐王进谏，而是以"闺房小事"谈自己的体会，从妻子、小妾及客人对自己容貌的奉承，引申到齐王受了蒙蔽。齐王不仅采纳了邹忌的意见，还制定制度："官吏百姓中当面指责我过错的，可得上等奖赏；书面劝谏我的，可得中等奖赏；在公共场所批评议论我的过失、传到我耳朵里的，可得下等奖赏。"

邹忌的进谏艺术寓严肃的谏题于谈笑风生之间，从闺房私语中引出启示，从自身取譬，将心比心，运用类比，点出臣谄君蔽的朝廷弊端。这种旁敲侧击的委婉式劝谏，既使君王保留了尊严，又避免了君臣间正面的冲突。

2. 两种进谏风格对首席问题官的启发

在儒家思想影响下，古代士大夫忧国忧民的忧患意识普遍比较强烈，加之“学而优则仕”制度的存在，使得古代的士大夫既有积极性，也有能力进谏。但是，有进谏的积极性和能力，并不意味着进谏效果就好。进谏效果一方面取决于君主的开明程度，另一方面取决于进谏方式或进谏艺术。同样地，现代企业首席问题官提出的意见或方案能否被采纳，不仅取决于方案的成熟程度，还与问题表达方式、领导接受程度密切相关。

作为现代企业的首席问题官，不仅要有分析问题、提出解决方案的积极性和能力，而且要充分考虑问题管理的实际效果。首席问题官应根据企业领导人的个性特征，结合自己的特长，借鉴古代谏官的两种进谏风格，选择适宜的表达问题方式。

如果首席问题官所在企业的文化是坦诚沟通、结果导向、注重实效，而且企业领导人像唐太宗一样乐于接受批评意见，首席问题官应使用耿直派风格。一旦形成耿直派进谏风格，耿直的形象反而会成为自己的保护伞。例如，首席问题官在工作中得罪了的人如果向企业领导人投诉首席问题官，企业领导人通常会说：“他就是这种耿直派风格，你不必计较！”

如果首席问题官所在企业的人际关系复杂、派系纷争，企业领导人独断专行或爱面子，首席问题官应使用委婉派风格。否则不仅达不到预期的效果，而且使自己受到排挤和打击。委婉派表达方式照顾到了企业领导人的面子，又不会给已有的关系格局造成过大的冲击，并使大家集中于所针对的问题，有助于问题的解决。

当然，现代首席问题官所处的社会环境与古代谏官完全不同。古代谏官除了为君主服务，很难找到发挥自己才干的地方。现代首席问题官处于激烈竞争的市场环境中，企业家大都认为人才是最紧缺的资源，首席问题官即使得罪了一位企业负责人，只要自己德才兼备，完全可以去别的企业发挥自己的才干。因此，不必在进谏中过于谨慎，不必对上司唯唯诺诺，更不必害怕问题。

总之，首席问题官不仅要有跨部门分析问题、研究问题的专业知识和技能，而且要善于运用表达问题的艺术。

二、管理夜话：实话巧说

管理中的问题需要先在小范围讨论，再扩大范围，对一些敏感问题，要一直在保密场合巧妙地讨论或表达，这一方法称为管理夜话。“夜话”不是指字面上的晚上讲问题，而是指对问题讨论范围的权衡把握。管理夜话包含“扬善于公庭、规过于私室”的表达问题技巧，但其内涵不只这一方面，管理夜话的要点包括以下几个方面。

（一）先开小会，再开大会

很多问题需要先在小范围讨论（或研究、辩论、磋商），有了初步方案或意见后，再扩大参与讨论的范围。

这一原理在开会中表现得尤其明显，在参会人数众多的会议上，难以讨论重要问题或争议大的问题，只是宣布或选择小范围研讨的方案，即使有参会人员表决或讨论的议程，也是对已经形成的初步方案做补充讨论，大会发挥的作用比小会发挥的作用小。这一原理可总结为：问题的重要程度与参会人数成反比！

按照问题的针对性和权变性原理，不同的问题在适用上述原理时有所区别，对于敏感问题，上述反比程度更明显，更不宜大范围讨论。企业常见的敏感问题包括：

（1）拟聘任、解聘或处分高级管理人员；

（2）涉嫌员工违法犯罪事件的处理；

（3）涉嫌本单位违法、违规事件的处理；

（4）涉及商业秘密的问题；

（5）新产品计划、营销计划等涉及竞争情报的问题。

对于个人来说，常见的敏感问题包括：

（1）对领导的投诉、不满或抗议；

（2）对自己受到不公正对待的申诉或申辩；

（3）与同事之间严重的意见分歧；

（4）与同事之间的个人恩怨；

（5）对单位已经做出决策的强烈反对。

（二）对外公布与内部情况可以不一致

问题管理第二定律的推论是“内外有别准则”，即“对外讲优势，对内讲问题；对外宣经验，对内找差距”。大多数企业既有优点，也有缺点；既有成绩，也有问题；既有一些经验可以宣传，也有一些差距需要弥补。在管理、宣传或内外沟通中，应该内外有别。对外部，可以侧重讲本企业的优点、成绩和经验；在内部，则要多强调缺点，多分析问题，多寻找与优秀标杆的差距。

> 对外讲优势，对内讲问题；对外宣经验，对内找差距！

这样做不应理解为两面三刀、没有原则，而应理解为管理策略和管理技巧。正如人们在照相、表演节目或参加比赛时，往往会把缺点或不足的技能隐藏起来，而把优点或擅长的技能展现给大家，但是回到家里后，对缺点和不足，还要正视或弥补。

多数企业的董事会在做出更换CEO、总经理等高级管理人员的决策后，即使真正的原因是高级管理人员业绩不佳或其他方面难以让董事会满意，对外宣布时，往往会说成是这些高级管理人员因个人发展、身体不适等方面的原因而主动辞职，有的甚至更加模糊地说由于“个人原因”离职。

2001年6月3日，新浪网宣布其CEO王志东已经因个人原因辞职。但是，6月25日，王志东又回到新浪网重新上班，并宣布他并没有主动辞职，解聘他的决定在法律程序上有问题。如果不是王志东站出来挑明这件事，那么人们并不知道新浪网对外公布的王志东离职原因与内部情况完全相反。事实上，在这类问题上，许多企业“对外公布与内部情况不一致”，但由于离职高管和董事会都不愿意披露真相，所以人们一般并不知道内外不一的详情。

2006年，EMC大中华区总裁陆纯初与秘书瑞贝卡发生冲突后，不仅秘书被迫离职，陆纯初也离职了（见第三章第二部分案例《愤怒总裁遇上愤怒女秘书》）。EMC全球董事长兼总裁乔·图斯在接受媒体采访时说：“我们决不会允许任何人践踏员工的权利。”这是说陆纯初离职的原因是愤怒对待秘书，但据业内人士透露，陆纯初离职的主要原因是他领导下的EMC中国区的业绩不佳。

（三）需要说一些善意的假话

在实际管理中，对内对外都要说一些善意的假话，如果一句假话也不说，则做不好管理工作。

先说企业外部。顾客是买家，他与卖家的关系是交易关系，顾客购买企业的产品和服务（或供应商为企业提供产品和服务）是双方自愿的协商交易行为，交易双方都可以讨价还价，也可以提出增加交易附加条件或拒绝对方提出的交易附加条件，交易双方在交易中都能获得利益，否则就不可能成交。企业的顾客不管是个人还是企业，企业与顾客的关系是平等的契约关系。但是我们经常听到企业说“顾客是上帝”，这实际是善意的假话。

为什么明知道是假话，还要说呢？因为类似这样的话，虽然是假话，但对方听起来舒服，有助于达到自己的目的。卖方说这些假话有助于把产品卖出去，或者卖更高的价格。买方说类似的假话有助于把价格压低一些，或者争取到其他优惠的附加条件。

卖方把买方说成是上帝已经司空见惯，买方给卖方说好话的情况也是有的，例如，买方可能会说卖方实力雄厚、信誉良好、爽快大方等，这在企业之间交易中经常出现，在小商品市场上讨价还价中也经常出现。

再看企业内部。企业管理以激励人的积极性、提高组织效率为重点，从根本上说是要尊重人、重视人的作用。但是，组织中不同层级和不同个体发挥的职能不同，有的人作为领导者，有的人作为执行者；有的人指挥，有的人服从。而且在不同的场合下同一个人也要扮演不同的角色。

可见，每个人都是“术业有专攻、能力有高低、地位有区别”的不同个体。企业管理中虽然每个人的人格是平等的，但在地位上是不平等的。这种不平等虽然不意味着高低贵贱的区别，但意味着指挥和服从的区别、命令和执行的区别、主动和被动的区别。

正是因为管理中的人所处的地位是不平等的，实际管理过程中要特别强调员工要有敬业精神，“干一行、爱一行”。此外，由于实际生活中的不平等体验会挫伤员工的积极性，管理中也必须说一些善意的假话，从心理上和感觉上给员工营造一种平等的氛围，以补偿员工们因地位和角色差异导致的不平等感，调动他们的积极性。

善意的假话有时作为真话的铺垫，在评价别人或指导员工中使用。经常听到这样的话：“某某员工或部门在某项业务中做了大量的工作，付出了辛勤的劳动，但是……”这种情况下，“但是”后面的才是真话，“但是”前面是作为铺垫的善意的假话。

管理者只说一次善意的假话并不难，难的是一辈子说善意的假话。如果能够做到真诚地说善意的假话，并且在日常工作中对这些善意的假话身体力行，那是很高的管理水平和境界！

（四）倡导厚黑式管理的第三境界

《厚黑学》作者李宗吾把厚黑的程度划分为三个境界。

第一个境界是“厚如城墙，黑如煤炭”。起初的脸皮，好像一张纸，由分而寸，由尺而丈，就“厚如城墙”了。最初的颜色，是乳白状，由乳色而青蓝色，而黑色，再进就“黑如煤炭”了。到了这个境界，只能算初步功夫；因为城墙虽厚，轰以大炮，还是有打破的可能；煤炭虽黑，但颜色讨厌，众人都不愿挨近它。所以只算初步功夫。

第二个境界是“厚而硬，黑而亮”。深于厚学的人，任你如何攻打，他一点不动。刘备就是这类人，连曹操都拿他没有办法。深于黑学的人，如退光漆招牌，越是黑，买主越多。曹操就是这类人，他是著名的黑心子，然而中原名流，倾心归服，真可谓“心子漆黑，招牌透亮”。能够到第二步，固然同第一步有天渊之别，但还露了迹象，有形有色，所以曹操的本事，我们一眼就看出来了。

第三个境界是“厚而无形，黑而无色”。至厚至黑，天上后世，皆以为不厚不黑，这个境界很不容易达到，只好在古之大圣大贤中去寻求。有人问："这种学问，哪有这样精深？"我说："儒家的中庸，要讲到'无声无臭'，方能终止；学佛的人，要到'菩提无树，明镜非台'，才算正果；何况厚黑学是千古不传之秘，当然要做到'无形无色'，才算止境。"

在管理中如果只是厚黑的第一个境界，基本上等同于经营假冒伪劣商品、虚假广告、欺骗顾客、欺骗员工、商业贿赂、假公济私……这不仅不应该倡导，而且要检举揭发，让有这些行为的企业和个人得到应有的惩罚。

在管理中如果达到厚黑的第二个境界，就具有了一定的水准。一些跨国公司特别强调社会责任，经常参与慈善活动，但他们只是为了借助社会责任来开展营销活动，为了赚更多的钱，一旦赚钱与社会责任出现冲突，他们就会选择背离社会责任。

如果能够达到厚黑的第三个境界，则是问题管理倡导的水准。厚黑管理的第三境界不是以假乱真，不是合法误导，不是擦边球，而是用顾客最喜欢的产品和服务、员工最欢迎的管理，用政府最支持的决策，达到自己不愿意宣扬的目的。

林肯说，你可以在某一时间欺骗所有人，或者在所有时间欺骗一些人，但你不可能在所有时间欺骗所有人。厚黑的第三个境界不是通过欺骗和违规来达到目的，而是通过找准顾客、员工、政府、股东之间"最大公约数"的利益点，实现真正的双赢和多赢，所以这一境界才是最安全、最长久的经营之道。

一位 MBA 学生听我讲了上述理论后，感慨地说："在《管理伦理》课程上学了很多内容，但总觉得离实际有点远，也找不到感觉，从厚黑的第三个境界中才领悟到了管理伦理的真谛！"

三、对称论证型决策：片面之中见全面

（一）为什么《可行性研究报告》的结论没有不可行的

我见过很多不同类型的《可行性研究报告》，结论全部是可行的，至

今还没有见到结论是不可行的研究报告。按照自然规律，不可行的项目应该也是比较多的，为什么实际见到的《可行性研究报告》结论几乎全部都是可行的呢？

有人说是因为做《可行性研究报告》之前，已经进行了初步筛选，发现不可行的，就不做《可行性研究报告》了。

这一说法有一定道理。但是，所有的多级审核淘汰机制都应该是每一级都淘汰一批，在初步筛选时淘汰一批不可行的项目，经过正式做《可行性研究报告》后，还应该淘汰一批，这样才符合多级审核淘汰机制。如果只是初步筛选时淘汰，在正式做《可行性研究报告》阶段不再淘汰，那就使《可行性研究报告》形同虚设。

为什么《可行性研究报告》的结论本来应该有一部分不可行的，但是，实际所见的《可行性研究报告》结论几乎没有不可行的呢？

我认为，主要是中国几千年历史文化形成了习惯，绝大部分研究人员对领导非常敬畏，领导交代给研究人员做《可行性研究报告》后，研究人员即使发现结论是不可行的，他们一般也会想，领导是让我做“可行性”研究报告，如果结论“不可行”怎么向领导交代呢？于是，就会想方设法将结论调整为可行的。正因为这样，业内有一种说法，上级安排的《可行性研究报告》有时是“可批性”研究报告，而不是真正的“可行性”研究报告。

针对这一长久以来的突出问题，我用对称法（逆思法）原理设计出一种解决方案：有重要项目需要研究论证可行性时，让两个小组分别做《可行性研究报告》和《不可行性研究报告》。

这样，做出不可行结论的小组也不会有心理负担，因为领导交给的任务就是做《不可行性研究报告》。更重要的是，这样可以把项目的风险、问题和不利后果充分揭示出来。最后，即使领导决定实施项目，也可以对风险和问题给予充分重视，拟定相应的对策或预案。

我把这一解决问题的思路扩展为问题管理的一种特色方法，称为“对称论证型决策”。

（二）对称论证型决策的含义、作用和适用范围

对称论证型决策是在决策方案论证中指定赞成方和反对方，各自收集对本方有利的信息，深入挖掘另一方方案中的问题，并进行自由辩论，把有利因素和不利因素充分呈现出来，为决策者提供深入、全面的决策信息和决策依据。其也称为对称论证辅助决策。

有些企业的决策者喜欢个人决策，不仅会有主观性和片面性，而且以往成功经验会形成惯性思维，时间和环境变化后往往不能与时俱进，管理者个人决策容易错过新的机遇，或难以走出原有的框架。

百度公司 CEO 李彦宏强调的“听多数人意见，和少数人商量，自己做决定”决策风格比个人决策风格前进了一步。但是，如果“少数人”是古人倡导的“亲贤臣、远小人”中的“小人”，那么问题就很大，古今中外有不少决策是因为听信“小人”而失败的。即使“少数人”是“贤臣”，其知识和资历也不一定能够覆盖方案正反两方面所需的决策信息。

对称论证型决策不仅能够深入挖掘问题、揭示风险，避免决策的主观性和片面性，而且可以锻炼员工挖掘问题、表达问题和解决问题的能力，促进积极进谏、主动纳谏文化的形成，协助决策者“亲贤臣、远小人”，有利于调动真才实学者的积极性，激发员工的创新思维和创新意识。

对称论证型决策比普通决策投入的人力、精力要多一些，所以，常规的决策、重要程度不高的决策可不采用这一决策方法，在重要问题、重大问题的决策中，建议采用对称论证型决策。事实上，只要组织几次对称论证型决策，就会发现，其操作难度不像想象的那么大，决策成本也不像想象的那么高。

（三）对称论证型决策的实施过程

1. 确定问题，宣传动员

在确定某一初步方案需要采用对称论证型决策后，把方案向有关人员公布，说明这一决策方式的特点和过程。为了调动参与者的积极性，可以把奖励方式也一并公布。

如果方案不是商业秘密，可以扩大告知面，以鼓励有识之士踊跃报名参与，参与的人数越多，不仅正面和反面的决策信息挖掘越充分，而且这一过程本身也是调动员工积极性的途径。

这一阶段不指定正方和反方，目的是让拟参与人员进行自由思考。

2. 指派正方和反方

根据报名者的个人意愿、个性特征和专业知识背景，在报名者中选择一部分员工作为正方，另一部分员工作为反方。

正方必须搜集有利于方案的信息和依据，论证这一方案的好处；反方必须搜集不利于方案的信息和依据，论证这一方案的弊端。

正方应包括提出方案的人和一旦方案通过后的执行者。正像“三人成虎”的成语故事一样，如果后续执行者作为反方，在全心全意找方案问题的过程中，自己也会受影响，对方案信心可能会动摇。

3. 搜集论据，进行辩论

正式辩论之前要给正方、反方留出一段时间（时间长短根据决策时间的紧迫性和决策主题的复杂性确定），让其搜集信息，小组内部讨论和交流，准备辩论方案。

进行辩论时，参考正规的辩论赛的程序，由正方、反方分别阐述本方的意见，然后进入自由辩论阶段，最后由双方分别进行总结发言。

不管是最终决策由管理者独自决定，还是由多人投票表决（如董事会），有决定权或投票权的决策者最好能够旁听整个辩论过程，但不能发表看法，也不能参与辩论，以保证辩论的自由性、对称性。

即使正反双方事先进行了充分的准备，在听到对方的陈述或提问后，总是会临场激发出一些新的有价值的想法或意外的灵感，而且通过辩论还可以培养员工的表达问题能力，这是对称论证型决策的额外好处。

4. 总结经验，奖励优秀参与者

在辩论结束后，辩论会主持人（一般是最后决策者）对双方的表现进行总结和评论，但不评定双方的胜负，只是就双方的准备情况、现场表现、临时发挥等进行总结和点评。在找出双方不足的同时，也要尽量找到双方在辩论中的出色表现细节，加以表扬，以鼓励和鼓舞员工的积极性，并评选优秀参与者，给予奖励。

双方各自也应进行总结，主要是总结经验和教训，尤其要分析事先对另一方的估计和预测是否准确，以及针对主持人指出的不足，进一步研讨和总结经验。

辩论结束后，决策者就可以根据所获取的信息进行决策，也可以在进一步获取其他方面的信息后进行决策。

（四）对称论证型决策的注意事项

1. 辩论是辅助决策，不是最终决策

辩论的目的是挖掘决策方案的潜在问题，尤其是被决策者忽视的问题，辩论不评定胜负，即使在辩论中有一方表现出明显的优势，也不一定要按他们的意见进行最终决策。

因为不评定胜负，自然也不给获胜方颁奖，但可以设一些单项奖，比如“严谨推理奖”“数据翔实奖”“影响力奖”等。

2. 正反方都要“片面”地论证本方的观点

双方都必须只论证本方的观点，不能全面、客观地进行论证，也就是说不能正面说了又说反面。在任一方的论证或辩论中，“分析全面”不是加分因素，反而是扣分因素。每一方单独来看是片面的，双方结合起来就是全面、客观的了。这与辩论赛或律师在法庭辩论的原理相似。

3. 指定正反方时兼顾个人意愿和人数平衡

员工报名参与时，应申明自己的意愿是正方还是反方，在指定正反方员工名单时，尽量与个人意愿相一致。但是，有时对一个方案绝大多数人都是赞成或反对的，这时，就不能完全按个人意愿确定正反方，有一部分员工就要服从组织的指派。

参加辩论的员工一旦被分派进入正方或反方，即使自己的想法与本方的观点不一致，在辩论中也只能阐述本方的观点，而不能阐述自己原来的观点。

4. 建议最终决策者旁听辩论

最终决策者旁听辩论有三大好处：一是辩论中提供的信息和依据可以供决策者参考，虽然决策者拿到的书面报告中可能也有这些内容，但亲临现场、亲耳听到这些内容的效果大不一样；二是辩论现场有可能激发出决策者的新思路或新发现；三是有助于决策者观察参加辩论员工的行为，了解这些员工的风格和特长，这对识人、用人及人才培养很有好处。

四、群策群力：合理化建议升级版

充分、广泛地动员各层次员工（尤其是基层员工）提出问题、研讨问题、形成解决方案或建议，不仅对改进管理行之有效，而且这一过程本身就能调动员工的积极性。这种解决问题方式在实践中名称和做法有所差异，其中以通用电气公司的“群策群力”最具代表性。

（一）通用电气的“群策群力”

20 世纪 80 年代，杰克 • 韦尔奇在通用电气公司大规模实施末位淘汰制，加上业务和部门裁减，共裁减了 10 万多名员工。20 世纪 80 年代末，员工士气低落、人心惶惶，下属与上司相互抱怨。韦尔奇为了改变这一局面，大力推行了一种叫作 Work-Out（一种译法是“群策群力”，另一种译法是“倾力解决”）的管理方法，有组织、规模化、集中化地动员广大员工提出问题、研讨问题、形成解决方案或建议。典型的“群策群力”是这样进行的：

定期召开一个为期 3 天的研讨会，地点设在相对封闭的会议中心或度假村。组织者从公司各阶层中挑选出 40 ～ 100 名员工，组成研讨团。会议开始第一天，由一位经理拟定一个大体的活动日程，然后便自行退出。下一步是将参加研讨的员工分成 5 ～ 7 个小组，每组由一名会议协调员带领。每组选定一个日程，然后开始为期一天半的研讨。在第三天，原先那位经理重新回到研讨会，听取每组代表的发言。在听完建议后，这位经理只能做出 3 种选择，即：当场同意，当场否决，或进一步询问情况。

参加过这种研讨会的一位经理阿曼德·洛宗回忆说：“虽然只进行了半个小时，我却紧张极了，出了一身汗。面对着 108 条不同的提议，我要极迅速地作答复，同意或否决，不能有半点含糊。”结果，除了 8 条提议外，其余全部顺利通过。这 100 条提议迅速得到了实施。一年之内，为公司节约了 20 多万美元。

需要说明的是，以上引用原文中的“经理”是指大型企业的中层管理人员，如果是人数相对较少的企业，应为企业高层管理人员。

这只是一种典型的情况，并不是所有的“群策群力”都是这样进行，但是，通用电气公司的“群策群力”总是以规范化的流程实施，通常包括下列 7 个步骤：

（1）选择讨论的议题；

（2）选择跨专业、跨部门的员工组成小组来研讨问题；

（3）选择一个“倡议者”，由他主导研讨过程一直到实施；

（4）由参会人员召开三天（或两天半）的会议，提出解决问题的建议；

（5）把建议提交给对研讨事项有决策权的管理人员，决定是否采纳；

（6）必要时针对采纳的建议专门讨论如何实施；

（7）让这一过程，以及这些议题和建议滚动进行下去。

（二）“群策群力”的推广应用

通用电气的“群策群力”取得成功后，通用汽车、西弗吉尼亚政府、世界银行、苏黎世金融服务集团等组织也实施了“群策群力”。随着“群策群力”应用范围的扩大，其做法演变出许多不同的版本，但有一个不变的原则是：

将组织中最了解情况的人召集在一起，提出有创造性的解决办法，立刻在会上决定这些方案，并任命执行方案的人。

我在一家企业里担任总裁助理时，也主持和参与过两次在度假村召开的封闭式集中讨论和解决问题的大规模会议，会议虽然不叫“群策群力”，但是，其形式和内容与“群策群力”非常相似，只有一点明显的区别是：通用电气的“群策群力”有一个“决策者退场、员工自由讨论”的环节，而我主持和参加的这两次会议是由总裁当场听取意见，并当场拍板决策。

尽管“群策群力”既不是通用电气首创，也不只让通用电气一家企业受益，但是，是通用电气把“群策群力”作为一种改进管理的典型模式正式提出来，并且推行的范围之广、规模之大、效果之好，都到了前所未有的高度，韦尔奇把“群策群力”称作“全公司无休止地搜寻一种更好的方法来改善我们要做的每一件事情”。

（三）中国的类似实践：从“两参一改三结合”到“合理化建议”

中国远洋集团总裁魏家福到通用电气的高级管理人员培训中心参加了通用电气管理模式研讨班后，对韦尔奇说：“你们的很多经验值得我们学习和借鉴，但是你讲的‘群策群力’其实就是我们中国 50 年代国有企业创造的成功经验，那就是‘两参一改三结合’。”

韦尔奇听后哈哈大笑。魏家福进一步讲道：“我们创造的‘两参一改三结合’墙内开花墙外香，在你们这里派上了大用场，现在我们意识到了，就要把墙外的再拿回来，让墙内也香。”

现在，“合理化建议”等相关活动得到了广泛推广，例如，中国移动上海公司每年对合理化建议进行全面征集、广泛评奖，还对基层工会主席和工会干部进行了“问题管理在合理化建议中的应用”专题培训。奥克斯集团自 2003 年起每年拿出 500 万元设立合理化建议专项奖励基金，直接经办这项活动的集团管理部门签署了责任状：必须在一年内把 500 万元花出去，不然就罚款；如果使用不得当或被发现滥用乱用，加倍罚款。宁波银亿集团把员工参与合理化建议活动时的表现与其年薪挂钩，对不认真参与合理化建议活动、不交或多次被退回重写的员工，扣发其年薪的 20%。

第六章
问题管理的实施

问题管理具有“顶天立地”的特征。“顶天”是指具有理论高度，在管理思想史上具有重要地位，是四大管理模式（科学管理、人本管理、目标管理、问题管理）之一；“立地”是指问题管理是一种来自实践、在实践驱动下发展起来的理论，属于实践派管理理论。

问题管理是在实务界与学术界双向驱动、互动互补下发展起来的管理理论。实务界（企业和非营利机构）对问题管理的自发应用带动了学术界的研究，学术界的研究成果又促进了问题管理在实务界的应用。

已经有众多企业、党政部门和学校等单位实施（或应用）了问题管理，其中有两家企业应用问题管理的成果获得“全国企业管理现代化创新成果奖”，两家企业应用问题管理的成果获得行业内“企业管理现代化创新成果一等奖”。

一、问题管理的双重作用

（一）对单位来说，问题管理具有下列作用

把问题作为资源、动力和载体，提升管理人员分析、表达与解决问题的能力，跨部门、跨专业解决问题，借助问题改进管理。

防范小问题积累成大问题、防范大问题演变成危机，有利于企业形成“以防为主、防消结合”的问题管理模式，促进企业的持续健康发展。

使员工愿意并善于分析问题、表达问题、解决问题，减少下属对上司不采纳建议的抱怨，减少上司对下属不敢提出问题、不善于解决问题的抱怨。

问题驱动创新创业，让问题成为创新创业的资源，降低创新创业的难度和风险，提高创新创业的成功率。

（二）对员工个人来说，问题管理具有下列作用

不善于挖掘问题，就抓不住关键问题，甚至让假问题搞晕自己。

不善于表达问题，就会说了也白说，甚至还不如不说。

不善于解决问题，就会做了也白做，甚至还不如不做。

问题管理揭示分析问题、表达问题和解决问题的诀窍，有助于克服习惯障碍和排除干扰，有利于识别假问题，聚集解决关键问题。即使问题难以解决，也可转化开发为对自己有价值的成果，有利于个人发展。

二、实施问题管理与管理咨询的区别

问题管理理论的应用方式有两种，一种是单位或部门作为一种管理模式来应用，另一种是个人（包括管理者和普通员工）在日常工作和生活中应用。个人应用问题管理非常灵活，可以随时随地应用，本章的第二部分到第四部分是讲问题管理作为一种管理模式在单位的应用和实施。

实施问题管理与实施管理咨询项目有明显的不同。

一般的管理咨询项目是企业（或其他单位）委托咨询机构研究和解决本企业的某一专题问题（发展战略、人力资源、市场营销、运营流程等及其细分专项问题），咨询机构指派几位专业人士组成项目小组，进行调研、诊断和设计，提出相应的方案，成果体现为一个或几个咨询报告，通常包括制作精美的 PPT 汇报材料。

由于管理咨询本身的特性及社会诚信问题等原因，管理咨询业面临着三大问题。

（1）定价没有标准。

同样主题和内容的管理咨询项目，不同机构的收费报价相差数倍，甚至10倍以上，而内容差异如何体现收费差异，则难以评估。

为了使报价接近标准化，有的咨询机构核算咨询项目的总工时，再乘以咨询师的单位工时进行报价。但是，这一报价方式仍然没有解决定价没有标准的问题，原因如下。

第一，咨询项目分解为不同工作量时，分解方式没有标准，分解开的工时也没有标准，合计起来的总工时还是没有标准。

第二，同一位咨询师在知名咨询机构的报价与在小型咨询机构的报价差异也很大。

（2）方案是否可行没有标准。

在对咨询报告阶段性成果进行评议时，经常会出现这样的情况：对咨询机构提出的同一个思路或方案，客户方的董事长、总经理和部门评议人员意见不一致，甚至出现相反的评价，例如，董事长认为很好，但部门评议人员认为不切合实际或不具有可行性。

（3）内容的细化程度没有标准。

咨询报告形成后，客户方经常会说，报告中的某某思路或建议很好，请进一步细化、形成操作性方案。咨询机构认为，把咨询报告中的某某思路或建议进行细化、形成操作性方案，工作量相当大，相当于另外一个咨询项目，而客户方认为，这些内容应该是这一项目中包含的内容。

由于上述三大原因，加之有些咨询机构夸大预期效果、忽悠客户，所以，企业对管理咨询项目的满意度不高，新浪博客发布的《为什么多数企业对管理咨询服务的结果不满意》一文中的调研数据表明，多数购买了管理咨询服务的企业对于咨询结果并不满意。

实施问题管理避开了管理咨询项目的上述三大问题，实施问题管理的成果不是咨询报告，也不是汇报 PPT，而是让企业建立问题管理流程，形成问题管理机制，使员工（含管理人员，下同）愿意并善于分析问题、表达问题、解决问题，使企业具有借助问题自我优化管理的能力，如表 6-1 所示。

表 6-1 管理咨询项目与实施问题管理的区别

	管理咨询项目	实施问题管理
任务或目标	研究专项问题，形成专项方案	优化解决问题的机制，提升解决问题的能力
方案策划设计主体	咨询公司等外部团队	单位内部跨部门小组
外部顾问所起的作用	调研、收集资料、设计方案、撰写报告	宣传动员、指导、评估
内部参与人员的作用	协助调研、收集和提供资料	在日常工作中全员参与，既为解决单位的问题提建议、做贡献，又提升了自己的能力
成果体现	咨询报告（Word、PPT）	提出合理化建议、员工分析和解决问题的能力提升 《问题管理制度和流程》《常见问题库》《问题管理案例集》等书面资料

三、实施问题管理的注意事项

（一）实施概要

问题管理的实施概要总结如下：

宣传动员，认识到位；

从上到下，方案准备；

从下到上，意见反馈；

组织保障，权责分配；

问管流程，分门别类；

评估优劣，正负激励；

优化管理，大家欣慰！

（二）不要当作工作之外的新任务

不要把问题管理当作交给员工的一项新任务，也不是在常规工作之外给员工增加的额外工作。问题管理是所有员工更好地完成重点工作的方法和工具，也是所有员工轻松、愉快地做好日常工作的方法和工具。

要从单位、个人两方面发挥问题管理的作用和意义。问题管理既有利于解决企业存在的问题，也有利于员工个人发展，学好、用好问题管理能让员工获得领导的赏识、赢得下属的尊重、取得同事的理解，有利于员工升职加薪和职业发展。

（三）实施问题管理可能遇到的障碍

（1）员工认为多一事不如少一事，参与意愿不足。

（2）员工有积极性，但分析和解决问题能力不足。

（3）员工担心影响常规工作，或担心增加自己的工作量。

（4）员工担心得罪人，包括得罪上司、得罪其他部门。

（5）有的员工担心提出重要问题时，挫伤其他员工或管理人员对企业的信心。

（四）克服上述障碍的对策

（1）宣传动员，案例示范，培训学习，练习提高，典型带动，奖惩触动。

（2）通过实例让员工体悟、树立一系列正确的理念，例如，“有问题不可怕，可怕的是不愿直面问题”“问题多比问题少更好，问题多自己提建议时可选择余地大”“挖掘问题就是挖掘潜力”，等等。

（3）通过实例让员工领会：问题管理既有利于解决企业问题，也有利于员工个人发展，学好用好问题管理能让员工获得领导的赏识，赢得下属的尊重，取得同事的理解，有利于员工升职加薪和职业发展！

四、实施问题管理的程序和阶段性预期成果

实施问题管理各阶段的时间和主要工作通常可以安排如下。

第一阶段（一般为 1 ～ 2 个月）：

（1）实施动员会或启动仪式、成立问题管理推进小组（主要由内部人员组成，并配置 1 名外部专家顾问），如能在动员会或启动会上请外部专家顾问

进行培训，效果会更好；

（2）对员工进行问题管理实施意愿调查，收集调查数据，诊断问题；

（3）制定《问题管理实施指引》和《问题管理实施流程》；

（4）问题管理试运行，收集实施中的问题，聘请外部专家顾问进行指导。

第二阶段（一般为 3 ～ 5 个月）：

（1）举办合理化建议、群策群力等员工参与类活动。

（2）征集“微创新”项目或课题，鼓励员工以个人或团体名义针对工作中发现的按现有流程和制度不易解决的问题，申请立项为项目或课题，企业根据实施成本高低，给予项目组一定的经费支持；

（3）针对重点专项问题，让管理层与先进员工一起进行专题研讨；

（4）修订和改进《问题管理实施指引》和《问题管理实施流程》。

第三阶段（一般为 3 ～ 5 个月）：

（1）征集和编写《常见问题库》《问题管理案例集》《问题管理实施中的先进个人及其事迹》；

（2）在内部刊物或自媒上陆续发布问题管理中取得的各类成果，也可以发布问题管理实施中的先进员工事迹；

（3）对选拔出来的问题管理先进员工进行针对性辅导，帮助其成长为问题管理骨干和公司的后备干部；

（4）筛选和评选问题管理优秀成果，进行提炼总结，作为员工培训教材，也可以申报行业或全国的管理创新成果奖，或正式出版为书籍；

（5）进一步修改和完善《问题管理实施指引》和《问题管理实施流程》。

第四阶段（常规运行阶段，建议为 5 年左右）：

企业在导入一种管理模式初期，能够为企业释放的能量比较大，为企业带来的活力也强劲，但是，随着时间的推移，员工们出现管理模式疲劳症，使这种管理模式的效用逐步下降，在经济学中这称为“边际效用递减原理”，因此，企业采用的管理模式可以适时调整和转换。

如第一章所述，最经典的管理模式有科学管理、人本管理、目标管理和问题管理四大类，具体的管理模式有许多种，通用电气在不同时期推行过数一数二、群策群力和六西格玛三种典型管理模式，分别是属于目标管理、问题管理和科学管理。

管理模式不必一成不变，但是，管理模式也不能转换太频繁。有些企业以年度为周期，每年推行一种管理模式，并命名为“×× 年”，这样管理模式更换太频繁，会使管理模式的潜力难以充分发挥。通用电气推行过的三种典型管理模式每一种都是持续 5 ～ 10 年后，才更换另一种管理模式的。

因此，建议问题管理实施的时间在 3 年以上 10 年以下。

最终章
问题管理的两个公理与十大定律

两个公理

公理一：问题就是资源，挖掘问题既是挖掘隐患，也是挖掘潜力！

公理二：突发事件（或危机）不是突发的，是由小问题积累而成的！

十大定律

第一定律（引导定律）：把问题作为切入点、借助问题优化管理、问题驱动改进管理，是提升管理水平的有效方法。

【推论一】有问题并不可怕，可怕的是本来有问题，却自认为没问题。自认为没有问题就是最大的问题。

【推论二】"问题管理"比单纯"问题解决"更好，即使有些问题短期内难以解决，也可转化开发为对自己或单位有价值的成果。

第二定律（木桶定律）：短板会制约整体功能发挥，补短板的投入产出效率高于加长板。

【相关公理】问题就是资源，争当问题资源开发者（商）。挖掘问题既是挖掘隐患，也是挖掘潜力！

【推论一】用好长板（优势）的同时，不忘弥补短板（劣势）。对外讲优势，对内讲问题；对外宣经验，对内找差距！

【推论二】问题驱动创新创业，让问题成为创新创业的资源，可以降低创新创业的难度和风险，提高创新创业的成功率。

第三定律（蚁穴定律）：问题总在长大，解决越来越难。

【相关公理】突发事件（或危机）不是突发的，是由小问题积累而成的！

【推论】应对突发事件（或危机）的首选办法是：为之于未有，治之于未乱。

第四定律（消防定律）：以防为主，防消结合。问题管理为主，危机管理、风险管理相配合。

【推论】监控问题有时比解决问题更重要。

第五定律（三项能力与“三部曲”）：问题管理的三项能力是挖掘问题、表达问题、解决问题。挖掘问题的“三部曲”是发现问题、分解问题和界定问题。

【推论】用平常心发现问题是不够的，要用“挖掘问题”的态度和方法，才能纠正错误习惯和排除干扰，准确、到位地界定问题，为制定有效的解决方案提供正确的依据。

第六定律（三要领）：解决问题的三要领是识别假冒问题、界定关键问题、正确解决问题。

第七定律（总比定律）：治本总比治标（表）好，治标总比不治好，不治总比捣乱好。

【推论】困难面前不退缩，办法总比问题多！

第八定律（分合定律）：所有学科（专业）都是跨学科的交叉学科。学知识只能分开学，用知识应当整合用。

【推论一】管理者需要跨界（跨专业、跨部门、跨层次、跨内外）分析问题、整合解决问题。

【推论二】解决问题要对症下药，“症”的分析和“药”的配方都要考虑问题涉及的对象、阶段、层次、角度四方面的差异。

第九定律（抓大放小定律）：解决问题要抓大放小，分级、分层界定关键问题。

【推论一】下级认为的大问题可能是上级认为的小问题，“放小”不是放任自流，而是指上级认为的小问题应该授权下级解决。

【推论二】与其对难以解决的问题空发牢骚，不如对力所能及的问题有所作为！

第十定律（问题永恒定律）：管理问题接连不断，没有一劳永逸的解决方案。

【推论一】不要指望一个解决方案长期生效，分析和解决问题能力建设才是最重要的。

【推论二】不要轻信彻底或完美解决，也不要指望解决全部问题，“带病”前进、问题中发展才是常态。

【推论三】解决已有问题的同时会带来新的问题，解决问题时就要考虑并防范解决问题后的副作用。

【推论四】从更高层面或更大范围上来说，人类制造的问题比解决的问题更为严重。

附录一
企业应用问题管理的获奖成果

很多企业已经应用或实施了问题管理，当然，不同企业应用的深度和力度有所不同。据不完全统计，企业应用问题管理的成果获得全国奖两项、行业奖两项，具体如下。

红宝丽公司《提升企业核心竞争能力的问题管理》获“第八届（2002年）全国企业管理现代化创新成果一等奖”。

联想集团《促进绩效持续改善的问题驱动式管理》获“第十七届（2011年）全国企业管理现代化创新成果二等奖”。

耒阳发电厂《问题管理的导向与实践》获“2006年全国电力企业管理现代化创新成果一等奖”。

日照港股份三公司《增强港口企业持续改进能力的问题管理》获“2013年全国交通企业管理现代化创新成果一等奖”。

以下为4篇获奖成果原文。

红宝丽公司《提升企业核心竞争能力的问题管理》

红宝丽公司成立于1994年，是一家以聚氨酯系列产品研制开发和生产经营为主的国有控股企业。经过7年多（编者注：截止到获奖时）的发展，公司已拥有组合聚醚和单体聚醚专业生产线4条，生产4大系列60多种型号的聚醚产品，是国内产量最大的聚氨酯硬泡组合料产品的专业生产企业。主产品“红宝丽”牌组合聚醚广泛用于冰箱、冰柜、冷藏库的隔热保温，并已开始进入建筑板材、冷藏集装箱、热水器、防盗门、石油管道等新的领域。

在激烈的市场竞争中，为了超越竞争对手，满足客户需求，自 1995 年起，红宝丽公司实施了“提升企业核心竞争能力的问题管理”，较好地解决了影响核心竞争能力提升的一系列重大问题，使经济效益平均每年以 40%以上的速度递增，先后获得 90 多项国家和省市授予的荣誉称号；产品主要质量指标均达到甚至超过国外同类产品的水平，在国内冰箱、冰柜市场占有率达 35%，并已出口到印度、马来西亚、巴基斯坦等国家。

提升企业核心竞争能力的问题管理，就是把提升企业核心竞争力作为动态目标，动态目标与企业现状的差距即为企业存在的问题，解决动态差距的过程就是“提升企业核心竞争能力的问题管理”。它包括发现问题、分析问题和解决问题 3 个过程。

一、通过组织创新，解决发现问题不及时的问题，提高资源整合能力

1. 成立发现与解决问题的管理机构

一是成立实施问题管理的工作委员会，对问题管理实施全过程的组织领导。委员会下设技术性、管理类两个提案审查小组和职能办公室。二是规定各部门负责人是实施问题管理的第一责任人，车间、科室负责人是本车间、本科室实施问题管理的直接责任人。三是每年度制定“寻找问题指引”，把如何提高企业核心竞争力的目标分解成企业管理的各个方面，每个方面设若干项目，每个项目中针对企业的现实提出若干疑问，以此来引导企业各级人员寻找问题。

2. 建立预警系统

①市场预警：一是建立覆盖公司各部门的企业内部网络，通过销售量、价格、销售收入和资金回笼、销货折让等反映营销业绩的敏感性指标，预测业务的发展趋势，发现和识别问题；二是利用国际互联网查询检索行业发展动态、产业政策、法律法规等信息；三是通过设在国内各地的服务窗口，及时收集市场信息，掌握竞争对手情况。②顾客预警：一是以顾客满意度调查的形式，定期或不定期向用户了解对交货时间、质量、价格、服务、柔性、

信誉六大类项目的满意程度，从中发现存在的问题和缺陷；二是对顾客的资信进行调查，对不同信誉等级的客户采取相应销售政策，防范销售风险。③财务预警：建立财务信息动态管理系统，全面、真实地反映公司的资产、负债和损益情况，随时监控采购、库存、销售等各种财务数据变化情况，最大限度地防范财务风险和提高资金利用率。④人才预警：一是建立人力资源管理信息系统，通过职位分析、岗位评定、薪资定级确定各岗位所需人才，并对员工的培训和使用成本等情况进行纵向和横向比较分析，及时发现问题和采取相应的措施；二是把控制核心员工流失作为公司各级领导干部的一项重要任务，促使各级主管关心人才、尊重人才、爱护人才。

3. **制订提案的管理办法**

技术性提案由技术开发中心牵头组成审查委员会进行审查；管理类提案由全质部牵头组成审查委员会进行审查。对采用的提案，通知责任部门组织实施。对无法明确责任部门的提案，采取公布招标。对不采用和保留的提案，说明理由并允许提案人申诉。提案实施结果，由实施单位填写报告单；重大提案实施后形成书面报告，送全质部组织验证。通过验证，奖励提案人节约费用或新增效益的5%～10%；采用招标方式实施的提案，奖励节约费用或新增效益的10%～20%。实施中有效的提案将纳入有关制度和标准。公司还在全体员工中开展提案竞赛活动，年终进行评比颁奖并作为员工奖励和晋升的条件之一。

二、通过技术创新，解决科学技术薄弱的问题，提高企业研发能力

1. **完善科技创新体系**

在新产品开发中心、质量检测中心、计算机管理中心、技术部，以及中试车间基础上，组建了红宝丽化工新材料工程技术中心，每年用于科研开发经费的投入占销售收入的比例均在5%以上。制定并实施了一系列科研管理制度和奖励规定，近年来，公司对做出突出贡献的技术人员给予了重奖，奖金总额累计达160多万元。

2. 满足用户个性需求

根据用户使用组合聚醚的不同工艺和使用环境等特点，及时调整产品生产工艺，做到“一品一万”和“一厂多方”，使企业形成了“差异化、个性化”的产品特色优势，实现了产品从“跟着市场走”到“领着市场走”的根本转变。6 年多来，主导产品“红宝丽”牌组合聚醚实现了 5 次更新换代， 在国内率先实现了高氟→低氟→无氟的过渡；在无氟组合聚醚开发上，完成了 141b 型→环戊烷型→环 / 异戊烷型和单组份→双组份组合聚醚的升级。

3. 开发具有自主知识产权的产品

公司在引进一批具有国际先进水平的科研设备和检测仪器、实现了技术开发手段现代化的同时，依托南京理工大学、南京工业大学的科研力量，攻克了令国外跨国公司都感到棘手的导热系数过高、尺寸稳定性差、泡沫阻燃性低等 20 多项技术问题，开发了拥有自主知识产权的环 / 异戊烷、HFC－245fa 无氟组合聚醚和超临界液相合成异丙醇胺三大系列新产品，填补了国内空白，技术水平均达到当今国际先进水平。

三、通过市场创新，解决销售渠道不畅的问题，拓展企业营销能力

1. 找准产品进入市场的突破口

20 世纪 90 年代初，在我国聚氨酯固体发泡料市场处于洋货一统的形势下如何打入市场，公司认真分析了组合聚醚市场需求和国外竞争对手的情况，找到了进入市场的切入点。一是我国南北温差大，用户对产品需求存在个性差异；二是国内引进的 40 多条冰箱冰柜生产线来自不同国家，生产工艺对组合聚醚的要求不尽相同；三是国外产品大多是统一的配方，不能根据不同厂家的特殊需求，适时适地调整。如果根据这些特定的需求，生产不同型号的产品，走替代进口产品的路是完全可行的。于是公司果断决策，外聘专家，走内外结合开发之路，针对不同用户的不同冰箱、冰柜生产工艺要求，单独研制和调整配方，生产高技术含量的组合聚醚。

2. 借名扬名，提高企业知名度

一是主攻名企。在与国外品牌进行第一次较量时，公司选择了当时国内知名度较高的香雪海为主攻目标。不出所料，带着第一批生产出来的组合聚醚到香雪海，就被“国产料，我们不用”拒之门外。怎么办？这时，得知该厂有一大批因产品质量问题而准备报废的进口组合聚醚堆在仓库里，公司决定先为其加工废料“变废为宝”，并保证全部承担加工后的组合聚醚上机使用不合格造成的损失。这一招不但使“红宝丽”牌组合聚醚在香雪海立住了脚跟，而且用同样办法先后为合肥美菱、宝鸡长岭等诸多厂家加工准备报废的进口组合聚醚 300 多吨，取得了他们的信赖。二是强化服务。公司借鉴名企的做法，在全国建立了 8 个重点服务窗口， 每个窗口配有技术人员和销售人员；同时，定期派出售后服务小组，了解用户对产品的使用情况，全力解决用户在实际发泡过程中遇到的难题，直到用户满意为止。三是提升形象。利用权威机构组织的各种会议、活动宣传本公司的产品，提高企业形象和产品知名度，不断壮大客户群体。

3. 建立战略联盟，实现共同发展

公司对客户、供应商与企业组成的整个价值链进行了重新组合。第一，把供应商作为价值链中的一个环节，按照一定的标准，将供应商区分为战略供应商、优先供应商和一般供应商 3 种类型，对不同的供应商制定不同的管理策略。第二，在为客户提供满意产品和服务的基础上，与重要客户建立共同设计、共同开发的战略联盟，参与到客户制造产品和提供服务的过程中，如参与宝鸡长岭冰箱生产线改造过程中的零部件国产化和青岛海尔环戊烷型、环 / 异戊烷型组合聚醚的开发、使用等。

四、通过机制创新，解决激励和约束机制不灵活的问题，激活企业源动力

1. 优化考核目标

绩效考核目标依据公司总目标、上年业绩、岗位职责和同业竞争对手状况等，由被考核人提出，考核人认可。目标内容共分 4 类：经济效益、运营效果、工作任务和员工素质提高。 效益目标和运营目标的目标值分为基本目

标、中间目标和最高目标3个层次。效益目标、运营目标和工作目标中的年度重点工作，到年终考核计分；日常工作，按月度评定等次，年终累加计分。员工素质提高目标每半年考核一次，年终评定。

2. 改革薪资管理办法

对所有被考核岗位，采取3类19因素法评估打分，评定职位级别。对就职人员按思想品德、工作经历、智力结构和工作能力4个因素进行评分。根据职位级别、就职人员评价得分和上年度百分考核结果确定被考核人基本年薪。基本年薪采取差异化动态方法进行管理，打破固定年薪办法，每年年初按实绩和能力确定薪资。

3. 严格奖惩兑现

一是实行绩效工资与企业效益紧密挂钩。将年薪中30%作为绩效工资，按下列方法考核兑现：依据经济效益类目标考核结果，实现基本目标时，计发基本年薪10%的绩效工资；实现中间目标时，计发基本年薪20%的绩效工资；实现最高目标时，计发基本年薪30%的绩效工资。在效益类基本目标未实现时，部门副职以下人员可享受计得奖金的50%；基本目标实现时，部门副职以下人员可享受计得奖金的100%，部门负责人可享受计得奖金的50%；在效益类中间目标实现时，部门级负责人（含总经理）方可享受计得奖金的100%。二是实行前瞻性奖惩。对年度考核未能达到70分或运营类基本目标未实现者，下年度年薪向下调整，连续两年下降年薪者降级使用；完成运营类最高目标者，下年度晋升年薪，年薪的增加依据绩效考核结果、上年度实际收入、工作职能拓展情况综合评定。

4. 严肃制度考核

公司分别于1997年和2000年率先在国内同行业中通过ISO 9002质量体系认证和ISO 14001环境体系认证。为确保两大体系的持续有效运行，公司规定：所有考核措施和办法，必须严格实施到位，凡重要项目不合格，发生在哪个部门，该部门主要负责人就地免职；发生在哪一位员工身上，就请他下岗。公司还对已形成的360多个规章制度重新进行了修改和整合，成立了由总经理直接领导的体系运行执法队，发现谁违反公司有关规定，立即出具现场整改通知单进行整改，并视情节严肃处罚，从而使全体员工深刻领会到“没有牺牲的制度是无效的制度”的内涵。

联想集团《促进绩效持续改善的问题驱动式管理》[①]

2009年，联想集团国际化征程已步入第五个年头。随着企业组织越来越庞大，员工队伍越来越多元，业务也越来越复杂。在没有更多成功中国企业国际化经验参考下，联想人不断探索新环境下企业管理提升的办法，提出了促进绩效持续改善的问题驱动式管理方法——Q10。

一、Q10是什么

Q10是指以下十个问题。

Q1. 你的业务问题（机会）是什么？（背景、需求、对业务的影响，问题界定）

Q2. 你的问题（机会）涉及的范围是什么？（业务、业务流程 / 业务逻辑、干系人、时间等）

Q3. 问题（机会）的主要衡量指标是什么？（容易衡量、有数据支持、关键性）

Q4. 问题（机会）的现状和目标是什么？（历史和现状数据统计汇总、SMART 目标）

Q5. 影响目标实现的业务关键环节（驱动）是什么？（假设引导、结构化、数据依据）

Q6. 影响关键环节（驱动）的根本原因是什么？（因果分析、按解决的难易程度和重要性排序）

Q7. 你的最佳解决方案是什么？（哪些环节需要修改或重新设计、能否创

① 发表于：《企业管理》2011年第8期，标题为获奖成果的名称，发表时题目为《以问题驱动管理》。

新、选择原则）

Q8. 方案的实施风险和规避策略是什么？（组织、资源、能力是否匹配、副作用、环境变化）

Q9. 具体的实施计划和实施中的关键监控点？（结构化工作分解、时间计划、实施过程控制）

Q10. 最终结果如何？［交付物评定、运营流程或机制的衔接、AAR（复盘）、经验共享］

联想集团的 Q10 问题驱动式管理方法以六西格玛问题解决的逻辑为骨干，基于平衡计分卡的“管理必须可衡量”“客户获取及财务改善，首要驱动是运营流程的改善”发展出来的一套科学管理工具，是一套系统的结构化业务思考方法，能够把业务的分析、执行融入 10 个环环相扣的问题。其内涵是通过问题的“驱动”，使管理者识别出关键的业务问题并解决，以此驱动业务的改善。而且自身也是通过提问题的方式，驱动团队的思考更加系统性。首先统一逻辑起点，按照一个相同的思考顺序，展开一次问题解决的旅程。这个过程从问题的识别开始，经过收敛性的问题界定，原因的逻辑分析，最优方案的选择和高效的执行，最终以问题解决后经验的总结为过程的结束。

二、从企业实际出发，确定问题驱动式管理的基本思路

在实践的过程中，联想人总结出一套分析、解决复杂业务问题的问题驱动式管理工具，其“驱动”的基本思路有以下几点。

1. 问题界定

解决问题的第一步是把问题是什么界定清楚。所面临的业务问题是什么？要求业务人员清楚地了解问题背景、客户和企业的真正需求及其对业务的影响；搞清楚问题是什么之后，就要找出问题的范围，明确问题的解决所涉及的部门、客户、业务、流程、地域、时间等要素，锁定问题解决的方向；接下来就要确认衡量业务成败、进展程度、表现好坏的指标，并确定衡量指标的目标值和现状。这不仅使业务的跟进、监控有了管理的依据，更关

键的是一个清晰的、收敛的问题界定，最终一定要清晰地描述出目标和现状之间的差距，而这个差距就是后续问题解决的动力，也是促进业务改善和发展的动力。

2. 驱动识别

驱动识别是指识别关键驱动因素或根本原因，识别过程分两步。第一步着眼于识别业务的关键环节和问题的背后的关键驱动力，这就能够帮助业务人员找到问题发生或解决问题的方向；第二步是进一步探寻业务的关键环节的关键所在即根源或根因。经过对关键驱动力及根因的识别，战略规划的重点将更加清晰，解决方案的方向将更加明确。

3. 方案制定

方案制定的环节也分两个过程，第一，方案的设计不要被过去经验所局限，要有创新性，如多设计几个方案，在所有的解决方案中按照一定的标准，反复论证之后选出最佳的解决方案。第二，风险规避。分析该方案实施中可能遇到的不确定性、存在的风险因素和相应的规避措施。这两个问题的深入分析、论证能够帮助业务人员制定出可行性高且风险能够得到有效控制的解决方案。

4. 计划实施

计划实施强调的是把握“细节”和“重点”的平衡。一方面要能把具体的行动方案进行工作的结构化分解、项目的进度安排以及人力、物力等资源的分配，要求要考虑到所有的细节；另一方面要始终把握繁复的计划中的骨干或重点，并设计好关键监控点，把重点区域、关键环节、核心业务的执行纳入监控的重点，通过把握“重点”即把握根本，实现有效的管理控制，确保实施的效果。

5. 事后评估

在完成业务活动之后，事后评估是十分必要的工作。不仅要评估结果是否达成目标，更重要的是要把业务活动中得到的经验进行认真总结，这些经验不仅可以体现在经营机制的改善上，且通过经验共享，也成为组织知识并得以积累。

三、问题驱动式管理的试点起步

中国区是联想集团的重要支柱，对集团的利润贡献最大，是联想集团参与国际竞争的主力军，也是联想市场经验最丰富，经营效率最高的地区集团。集团把全球推广实践 Q10 的起步任务交给了中国区。派出管理专家到中国区总部讲解 Q10 管理方法的理论和成功案例，指导详细策划、组织全面推广的工作计划。同时，全面开展 Q10 管理方法的专题培训班，引入 Q10 实践能力进入考核激励机制，为 Q10 的推广培养“发动机”。

在总结先行部门成功实践的基础上，中国区于 2009 年 1 月成立了以中国区高层管理团队为管理核心的管理委员会，设立 Q10 推广工作组，成立了以各部门运营总监为基础的公司 Q10 推广实施执行委员会，负责各部门的具体推广和实践活动的推进和支持。

2010 年上半年，联想集团中国区已经有超过 70% 的管理者接受了 Q10 的培训，各个业务部门学习、实践 Q10 的氛围非常融洽，推广实践的成果令人鼓舞。在内部调查中，有些部门经理表示，在应用 Q10 之后，业务规划更加有效，沟通更加顺畅，会议次数明显减少。业务问题常常在会前已经界定清晰，也得到了充分的考虑，通过这么一个逻辑思考过程做出的方案很难再找到明显的瑕疵，所以业务会议现在扮演的是相互补充和任务分配的角色。

四、建立实施保障制度，强化部门间的协同合作机制

为了配套问题驱动式管理的应用，联想集团制定了相应的实施保障制度，明确了应用领域重点和绩效持续改善的目标。根据问题驱动式管理的应用规划，联想集团确定了 Q10 的推广思路：自上而下，由高层到基层的“瀑布式”的普及过程。联想集团在人力资源、重点项目支持和激励机制上都充分保障了 Q10 按部就班、有条不紊地进行推广。

1. 建立问题驱动式管理的推广培训体系，提供人力资源保障

在推广初期，推广的手段主要是以精心设计的讲授思考力理论方法和实际业务案例的培训课程为主。并借助网络媒体进行宣传活动，同时各部门广泛推行的案例分享等活动也不断为 Q10 的普及推波助澜。Q10 小卡片、小手

册、展架等手段也被广泛地用于传播和宣传理念。

在培训中，员工对理论模型的学习掌握了对结构化思考的技术，使之具备应用Q10的技能。为了使培训在各个层级都达到好的沟通效果，课程设计针对不同层级的受众进行了课程内容和讲课方式的相应调整，体现出因材施教的原则。在推广方式设计上，运用了联想的“发动机”理论，即通过逐层设立的“发动机”，将Q10方法论从上至下“瀑布式”传递给所有员工。在中国区总部，培训授课以Q10推广团队为主，同时还成立了包含各部门管理接口的Q10推广管理委员会，使之成为Q10在总部各部门内推广的总“发动机”。

2. 建立重点项目辅导机制，实现示范效应

Q10推广的突破口之一是选择跨部门合作业务作为重点项目进行辅导。跨部门合作是企业内部合作中的一个比较难以解决的问题，部门间利益往往不一致，思考问题的专业角度、逻辑思考的起点也不一致，很多时候不能取得共识。这时，在上级部门不介入的情况下不容易形成统一意见和统一的行动方案。Q10推广团队参与到某些跨部门合作的业务中来，对业务团队进行重点辅导，把Q10工具引入到这些具体问题的分析、业务对策的讨论和解决方案的制定中来。这些“重点项目”都起到很好的效果，因为使用的逻辑思维框架相同，问题想到一块去了，共识多了。在开业务会时，以数据、事实为基础的讨论越来越多，讨论充分并且言之有据，能够将讨论推向深入，问题提得更多，相互补充而非相互抱怨，在发表见解时可以体会到发言者对事实的了解比较深入、考虑更加全面，提出的方案瑕疵很少等，达到预期的效果。

3. 建立长效激励机制，推动自主管理创新

围绕引导各部门应用Q10持续提高经营业绩，Q10的推广考核激励工作的重点有以下三点。第一，加强Q10在增强自主创新能力方面的考核激励。应用Q10工具实现技术创新、业务创新和管理创新的部门和个人将能够根据贡献大小得到总部的奖励。第二，加强Q10在降本增效方面的考核激励。成功应用Q10强化成本的全过程管理，降低采购费用，优化原材料使用，改进工艺流程和管理流程，有效降低管理费用的部门和个人将得到总部奖励。第三，加强 Q10 推广工作考核。将 Q10 推广工作本身执行情况也纳入对部门和个人的考核，执行不力的部门和个人会得到批评。运用的激励措施主要有以下几种。一是组织认可。通过高层的以身作则、高调表态、公开支持，使相信、支持 Q10 的员工热情高涨，积极投入 Q10 方法论的实践；而一时不理解、不认可 Q10 的员工就会产生很大的紧迫感，会进行自我剖析，从自身上找到原因从而转变观念，甚至因勉强成习惯而自然转变观念。二是设立"Q10 实践奖"。对优秀实践者在物质和精神上均给予奖励。每月对评选出的 Q10 最佳案例进行奖励，对于非常优秀的案例将在公司范围内进行宣传。三是设立个人能力考核指标。根据 Q10 推广的进展，分阶段将 Q10 使用能力列入 KPI（关键业绩指标）考核指标内"能力提升指标"，用考核来督促员工自觉实践 Q10 工具，不懈怠，真正放在心上。

五、不断完善问题驱动式管理的应用体系

联想集团全面地梳理了问题驱动式管理方法的理论体系，使之便于学习、理解和掌握；同时总结出问题驱动式管理方法的应用体系，使之成为一套结构化业务思考工具，具备可操作性和可复制性，便于更为深入的应用和更加广泛的推广。

业绩的持续改善取决于对现有业务关键需求的把握和关键点的突破，而这正是联想 Q10 管理方法的重点。面对日益复杂的商业环境，提高对现有业务的执行力和开发潜在的业务机会都需要进一步地深入剖析与竞争相关的内外部因素，考虑得越全面、重点把握得越准确，制定出来的竞争策略执行力就越强。准确、及时地分析和高效、迅速地执行两者的结合决定了企业管理的能力。Q10 能够帮助企业提高这个能力，是因为 Q10 有严谨的业务思维逻辑，通过运用 Q10，业务人员能够按照问题界定、驱动识别、方案制定、计划实施和事后评估的逻辑顺序去把握客户与企业的需求，以及问题的本质，进一步开发出最优的解决方案。

六、结合国际化业务发展，实施海外部门推广

2005 年成功并购了 IBM 的 PC 业务之后，联想集团加快了它的国际化进程。如何使不同文化背景下的员工对集团的战略部署理解准确，对同一业务问题界定清晰，领悟商业伙伴的意图从而配合默契，并能够在一致的行为模式下进行围绕集团战略目标的商业运作，是联想集团跨国经营中迫切需要解决的管理问题。

问题驱动式管理工具 Q10 在海外部门的应用从根本上解决了联想集团内部跨文化交流的问题。联想集团将 Q10 应用于海外团队，中外员工在统一的思维框架下进行业务分析。具体做法是要求中外员工的专项研究、规划、汇报均按照 Q10 的方法，通过回答 Q10 模型的这 10 个问题来分析、规划业务问题和准备汇报材料。问题导向、逻辑分析、理性推导成为中外员工共同的思维特征。这使中外员工在共同合作中收到很好的效果。联想集团的海外员工在西式教育的背景下非常容易接受这种结构化业务思考方法，而中方员工在运用联想 Q10 与海外同事进行协作时，相互间理解更加透彻，配合更加默契，行为更加一致。基本不会出现因文化背景差异而导致对于业务问题的观点无法统一的情况，因此合作效率很高，效果极佳。

耒阳发电厂《问题管理的导向与实践》

耒阳发电厂针对火电厂的生产特性，为适应市场化改革和集团化管理的新形势、新要求，遵循“零事故、零违章、零非停、零缺陷”的管理理念，落实科学发展观，结合实际创新管理，以“问题管理”为导向，创建了“问题管理”模式，在实践中取得了良好的效果，企业管理迈上了一个新的台阶。

一、问题管理的提出

问题管理是一种新的管理思想，其论断是：问题本身不是问题，真正的问题是对待问题的态度和做法。问题管理的哲学基础是：从现实通向完美之路是用问题铺就的；每解决一个问题，离完美就近了一步。

在企业经营管理活动中，永远都会存在问题；每一个特定时期都有其特定的问题；现有的问题解决了，新的问题又出现。企业管理本质上就是问题管理。

问题是企业和员工成长的机遇。问题管理就是把问题当作企业和员工不断完善自我的路标，当作有针对性地提高企业竞争力的助压器。企业成长之路，实质上就是一条预防问题、发现问题、研究问题和解决问题之路。

回避问题只会导致更严重的问题。回避问题不能让问题自行消失，结果只能是小问题重复发生，各方面小问题的累积最后变成了大问题，正如无数的蚁穴，最终导致千里之堤的崩溃。回避问题是一条没落之路，而正视和积极解决问题则是企业成长的“高速公路”。

要培育积极对待问题的企业文化。企业文化是基本的价值观和行为标准。培育和强化一种新型的问题观，一种以理性和积极的态度来对待问题的主流态度，对保持企业持续发展尤为重要。

提倡创造性地解决问题。新型的企业文化，不仅重视问题的解决，而且提倡问题解决方式的创新。创新意味着更好的结果和更高的效率。

1. 什么是问题

耒阳发电厂从火电厂生产流程、管理流程及电能产品特性出发，从长期的管理实践，尤其是从近年实行的安全性评价、经济性评价等取得突出管理成效的方法中，总结和提炼了针对火电厂产生“问题”的各种因素，得出对问题的定义。

（1）人的行为不符合标准、制度、规程（含法律法规）的规定。

（2）物的状态不满足设计、工艺、产品质量和安全标准的要求。

（3）客观条件与环境变化带来的不利影响。

（4）计划与任务的实施偏离目标。

问题三要素：现状（客观存在或发生）、愿望（对比参照物：标准、目的、目标）、差距（包括原因、可接受程度）。

火电厂“问题”的特性：全天候性、多发性、隐蔽性、高危性、波及性。

发电企业最大的问题是不能预见问题、疏于发现问题、惰于解决问题。

2. 问题的类型（问题识别）

理论界和企业界对问题的分类多种多样。根据耒阳发电厂的实际，我们把问题分为以下三种。

一般问题：风险和危害显著轻微，造成的后果一般在可接受和允许范围内，纠正整改比较容易。

严重问题：可造成明显风险和危害，不可接受和允许，必须采取有力措施予以消除。

重大问题：可造成重大风险和危害，不可容忍，必须采取紧急非常措施，立即予以消除。

企业常见问题有以下几点。

（1）积小成大（问题变成了危机）。

（2）摇摆不定（方向、目标、方法摇摆不定）。

（3）目标模糊、没有重点（时间和资源分配）。

（4）不良习惯与经验（习惯性违章违纪与违章指挥）。

（5）实干有余策略不足。

（6）监控失灵（无票作业）。

（7）只说不做。

（8）急功近利（急躁、浮躁、毛躁）。

（9）报喜不报忧。

（10）责权失衡。

（11）制度失灵。

（12）组织壁垒与内讧。

（13）其他问题。

3. 发现和分析问题的基本方法

问题发生与问题发现是不同的两个方面。问题的发生是一种客观存在，具有绝对性。而问题的发现却受到许多的约束，具有相对性。

认知问题的水平与能力决定发现问题敏感程度与分析问题的深度。认知感越强，对问题的洞察力越强。

复杂问题＝∑相对简单问题。

（1）问题可以层层分解，并找出关键问题。

（2）问题分解可以应用鱼骨图方法。

（3）设计分析框架的步骤为划分结构、寻找因果关系、分类。

（4）逐项检验。

4. 什么是问题管理

问题管理的根本目的是预防问题、发现问题、分析问题、解决问题。

预防问题：通过问题预想来制定与完善制度，从制度上预防问题发生；同时通过规范流程来保证问题不易发生。

发现问题：通过建立严密的监控体系和全员参与的机制，敏锐地发现问题，使问题及时受到重视。

分析问题：通过对问题的准确把握，正确地表达问题、分析问题发生的原因，对问题的性质进行评估和界定。

解决问题：根据分析问题的结果，有针对性地提出解决问题的方案、有效地实施方案、及时地跟踪检查、明确责任、吸取教训、持续改进。

问题管理最主要的特征是拓展全体员工的思维深度，激活员工对工作现状的积极态度，倡导一种危机意识，意识到对问题的任何麻木和疏忽将导致更多问题的发生和蔓延，最终演变成危机，造成不可挽回的损失。因此，必须将发现问题变成管理工作中经常性的制度内容；将管理工作建立在问题解决上，从而使管理的层次扁平化。

问题管理就是运用持续不断地提出问题进而循序渐进解决问题的一种管理模式。问题管理的核心在于解决问题。

问题管理要注重细节，企业的管理工作越细，就越具有竞争力。问题管理强调的是针对企业的各个细节，发现问题，提出问题，解决问题，从而成就企业的安全质量、产品质量、工作质量，最终成就企业和员工的品牌与价值。

5. 问题管理值得注意的现象

首先，要克服“制度管理不如现场管理”的认识误区，防止“以走动式现场管理取代制度管理”。现场管理固然高效，但带来的负面后果是：花大量心血建立的管理制度流于形式，主要管理者因陷于具体琐事脱不开身，最终疏于考虑企业发展大计，在一定程度上导致了企业战略性失误。因此，现代高效率的管理制度设计必须建立一种基于问题管理的机制，即提出问题、分析问题、解决问题的机制，把生产经营环节中最常见、最典型的问题提出来，在制度设计中加以系统解决。

高效管理的平衡点在于制度管理与现场管理的“系统化”。即在问题管理的基础上，设计科学有效的管理制度，以“现场管理”作为制度管理的补充，通过现场管理有针对性地发现、处理和分析管理中出现的系列问题，修正完善现行的管理制度，使制度化管理得以持续改进，并更具针对性。

其次，要用“冰山理论”来看待“问题管理”。企业管理中面对的问题仅仅是可预见和已经发现的问题，更多的问题还隐蔽在冰山下。企业中存在的问题，显露的问题与隐蔽的问题之比通常在 2 ∶ 8。

最后，问题管理要注重“全员参与”和“员工创新”，调动员工参与问题管理的积极性，注意培训员工解决问题的能力。其核心是让每位员工提出工作中的问题，再与管理人员共同制定解决问题的最佳方案，从而减少工作中出现的失误，这种做法就是使解决问题日常化、系统化，使之成为一种长效机制。

二、耒阳发电厂实施问题管理的做法

（一）以确保安全为切入点，建立“四级控制”体系，突出“岗位控制差错”

根据电力企业安全管理“厂部控制重伤和事故、车间控制轻伤和障碍、班组控制未遂和异常”的要求，耒阳发电厂提出了“管理前移，重心下沉”和管理工作要“预事决事”的超前管理思想，制定了“人员控制问题和差错”的管理办法。

实行“差错管理”与“问题管理”并用。每个员工结合岗位职责，将自己的工作内容可能出现的“差错”、可导致的危害后果、控制的办法等仔细进行辨识查找，填写《岗位差错控制清单》，实际工作中再对照进行检查，起到预防“差错或问题”的效果。岗位控制差错的管理，实际上就是将问题管理具体化，使之更具针对性、可操作性。

（二）实行“三对”“三核”管理，用制度/职责/指标规范“问题管理”

所谓“三对”“三核”管理，是我厂根据集团化、专业化管理的新要求，提出的“对标、对照、对表”和“日核指标、周核成本、月核利润”管理办法。

1. 基于管理标准/制度的“对标”管理

“规程高于一切”。“对标”管理就是从这一理念出发，将“对标”定位于必须依照或强制执行的重要管理标准和制度。按照标准/制度规定的执行内容，逐项分解到责任部门，再由责任部门落实到责任人，责任人再按照内容进行对标检查，确认填写是否已落实，部门再进行检查验证，标准/制度的归口职能部门进行审查后，填写反馈意见并提出新一周期的检查时间，报分管厂领导批准，完成一轮循环管理。

根据这一流程要求，我们在每下发（或转发）新的管理制度（标准）时，针对需要落实的内容，随文编制一份《对标落实检查表》，规定相关部门落实检查的时限，确保制度得以有效执行。

2. 基于工作标准/职责的“对照”执行检查

“责任重于一切”。这是定位于工作标准/职责的“对照”管理。具体做法是：每一岗位的责任人按照本岗位的任职条件、岗位职责结合工作实际，在职责所要求的原则下，清理出每日、每周、每月及年度分别要做的具体工作，每项工作的标准、考核标准等对照执行情况进行检查。部门要逐岗位、逐项进行审核，防止工作内容漏项和缺项。尤其对有关接口的工作和需要相互协调配合的工作，要清晰管理界面，明确相互职责，以有利于执行检查。

3. 基于目标/指标的“对表”管理

“目标优于一切”。所有管理工作都应该有可量化的目标或指标。基本思路是：按照班组（运行为值）日核指标；部门周核成本；厂部月核利润的模式，分解“三核”的目标/指标内容。

（1）日核指标内容（按：计划值、集团先进值、设计值、完成值和累计值等分类）。

运行班组（值）：一级指标为发电量、厂用电率、供电煤耗、耗油、热值差、考核电量、非停、非计划降出力、事故障碍等；二级指标为排烟温度、主汽温度、真空度、炉正压时间、上煤量、飞灰可燃物、空仓时间等。

检修班组：主设备完好率、辅机设备完好率（分机填报）、消缺率、设备异常、事故障碍等。

其他班组：由相关部门制定，分管厂领导批准。

（2）周核成本指标。

各部门对本周发生的各类成本（费用）分项进行检查填写分析，主要有：管理费、修理费、材料费、人工费（劳务）、燃料费（所有指标均按本周完成值、累计值与所对指标差异填写）等；如有异常，要进行分析并说清楚。

（3）月核利润指标。

主要由财务部对发电单位成本、发电单位燃料成本、销售收入、利润等进行统计填写（按完成值、累计值与所对指标差异填写），并进行分析。

（三）落实“四个有没有”“五个说清楚”，突出“问题管理”的实效

耒阳发电厂认为，“问题管理”不能眉毛胡子一把抓。必须针对企业的关键问题、难点问题和重点问题，抓住事物的主要矛盾来解决问题。

在对待问题的态度上，我们有一个评判的基本原则，即：在管理问题和设备问题上，管理是主要问题；在人员问题和技术问题上，人员是主要问题；在领导问题和职工问题上，领导是主要问题；在主观问题和客观问题上，主观是主要问题；在内部问题和外部问题上，内部是主要问题。

在确立解决问题的主要内容上，我们提出了“七主”方针，即：主题

是安全，主导是发展，主体是队伍，主攻是煤耗，主抓是落实，主线是文化，主旨是效益。这一方针为我们抓主要矛盾，解决主要问题提供了清晰的思路。

随着火电厂市场环境的不断严峻，面对的挑战和风险越来越多，生存发展的压力越来越大，按照以上原则抓好问题管理的重要性和迫切性愈来愈突出。我们按照上级的要求，加大了问题管理的力度，在“三对”“三核”的基础上，进一步提出了“四个有没有”，即：“安全生产有没有稳定，生产计划有没有顶满，技术指标有没有完成，成本费用有没有控制”和“五个说清楚”，即“发生事故要说清楚，降低出力要说清楚，机组伴油运行要说清楚，大设备缺陷要说清楚，燃料的采、耗、存问题要说清楚”。根据问题类别和责任主体，明确责任人，实行从问题发现、整改、验证、关闭的闭环管理。

以上伴随问题管理力度不断加大的一系列措施的实行，不仅使这种管理模式丰富和创新了原有的管理手段和方法，而且越来越切合火电厂的实际，取得了明显的成效。

三、“问题管理”取得的成果和效益

我厂以问题管理为导向的管理模式创建与实践，在2005年克服了抗冰保电，电煤紧缺、燃料成本剧增、燃煤质量显著下降，以及电价不到位，电费回收难，政策性收费大幅度增加等内外困难，稳定了安全生产局面，确保了机组经济运行，不断刷新了发电负荷和发电量，为实现湖南电网不拉闸做出了重要贡献，取得了物质和精神文明双丰收。

四、结束语

“问题管理”是一种来源于实践，经总结、提炼、升华、创新后又作用于实践的管理模式，是一种基于企业战略需求与现实任务相结合的有效管理手段。就电力企业来说，它与目标管理、过程管理、绩效管理并列为四大管理核心。“问题管理”的优越性在于它使深奥的管理变得直白、复杂的管理变得简单、模糊的管理变得清晰。耒阳发电厂以“问题管理”为导向的创新与在实际应用中取得的成效，有力地证明了这一点。

日照港股份三公司《增强港口企业持续改进能力的问题管理》

日照港股份三公司位于山东省日照港西区，是日照港从事大宗件散杂货流通、存储、装卸中转等服务为主的主力港埠公司之一。公司集疏港货物构成以煤炭、镍矿、铝矾土、钢材、水泥制品、焦炭、有色金属矿、件杂货等货种为主，兼顾其他散件杂货，形成综合性、多元化的货种格局，年货物吞吐量超过 3000 万吨。公司被大连商品交易所指定为焦炭期货交割库，成为国内三大焦炭中转港埠公司之一。

日照港股份三公司围绕树立“打造最具竞争力的港埠公司”愿景目标，着力突出市场和管理两大主题，在公司内部导入问题管理模式，实现了全员参与，标本兼治，闭环管理，解决了公司生产、管理中遇到的各类问题，使公司的安全生产组织更加顺畅有序、质量管理水平明显提升，员工凝聚力进一步增强。

一、导入问题管理的背景

1. 探索港口企业健康发展的需要

港口企业是一个开放的系统，港口企业实施管理过程中，不仅要考虑到企业内部的状况，而且还要更多地关注企业的外部环境。随着市场经济体制的逐步完善，推动中国经济进一步融入世界大循环，使中国企业在与国际惯例全面接轨过程中不断提升自己的管理水平。在这样的大环境下，港口企业管理表现出许多不适应，特别是在当今以质量为主要手段的市场竞争中，港口企业质量管理面临着许多新的问题，如观念陈旧束缚、管理体制不适应、管理系统不能全过程质量控制、与市场营销体系融合度不高等一系列问题。这些问题是现实存在的，也严重制约了港口企业的健康、快速发展。通过实施问题管理，可以及时发现并有效解决各类问题，阻碍问题演变成为影响企业发展的危机，同时将进一步促进企业管理水平的提升。因此，导入问题管理，是港口企业坚持科学发展，追求卓越，实现健康、快速发展的迫切需要。

2. 实现公司各项工作持续改进的需要

日照港股份三公司作为日照港一线生产单位，其特点是：货种复杂、装卸工人多，作业点多、岸线长、库场面积大，设备流动性大等。公司管理人员存在惯性思维，员工工作缺乏主动性，班组管理缺乏条理性等问题。近年来，公司组织了各类管理培训，通过学习了解到问题管理是四大管理模式之一，可以借助于问题优化管理，是一种简单而行之有效的管理方法。因此，导入问题管理模式，是日照港股份三公司利用现代管理工具，结合日常管理实际需要，充分调动各级管理者和广大员工积极参与企业管理，施展智慧力量，同时借助问题优化各项管理，促进公司各项工作持续改进、科学发展的内在客观需求。

基于上述分析，日照港股份三公司从 2012 年 4 月开始，在设备二队汽车班试点导入问题管理，在 2014 年 3 月召开了现场观摩会，在全公司全面推行问题管理，实行公司、科队、班组三级管理，取得了良好的效果。

二、导入问题管理的内涵和主要做法

问题管理是指以解决问题为导向，以挖掘问题、表达问题、解决问题为线索和切入点的管理理论和管理方法。也可以说，问题管理就是借助问题进行管理，具有全员参与、标本兼治、闭环管理的优点，特别适用于解决生产现场、管理中遇到的各类问题，具有很强的针对性和实效性。

导入问题管理模式，搭建管理创新平台，就是将“问题就是资源”的理念引入企业日常管理中，实现管理创新，逐步改进提升。因此，日照港股份三公司按照“一个理念统领全局，两个系统搭建平台，三个渠道发现问题，三个层面解决问题，两个途径整合问题，一个激励推广应用”的总体思路（见图 1），按照全员参与、标本兼治、闭环管理的原则，积极开展问题管理工作；同时，采取明确职责和权限、制定工作流程、完善考核体系等措施，建立了与之配套的《问题管理办法》等一系列规章制度，采用月度通报、季度兑现的方式，加强考核监督，探索问题管理在日常管理中的推广应用，积极搭建管理创新的平台，实现了问题管理的信息化、常态化管理，进一步提升了公司企业管理水平。主要做法如下。

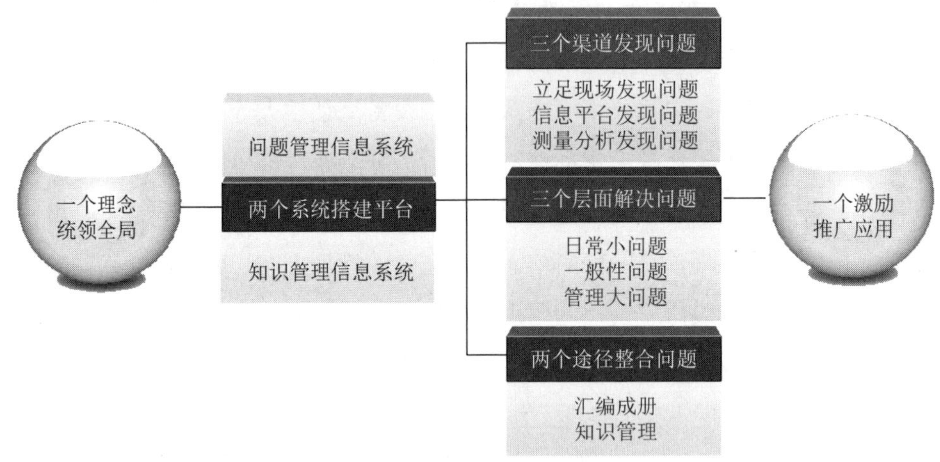

图 1　日照港股份三公司实施问题管理总体思路

1. **明确工作思路，确保导入问题管理顺畅、高效**

为确保问题管理的导入顺畅和高效，日照港股份三公司确定了“先试点，后推广”的工作思路。设备二队汽车班拥有设备多、人员多、管理规范，具备实施问题管理的优势条件，因此选择其作为试点并申报了日照港管理创新课题，公司将其经过近一年的时间进行重点培育，效果显著并被集团公司评为二等奖。2013 年 3 月 22 日，日照港股份三公司在设备队召开了问题管理现场观摩会，在公司内部全面启动问题管理。公司各个层面在观摩学习设备二队汽车班问题管理好做法的基础上，根据各自实际情况，建立发现挖掘问题的渠道（如现场巡查、问题提报表、问题管理信息平台、电话短信、QQ 群等），采取多种方法解决问题，为将问题管理做实奠定了基础。

2. **加强组织领导，保障问题管理的顺利实施**

日照港股份三公司各层级领导高度重视问题管理，为确保问题管理的顺利实施，公司成立了由公司分管领导任组长，各单位、部室分管领导任公司领导小组成员，实行班组、科队、公司三级问题管理责任制。公司将企业管理部作为问题管理的主管部门，负责督导、检查和考核工作。各职能部室负责代公司实行公司层级的问题管理，各单位、部室负责本单位、部门职责范围内问题的挖掘、分析解决、推广，班组负责组织员工提报问题，以挖掘问题为重心，调动全员参与问题管理，同时负责解释本职责范围内问题。公司各级组织定期分析，及时总结，大力推进，层层召开动员会，制定了详细的管理制度，采用正面激励的方式，调动全员参与问题管理的积极性，在公司《西岗视窗》设立专题宣传栏，不定期宣传问题管理知识和好的做法，营造了工作氛围，促进资源共享和知识共享。

日照港股份三公司通过问题管理信息平台，及时掌握问题提报和解决情况，并按照月度通报、季度奖励的方式，调动广大员工积极性，同时每季度利用公司季度经济分析会，进行分析总结经验。各基层单位通过月度工作例会或经济分析会，及时通报问题管理情况，督促广大员工积极参与问题管理。各班组通过每日班后会或周例会，集中研究解决各类班组层面的问题，对于解决不了的大问题，及时进行上报并进行跟踪反馈。通过以上措施，有效地保障了问题管理的顺利实施。

3. 明确问题管理开展具体步骤，深入推进改进创新

日照港股份三公司在《问题管理办法》中明确要求，各层级按照发现挖掘问题、分析解决问题、问题反馈与共享的步骤，开展问题管理工作。

第一步，发现挖掘问题。

主动发现问题是导入问题管理的开始，公司各层级主要采取以下方式开展。公司层：按照《公司领导调研制度》中的有关规定每季度到各单位、部室进行调研，挖掘公司经营过程中的深层次问题，同时通过各种行政会议、办公会议、专题会议发现问题。职能部室层：实行部室月度基层调研制度和现场专题调研制度，月度基层调研主要以综合管理调研小组、成本管控及设备运行调研小组、生产运营和安保管理调研小组三个小组进行。基层单位层：通过每日科队长现场巡查、调度会、上级文件、班组长提报等方式发现各类问题。班组层：提倡班组实行正面激励，建立问题管理奖励机制，鼓励并调动全员通过观察、对比分析、调查研究等方式挖掘问题。

公司各层级坚持全员参与的原则，在以上方式开展的基础上，统筹运用各种渠道，从立足现场、信息平台、测量分析三方面入手来发现挖掘问题。

（1）立足现场发现问题。

作业现场是公司管理的重点。公司创新运用件货装卸“三环预控”管理模式，通过值班长、机械班长、带班长的现场“走动式管理”，发现现场存在的各类问题。比如：司机规范操作问题、设备技术保障问题、人力机械调配问题、人机配合问题等，责任落实到人，确保现场作业安全、顺畅、有序。主要流程如图 2 所示。

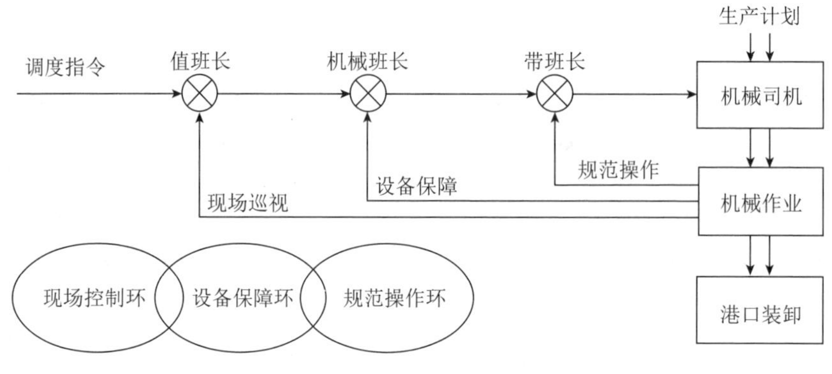

图 2　“三环预控”示意图

（2）信息平台发现问题。

公司建立多方位发现现场问题的渠道，开通电话热线和短信，建立 QQ 群，设置“问题反馈箱”，统一收集、上传至公司开发的问题管理信息平台，鼓励全员积极参与发现问题，及时汇总生产、管理中存在的各类问题，实现问题共享、资源共享、解决方案共享。具体如图 3 所示。

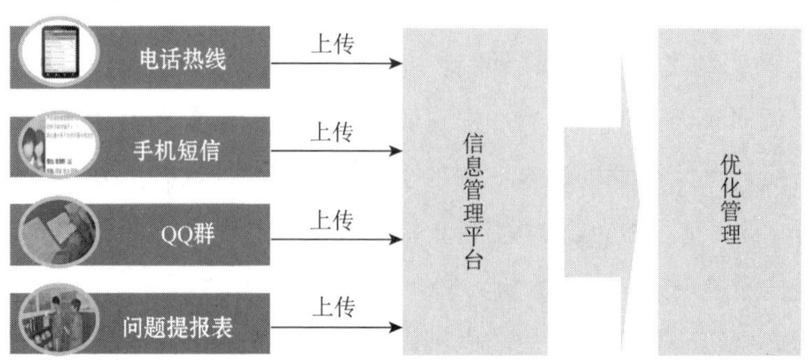

图 3　问题反馈信息平台示意图

（3）测量分析发现问题。

一方面，根据公司和基层站队的目标管理考核体系，选择公司、站队、班组三级关键 KPI 绩效指标，进行绩效测量，及时发现各层级管理中存在的问题。

公司还通过“请进来、走出去”等形式，学习兄弟单位、班组的优秀做法，通过立标→对标→达标→创标来进行现状分析和横向比较，对比先进找差距，对标管理促发展。

另一方面，在运用目标管理和对标管理的基础上，结合公司季度经济活动分析和基层站队月度经济活动分析，有效查找各级组织存在的短板问题，便于及时改进。

通过运用以上三种渠道，实现全员参与、全方位发现问题的目的，为有效分析解决问题奠定了基础。具体如图 4 所示。

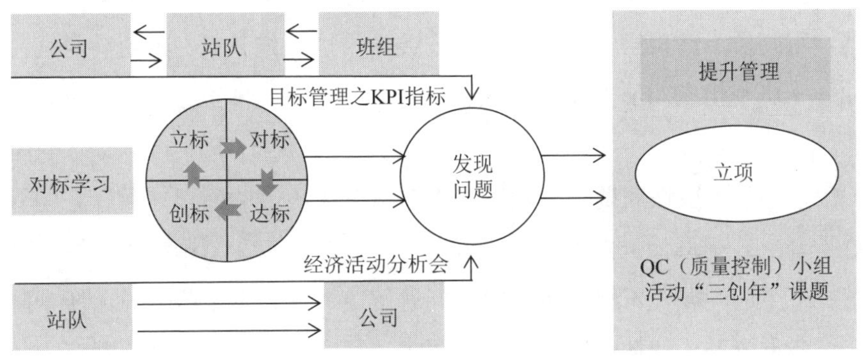

图 4　全员参与发现问题示意图

第二步，分析解决问题。

公司各层级把问题汇总后，运用“排列图”“矩阵图”“因果图”“五个为什么法”“漏斗法”“SMART 原则”等方法，对问题进行分类、整理、汇编，按轻、重、缓、急分别采取有效措施，有针对性地解决问题。具体如图 5 所示。

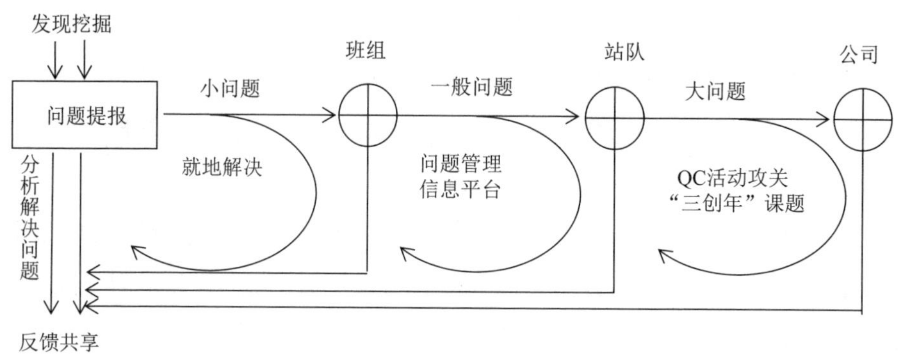

图 5　分类解决问题示意图

（1）对于小问题，采用最直接、有效的方法就地解决。此类问题要求当天解决，问题不过夜。

例如，在 6 月场地作业中，员工提出了汽车排气管和限压阀排气造成扬尘过大的问题。此问题属于“小而急”的问题，本着解决问题简单、有效的原则，用两块小铁板解决问题。一块安装在干燥罐排气口，阻断高压气流向下冲；一块制作成凹形安装在排气管口，改变发动机排气方向，有效解决了问题。

（2）对于一般性问题，特别是员工自身解决不了的问题，通过问题管理信息平台上传至班长，由班长组织班组骨干或相关人员协调解决；对于班组还解决不了的问题，可以由班长附带问题解决方案转发至队领导，便于队领导统筹各种资源协调解决。此类问题要求三日之内解决，并将问题解决的方案及时反馈给问题的提出者。

例如，在 4 月，员工反映“三角垫木”不统一、易破损造成带钢在运输过程中易滑落的问题，班组先将现有的“三角垫木”整理挑拣，利用班组资源克服应急困难。然后，将问题上传至管理平台，由队领导协调后勤服务部、生产部等部门，定制了数量足够“专用垫木”，将问题彻底解决。

（3）对于重点、难点问题，借助于 QC 攻关和公司“三创年”活动立项解决。此类问题解决期限较长，可以在半年或一年期限之内解决。

例如，在汽车更换拖盘作业中，司机牟华提出："能否让拖盘支腿像开启鞍马锁一样既省力又省时。"在场的多名司机提出了气动、电动、液压等各种建议。通过对问题的分类整理，此问题属于"大而难"的问题，为此，班组成立了 QC 课题攻关小组，最终设计制作了汽车电控自动升降支腿，使更换拖盘时间由 13.2 分钟缩短为 3.8 分钟，提高了作业效率，降低人力。

第三步，问题反馈与共享。

问题就是资源，问题解决后，公司各层级对各类问题的解决情况进行效果验证。对于达到预期效果的，通过公司问题管理信息平台将问题解决的方案和结果反馈给问题提出者，鼓励公司全员参与，调动大家参与问题管理的积极性和主动性。

另外，公司将与现场作业相关的问题解决方案和措施进行归纳整理，形成了《单货种作业指南》并将其纳入有关制度和规定，并上传至公司的知识管理平台，供兄弟单位、部门交流学习，最终达到了知识共享、经验共享、资源共享的目的。

4. 建立有效的考核、奖惩机制，确保问题管理实施到位

为调动广大员工查找问题、技术攻关、课题研究的积极性，从考核、奖励两个角度建立激励机制，确保实施到位。在奖励方面，公司每季度对被采纳的问题提出者进行奖励。公司级奖励 100 元 / 条、站队级奖励 50 元 / 条、班组级奖励 10 元 / 条，并且年终根据问题管理开展情况，评选出问题管理先进单位、部室，给予适当奖励。在考核方面，公司要求凡接受单位、部室和个人，需尽快予以解决问题，不得回避问题或无故拖延，确实无法解决的，可按层级逐级向上反馈问题，否则，根据管理信息平台反映的信息，主管部门将对部门或个人给予以下考核，并将考核结果纳入到目标管理绩效考核体系，扣罚其绩效工资。通过建立以上有效的奖惩考核机制，进一步调动广大员工的积极性，有效地保障了问题管理的实施到位。

三、取得成效

2013 年以来，日照港股份三公司通过导入问题管理模式，搭建管理创新平台，在改进创新、班组基础管理、经济效益、员工综合素质等方面都取得了很大成绩。

1. 公司的改进创新能力明显提升

通过实施问题管理，公司各层级的管理工作有了长足的进步，员工发现问题数量逐渐增多，并且问题的质量具备了一定的深度。截止到 2013 年 8 月，公司各层级发现问题 1364 项，解决问题 1100 余项，每月问题解决率始终保持在 80% 以上，公司的改进创新能力明显提升。

近年来，公司共获得集团级科技成果 8 项，省市级科技成果 12 项，中国港口科技进步奖 3 项，专利 6 项；共注册登记的 QC 小组 100 个、取得成果 86 个，共有 6 个 QC 小组获得了全国交通行业、山东省优秀 QC 小组或质量信得过班组荣誉称号，成果率逐年提高，通过开展 QC 活动取得的直接经济效益达 600 余万元，2012 年 1 项成果荣获“全国质量管理小组”荣誉称号，2013 年 1 个班组被评为“全国质量信得过班组”。

2. 公司基层班组基础管理得到进一步夯实

公司 80％以上的员工在一线基层班组，班组基础管理是公司发展的基石，各基层班组积极参与问题管理，覆盖率达到 100%。在实施问题管理过程中，形成很多好办法、好措施。如船舶作业“回字形”卸船法、现场控制“3+3”作业法；改善车容车貌的“6+1”车辆清洁法，即：“6”部精细清扫、“1”次性防腐；减少车辆等车时间，提升运输效率的牵引车“一拖二”作业法，自主设计运用能够提高车辆满载率的钢材作业一体化支架和档桩，最终形成一套完善的班组管理机制，即 6 章 174 条的班组动态管理考核办法。这些好做法报公司企管部批准后纳入公司 ISO 9000 质量管理体系，促进了班组综合管理水平的提升。

3. 取得显著的经济和社会效益

面对激烈的市场竞争，公司领导高度重视问题管理，通过实施问题管理，解决了涉及公司经营、管理、安全、生产、质量、环保、培训等各个方面的问题，全面提高了员工的质量意识和整体素质，对改进质量、降低消耗、提高经济效益起到了积极的推进作用，促进了公司生产经营和企业管理各项工作上台阶，公司吞吐量和经济效益连创新高，2011 年、2012 年完成货物吞吐量分别为 3321 万吨、3032 万吨，实现利润分别为 2.03 亿元、2.06 亿元。截止到 2013 年 8 月，公司实现吞吐量 2075 万吨，同比增幅 2.2%；实现利润 1.29 亿元。等级以上安全事故为零，客户满意率为 86% 以上，员工满意度达 100%。

4. 员工综合素质的进一步提升

通过开展问题管理，提高了广大员工解决问题的能力和信心，增强了团队协作能力，强化了员工的创新意识，促进了员工测量、分析与改进能力的进一步提升。目前，广大员工能够以主人翁的精神参与问题管理，面对问题时更加积极，员工实现了从“有问题先抱怨”到“有了问题先从自身找原因”的转变，发现的问题逐渐由表面问题到管理深层次转变，并且能够熟练运用 QC 攻关、课题创新等方法解决管理中的问题。近几年，培养了 1 名高级技师、8 名技师、高级工 63 人；培养了 19 名高级专业技术人员、29 名中级专业技术人员，有力地推动了工作质量和管理水平的提升，为今后持续开展管理创新打下坚实基础。

近年来，日照港股份三公司先后荣获“全国职工教育示范点”“国家级 QC 技术创新成果奖”“山东省首届港航行系统‘十佳服务品牌’”“山东省港航工作先进单位”“山东省工人先锋号”“山东省青年文明号”“山东省企业培训与职工教育重点课题研究先进单位”“日照市五一劳动奖状”“港口建设费代收先进单位”“集团公司先进直属党组织”等荣誉。

在以后的管理中，我们将借助于解决问题的过程来提高员工学习能力，改善员工心智模式，使每个人都能“有问题先从自身找原因”。同时，充分运用公司的问题管理平台，通过交换观点、发现问题、分析问题、解决问题达到了成果共享的目的，实现问题管理的内涵和外延的延伸扩展，使企业管理更加高效、有序，逐步向卓越管理迈进。

附录二
其他单位应用问题管理的成果

很多有效的管理理论和模式是在企业得到广泛应用后，推广到政府、学校等其他单位。问题管理也是这样，在企业得到广泛应用后，党政部门、学校的应用也越来越多。据不完全统计，应用或实施问题管理的党政部门有：深圳市盐田区人民政府、山东省肥城市人民政府、成都市蒲江县人民政府、上海市公安局、成都市多家政府部门、多家市场监督管理局、多家税务局等。应用或实施问题管理的学校有：青岛河西小学、山东省沂水县高桥中心校、浙江省瑞安市新纪元实验学校、湖南省吉首市第二小学、山东省寿光市孙集一中、台州市仙居县田市镇中心小学、丽水市遂昌县新路湾镇中心小学、山东省肥城市教育和体育局（所属的中小学）等。

下面是党政部门和学校应用问题管理的 3 篇总结文章。

深圳市盐田区推行问题管理的经验和启示①

作为一种企业管理模式，“问题管理”在海内外企业界早已引起广泛的关注，并取得了不少成功经验。为了更好地贯彻落实科学发展观，加快推进政府自身建设和管理创新，以适应发展社会主义市场经济和构建和谐社会的需要，从 2007 年开始，深圳市盐田区率先在区政府机关施行“问题管理”，

---

① 发表于《深圳特区报》2009 年 1 月 16 日，作者署名为深圳市委党校盐田分校调研组，执笔为董兵团、叶萍。原标题为《对政府机关施行“问题管理”的思考》。

2008 年进一步推广到各街道。盐田施行“问题管理”的实践，为我们提供了一些宝贵的经验和有益的启示。

一、施行“问题管理”是建设服务型政府的有效途径

“问题管理”是以发现问题为切入点，以解决问题为导向，及时控制问题、避免危机的一种管理理念和方法，它与科学管理、人本管理、目标管理并称为四大管理模式。“问题管理”的一个突出特点就是可以防患于未然，及早解决阻碍企业发展甚至可能演变为危机的问题。对政府部门来说，“问题管理”虽然源于一种企业的管理模式，但同样可以提高公共服务产品的质量，维护好自身的社会形象，是建设服务型政府的有效途径。

政府作为公共事务的管理机构，其管理效率和所提供的公共服务质量的高低，直接影响到社会的安定和谐、经济的健康发展、人民的安居乐业等国计民生的大事。盐田区在政府部门实施“问题管理”，就是试图从落实政府公共服务职能和加强自身建设的要求出发，通过创新机制，强化政府工作人员的责任意识，及时发现履行职责过程中的各种问题；通过科学高效的问题管理流程，使政府管理和服务中出现的问题得到前置解决，把尚不能解决的问题置于跟踪监控范围；通过主动解决问题隐患和弥补不足，把各种危机化解在萌芽阶段，将经济社会发展中可能出现的恶性问题和事故控制到最低限度；通过充分调动工作人员参与管理的积极性，强化科学民主决策，主动调整政策措施，实现政府的管理效率最优化、公共服务效益最大化。从实际效果来看，实行“问题管理”之后，盐田区政府机关的办事效率有了较大的提高，各项工作都取得了突出的成绩，服务型政府已初现雏形。

二、实施“问题管理”是创新行政文化的必然要求

现在之所以一些政府部门执行力弱，工作敷衍塞责、马虎了事，有令难行，有禁不止，出了问题无人负责，除了管理体制上的缺陷之外，还有一个重要原因，就是一些政府工作人员的价值观念和行为模式还落后于建设服务型政府的需要。而实施“问题管理”，可以在一定程度上改变那些落后的价值观念和行为模式，可以说是创新行政文化的必然要求。

盐田区实施“问题管理”，提倡一种以理性和积极的态度来对待问题，这本身就是行政文化上的可喜创新。因为问题管理是一种新的管理理念，它的基本思想是：问题本身不是问题，真正的问题是对待问题的态度和做法。回避问题只会导致更严重的问题。有了这种积极面对现实、敢于寻找问题的心态，才能有效地面对复杂多变的社会矛盾，才能像工兵探雷挖雷那样，及时排除“地雷”，尽早解决那些容易引起社会不和谐、不稳定的苗头隐患，而不是等问题坐大成患才像消防员一样到处“灭火”。这种理念是对那种只重成绩、忌讳问题、报喜不报忧的官场陋习的强力冲击。事实上，政府各部门也正是通过不断发现和处理问题，查找出政府管理和公共服务中的各种不足，研究出解决问题的长效机制，不断修改和完善各种管理制度，促进了政府管理走向规范化、科学化。从实际效果来看，盐田区虽然试行了“问题管理”模式时间不长，但是对于形成一种善于发现和解决问题、尽忠职守、敢于负责的行政文化起到了很好的推动作用。

三、实施“问题管理”是提高政府工作人员素质的重要举措

一是强化了政府工作人员的管理。盐田区在实施“问题管理”中，将每个岗位的硬任务和硬责任形成环环相扣的责任链，做到一级对一级负责、一级向一级反馈、一级让一级放心，形成快速执行、有效反馈、责任追究的

闭环效应。从而克服了当前政府管理中存在的部门和岗位责任不清、任务目标模糊，有部署无检查、有检查无奖惩，工作随意性大、完成任务时效性低、落实目标不到位等弊端，确保行政绩效评估有一个较为完善的评价方法。同时，通过月度量化考核，将岗位责任目标体系化，把勤、绩、能标准量化，要求每一个公务员必须科学地计划每月工作，合理安排每天工作并填写记录。公务员在记录当天工作量的同时，必须对当天所做工作的质量进行自查，报告工作中发现的各种问题。区人事部门则将各部门及工作人员执行“问题管理”的情况，纳入干部年度绩效考核和月度量化考核内容，并与评优评先挂钩。区政府每年根据提出问题、建议的质量及解决问题的执行能力、成效进行评比，对表现突出的政府工作人员予以表彰和奖励。这一系列强有力的措施，无疑为加强对政府工作人员的监督、管理提供了一条可行的途径，为全面建设公共服务型政府奠定更加坚实的基础。

二是有利于提高政府工作人员发现问题和解决问题的能力。实施“问题管理”之后，区政府办公室、政府各单位要根据管理权限对问题库定期综合整理，每季度汇总重要问题及处理情况，对有重要价值的问题形成初步分析评估报告，提交区政府领导和部门负责人参考掌握。政府各部门、各单位对需要处理的问题必须在规定时限内反馈处理意见，做到事事有着落，件件有回音，以确保“问题管理”工作落到实处、取得实效。区政府每年要召开全区“问题管理”分析总结会议，通报督查督办问题情况，研究分析全区性重大问题，预测和评估发展趋势及影响程度，制定解决问题的有关措施。这就迫使政府各部门的领导班子成员和工作人员都必须从自身职责出发，勤思考，多调研，尽早发现自己工作中所存在的问题，特别是那些影响到改革发展和社会稳定的关键问题，积极建议，及时处理，以免延误了最佳的解决时机。而通过“问题管理”系统，政府工作人员可随时向部门负责人提建议，并通过软件系统实时跟踪建议办理情况，及时了解各级领导对建议的批示，掌握第一手信息，为工作人员发现问题后尽快报告问题、解决问题提供了便利，拓宽了渠道，这样就大大增强了全员参与管理的积极性、主动性，既充分体现了政府管理的民主化，同时又提高了决策的科学水平。

三是有利于增强政府工作人员责任意识、危机意识和大局意识。当前，部分政府工作人员责任心不强，危机意识和大局意识淡漠，是影响服务型政府建设的一个突出问题。而实施“问题管理”一个重要的内容，就是根据职责定目标，根据目标定任务，根据任务找问题，根据问题抓落实，根据落实情况查责任，形成职责明晰、监督到位、无缝链接的责任体系，把工作职责落实到每一个人、每一件事、每一天和执行过程的每一个环节，实现政府工作中的问题在各个管理层面的前置处理和有效监控。这种管理制度，能够较好地调动政府工作人员的积极性和主动性，既强化了责任意识，又增强了危机意识和大局观念。通过施行“问题管理”，现在，盐田区人民政府工作人员的责任意识、危机意识和大局意识明显增强，政府的责任体系更加完善，工作效能和执行能力不断提升，为全区的经济发展和社会进步提供了重要保障。

注：本文为概括性总结。深圳市盐田区人民政府在实施问题管理中，做了大量具体、细致的工作，例如，开发了政府工作人员日常使用的问题管理信息系统，制定了《盐田区人民政府“问题管理”模式实施办法》，这一实施办法内容翔实，还附有多个附件。盐田区政府实施“问题管理”模式流程如图 1 所示。

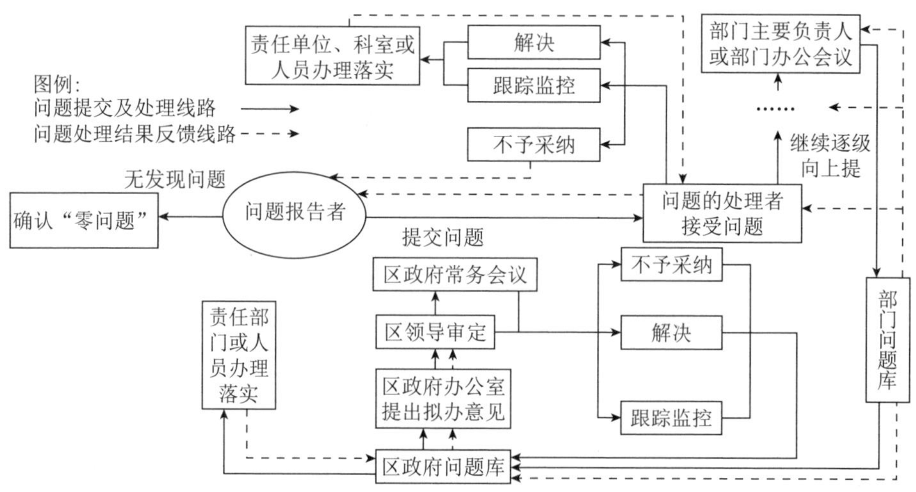

图 1　盐田区政府实施“问题管理”模式流程

人民日报《为“问题管理法”叫好》[①]

党的群众路线教育实践活动搞得好不好、实不实，关键在于能否有效解决“四风”突出问题。许多地方都在积极探索，创造经验。其中，成都市实施“问题管理法”，深入基层调查研究，走近百姓查找问题，靶子准、力度大，值得提倡。

中央强调，教育实践活动要不虚、不空、不偏，这就需要从问题出发。多开座谈会、恳谈会，肯定能听到真声音；走进政务大厅、接访大厅，才能看到真需求。可能会红脸冒汗，但听到了真意见，找出了真问题，才能实现活动的初衷。

不仅要找到问题，更要认真分析梳理问题。做成“问题台账”，能照出党员干部在群众心目中的样子，映出工作上的漏子，透出“四风”的根子。照多面镜子，时常照镜子，党员干部就会感到转作风的紧迫性，才会挂不住、坐不住。

有“问题台账”，更要主动销账。群众反映强烈的文山会海、环境污染、城市管理等，果断采取措施，积极整改，并请群众代表监督检验、参与评判，老百姓自然会感到气顺了、心亮了。

为“问题管理法”叫好。正视问题、找准问题、解决问题，才是教育实践活动的根本所在。

瑞安市新纪元实验学校实施问题管理的经验与启示[②]

英国的督学们通过教学督导中接触到的诸多不同类型、不同规模的学校，对优秀学校领导者的突出行为表现进行总结和提炼，概括出了有效学校

① 发表于《人民日报》2013 年 8 月 9 日第 1 版，作者：刘云夏。

② 作者为瑞安市新纪元实验学校校长叶绍胜，原标题《问题管理范式，学校的有效发展途径》，本文获得“中国教育学会中小学整体改革专业委员会 2007 年年会论文一等奖”。

领导行为的特征：建立校内外的合作关系、工作敬业、目标明确、发展团队合作、发展共享的愿景、关注学生的学习与活动、具有人际交往能力、建立起个人的信任、具有战略意识，善于抓住工作重点、善于听取意见，反馈及时、领导角色、任务的授权与分工。这要求我们作为一所优秀的学校，就要关注学校各个层面的领导行为，打造和谐学习团队，要善于抓住学校的主要问题，做好学校各方面的管理工作。平时，面对复杂多变的社会、政策，我们怎样以三流的学生，二流的师资，一流的管理来赢得学校的地位？那就是解决我们存在的问题！我们不能一遇到问题，总习惯急于寻求解决问题的操作技巧，而忽视对问题的认识，结果往往是被层出不穷的问题搅得晕头转向，成为问题的奴隶和被折磨的对象。因此，学校管理者只有对问题有了正确的认识，才能真正找到正确解决问题的方法，这是问题管理的精髓。

一、学校问题的来源

学校的问题，来源于多方面，我们采取了有效的问题征集途径，有效地促进学校的发展。

（1）培养班子问题意识，是一所优秀学校发展的基础。在学校管理过程中，班子的问题意识显得尤其重要，这是影响学校决策的一个重要信息来源。在学校管理过程中，我们提倡“看别人看不到的问题，抓别人抓不住的关键，想别人想不到的联系”，要求全体中层干部下水管理——加强中层干部的学习制度建设，在学习中不断提升自己发现问题的能力；当家做主做好行政值日工作，养成全局思考问题的意识；办公会议议题化，形成深入研究问题的习惯；蹲点一个教研组，在教研过程中发展教学中的问题；联系一个部门，实行AB岗互换制，参与到别的部门进行管理，站在别人的角度来看问题；每月一次反思，形成总结问题的习惯。通过一年来的实施，全体管理人员改变了自己的心智模式，形成了问题意识，有效地促进了学校的发展。

（2）促进教师提出问题，让每位教师关注学校的发展。在学校，教职工是学校工作的参与者、实践者、见证人，他们的评价具有较强的客观性、可信性和有效性，意见建议具有较强的针对性、实用性和可操作性。我们要充分发挥教职工代表大会作用，虚心听取广大教职工对学校工作的评价，充分听取他们对学校管理的意见建议，这不仅有助于校长发现问题，自我反思，自我完善，推动学校工作，而且可以通过和教职工的双向交流形成浓厚的民主氛围和良好的人际关系，融洽感情，增强教职工的主人翁意识和责任感。教师是学校的主体：学校的三年发展规划的制订，我们让全体教师参加其中，60多条建议，让我们的三年发展规划更完善，让教师感受到了学校美好的发展前景；教代会的讨论，70多条议案让全体教师感觉到自己当家做了主人；期末开展学校问题大征集，更让全体教师的主人翁意识得到了强化，800多条问题的列举，让我们管理者再一次感受到了教师对学校发展的关心与关注。为了更好地激励教师的问题意识，我们对优秀的提案、问题进行表彰。

（3）法规政策的学习，是学校发展的指路明灯。2007年5月，中共中央、国务院发布《关于加强青少年体育增强青少年体质的意见》（以下简称《意见》）。该《意见》指出，确保学生每天锻炼一小时。这更加坚定了学校的办学方向：每天保证一小时的锻炼时间，开足体育课程，认真做好了广播操，开设大课间活动，自创韵律绳操、球操等活动，开展阳光伙伴大型体育运动，每天保证中学生九小时、小学生十小时的睡眠时间，让全体学生学得轻松，学习愉快。不仅如此，学校还加强学生的营养供给，每天保证各类菜肴的配置，为体育健儿进行加餐，促进学生身心健康发展。

（4）管理实践总结反思，是学校层次不断提升的有效途径。问题是在管理过程中不断生成，作为管理者，我们要看到问题的存在，作为管理人员，必须学会总结反思，在确立自己的管理思路和管理行为时，加进理性的思维、反思的成分，不断与自己对话。在管理过程中，要善于把管理行为和管理反思紧密结合，使管理行为受到理性思维的审视。只有不断总结成功经验，反思失败教训，才能发现管理中的问题，及时采取相应的措施，少走弯路，不走错路，促进了学校在更高的层次上继续发展。如对于学校的教育教学质量，我们要狠抓不放，但我们也会出现失误，这就要求我们不断地反思自己，反思管理过程中存在的问题，通过每个月的调研，发现问题。期中考试后，学校有几个班级在教学质量上显得差距较大，我们当机立断，确定班级，派专员进行调研教学，深入课堂，与师生座谈，发现问题，对教师教育教学存在的问题予以纠正。期末时，这些班级都有相应的提高。

（5）社会人士的评价，是学校被社会认可的体现。学校管理水平如何，教育水平如何，办学质量和办学效益如何，学生是最直接的受益人，学生家长是间接的受益人，学生和学生家长也是学校的评价主体之一。我们经常通过校务公开、家长开放日活动、大型集会活动等多种形式，向学生及家长宣传学校工作现状和阶段工作设想，让学生及家长了解学校工作情况，了解管理水平高低和办学质量好坏，并通过学生评教、家长评教，认真组织召开学生和家长座谈会，听取学生及家长意见，发现学校管理中存在的问题，并根据其合理化意见建议改进工作。此外我们的校园对外开放，让有志于教育的社会各界人士参观，从不同角度对学校工作进行评价，提出意见建议，发现管理工作中的问题。

（6）与兄弟学校的分析比较，是学校有效发展不竭的源泉。没有比较，就没有鉴别。学校管理水平如何，管理质量如何，管理中究竟有没有问题，有多大的问题，通过与其他学校的比较就能发现。一要在与名校的比较中发现问题。凡是名校，在学校管理中都有其独到之处，通过和他们的比较分析，定能发现学校管理中的问题。二是和自身办学条件、设施设备条件、师资水平等各方面条件差不多的学校比较，这种比较更有说服力，更能发现管理中的问题。和学校比较分析，校长既能发现学校管理中的问题，更能学到成功的做法和经验。

二、问题的特性

学校管理者只有明确了问题的特性，才能采取正确的态度对待问题管理，才有可能找到问题管理的正确途径。问题的特性主要有以下五个方面。

（1）生成性。生成具有动态的、是再生的资源两个特点，它的本质特征是在过程中产生，在事物发展的过程中解决。学校在管理的过程中，会发现很多的问题，这些问题是在每一项举措实施之后，随着事物的发展而产生，因而是不确定的，管理者不可能在举措实施的过程中把每一个环节都想透——预设。许多问题资源往往在管理者与教师之间、师生之间、家校互动、对话的过程中涌现和生成。只要我们珍惜管理过程中生成的资源，用好这些资源，就能重建起富有生命活动力的学校管理模式，并提升师生的职业幸福。

（2）连续性。连续性主要包含两层意思。一层是看似已经解决的问题，在环境等条件发生变化后，可能又成了问题。另一层是指被控制在解决状态的问题，又经常会生出一系列的新问题。例如，新课改背景下，学校为逐步改变教师的教的方式和学生学的方式，提高教学质量，我们为全体教室配备了多媒体设备，为教师的教学创造了优良条件。但是我们的教师观念得不到改变，认为新课程的实施就必须使用它，因此，问题就出现了，我们一方面要提高教师的信息技术水平；另一方面，我们却要适度地控制教师使用它——在课堂上，教师的示范作用有时胜过千言万语。因此，对于学校管理者而言，一个问题的解决并不意味着高枕无忧，还必须不断审查已解决的问题的相关区域，确定由一个问题的解决带来的新问题或者将要发生的问题，列举、审视并梳理这些新问题，并有计划地逐一解决。

（3）不可避免性。这一特性主要与人的认识局限相关联。学校教师来源于全国各地，他们来到这里的目的也不尽相同，再加上各地风俗习惯等的不同，教师的观念不同，人的认识也不可能完全相同。要把这些教师的观念整合到学校的办学理念上来，问题的产生是不可避免的。因此，管理者要摆正心态，对学校师生的一切活动和创造应保持一种审慎的态度，对出现的问题都要尽力找出症结所在，充满智慧地积极应对。

（4）不可分性。教育现实中，不少管理者误以为问题有大有小。实际上，这是由于人对问题认识的多少和深浅不同造成的。问题的大小都是相对的，也是会发生转化的。学校管理者应看到：在问题的网络结构中，每一点的变化带来的将是整个网络结构的改变。因此，问题网络结构中各点的重要性是等同的，没有大小之分，对之都要体察入微，慎重处理。

（5）启示性。任何问题的发生都好似为学校管理者提供了一面镜子，从中折射出人的局限，启示一种努力方向。在学校里，师生（包括管理者）都难免会犯错，从这些错误中，我们都可以发现一些新的问题，为管理者提供决策的信息，但如果错误多了，我们的管理成本就会增加，因此，如何在管理中少犯错误，这就是我们要从错误中总结经验，降低成本，每个管理者都要改变自己的心智模式，树立成本意识，为学校的发展献计献策。

三、问题管理的原则

问题管理原则的提出主要基于上述对问题的根源和特性的认识，以下分析六条基本的问题管理原则。

（1）整体原则。这主要是指在学校问题管理中，对任何一个问题的管理都应坚持联系的观点，将它视作整个问题网络结构中的一个有机部分，而问题管理的过程就是一个问题与问题有机关联的主体整合运行的过程。例如，学校在实施“家校共导”教育实践活动之初，许多教师、学生、家长都不理解，认为这无形中增加了老师、学生的负担，每周六、周日的活动，让全体师生感觉到无所适从，但在学校管理过程中，我们把可能会出现的问题进行了罗列：一是教师方面的问题，如思想认识问题、水平问题等；二是家长方面，家长导师制的实施，可能会引起家长的不满，每两周回家一次，每次都要进行活动，家长都是在百忙之中抽出时间，会不会配合的问题（针对这个问题，学校召开了学校家长委员会会议，并分班分年级召开了家长学习会予以解决）。这样，列出的问题越多，思考的整体性就越强。学校管理者应不断地从思维的广度和深度两方面进行深掘，尽量从问题的多种层次和方面去寻找内在关系，这有助于帮助我们更新观念，变换思维方式，提高解决问题的能力。

（2）互利原则。这一原则强调任何决策必须使所有参与者都受益，使所有参与者为之付出的代价降到最低。如果学校管理者出现了利益偏向，或者问题的解决要以牺牲一方来给另一方带来利益，那么，这种决策必然是一个失败的决策，就必须重新考虑新的方案。学校管理者实施该原则的方法是：发现和找出现存秩序、计划方案和正在运行中的决策对所有相关者的利益侵害，无论是一个多么微小的参与者，其利益的损害都应予以高度重视，并积极地去弥补这种损害。互利原则是问题管理中评判优劣成败的最高标准。

（3）开放原则。这一原则是指学校问题管理的过程是开放的，它对一切参与者开放。这要求管理者一方面要牢固树立起有机整体中万事万物平等共处的思想，不要把自己的心灵封闭在一个陈腐的、人为的等级观念中。另一方面要求将问题管理过程对一切参与学校教育活动的人员开放。新时期的学校教育是开放式的教育，参与者除了学校的师生员工外，还包括社会各界人士和团体。社会各界人士的意见和建议应纳入学校问题管理系统中来。在学校内部，也要树立全员参与管理的思想，每一位员工的每一个小的意见和建议都应引起重视。

（4）信息原则。这一原则是指学校问题管理的全过程都应建立在信息的搜集、分析和使用这一基础上。它要求管理者做到以下几点。一是要多途径地搜集丰富和真实的信息，简便易行的方法是学校管理者要注重平时的观察和记录，从中可以发现一些问题。二是不断提高自己的认识水平，正确破译信息中所蕴含的密码，充分发挥信息的最大效用。三是让问题管理的参与者获得知情权，参与者只有知情，才能积极参与，才有可能正确选择和决策。疏通信息传递渠道，尊重每个相关者的知情权，是学校问题管理的最基本要求和前提条件。

（5）创造原则。这一原则就是要求在问题管理过程中最大限度地充分调动每一个参与者的积极性，使每一个参与者的创造才能得到最大的自由发挥，从而在最大程度上实现自我价值。管理者贯彻该原则要做到以下两点。一是必须树立全体参与者在问题管理中平等的观念。事实上，每一个参与者作为一个独一无二的存在个体，都拥有着他人无法替代的创造力，都决定着问题管理趋向完美的进程。所以，问题管理中创造力发挥的程度，可以从每一个参与者的参与程度上得到反映。二是要大胆想象。管理者在思考问题时，必须最大程度地解放自己的思想，不受任何观念、习惯文化的约束，大胆想象，突破已有的认识和经验的局限，看到更深层的问题和关系，使问题管理处于不断更新发展之中。

在管理过程中，我们不断地发现问题，加强自我诊断，针对学校中出现的某种现象或面对的某种挑战提出诊断要求，依照正确的教育思想，采用科学方法，按照科学的操作程序进行诊断，并领导学校改革，最终促进学校的有效发展。总之，问题管理成功与否的关键，就是我们能否超越我们自身的认识和利益的局限。超越的程度越大，我们就能从整体上把握和解决问题，越能看到自身的不足和问题，从而，更能全方位地提高完善自身，在问题管理中实现更多的自身价值，品尝到问题管理的真正乐趣。同时，学校管理者对问题管理的不同认识，会带来不同的问题管理模式、过程和结果。学校管理者只有正确了解问题产生的根源，把握问题的特性，理解问题管理的基本原则，才能正确认识问题的本质，有效地解决问题，提高管理的效能。

后记

大多数现代管理理论既适用于企业，也适用于其他组织。例如，科学管理、目标管理等综合理论，以及六西格玛、平衡计分法等专项理论都是这样。问题管理同样是既适用于企业，也适用于党政部门、学校等其他组织。欢迎有识之士对问题管理在企业、党政部门和学校的应用进行深入研究，丰富和发展问题管理理论。

2000 年起，我国问题管理理论研究呈显著的增长趋势。无论从各时间段比较，还是累计文献总量比较，实务界（非高等院校）作者发表的问题管理文章一直比学术界（高等院校）作者多，这反映了问题管理是一种来自实践、在实践驱动下发展起来的理论。企业、党政部门和学校对问题管理的自发应用也带动了学术界的研究，学术界的研究成果又促进了问题管理在实务界的应用。

2014 年 12 月，企业管理出版社出版了《问题管理：高水准的问题分析与解决》（以下简称《问题管理》）第 1 版，对进一步推动问题管理在企业中的应用起到了重要作用。近几年，学术界每年都有问题管理在某些行业应用的文章发表，实务界每年都有一批企业和其他单位应用问题管理。我自己在创新创业、创业投资和股权投资领域也深入应用了问题管理。根据这些新应用和新发展，我对问题管理理论的一些提法做了改进，经过整合和统筹反映到现在的《问题管理》第 2 版书稿中。第 2 版书稿对第 1 版中时间较早一些的案例、应用条件和背景变化较大的一些案例进行了更换、更新或删减。

在《问题管理》第 1 版和第 2 版撰写和出版过程中，《企业管理》杂志的编辑、企业管理出版社的编辑，以及企业管理出版社孙庆生社长提出了很多建设性意见和建议，党妙南、章倍铭两位研究生对书稿做了认真细致的校对，在此对各位致以诚挚的谢意，感谢他们为弘扬问题管理理论做出的贡献。

各位读者和同仁如果对本书有任何意见，愿意与作者讨论有关问题，或者对相关资料感兴趣，请与作者联系。

“问题管理”微信公众号：wenti88

电子邮件：sjw@staff.shu.edu.cn

孙继伟
2024 年 1 月